突破

本书编写组

中央党校出版集团　大有书局

图书在版编目（CIP）数据

突破／本书编写组编．—北京：大有书局，
2025.5

ISBN 978-7-80772-129-1

Ⅰ.①突…　Ⅱ.①本…　Ⅲ.①中国特色社会主义－社
会主义建设模式－研究　Ⅳ.①D616

中国国家版本馆 CIP 数据核字（2023）第 094225 号

书　　名　突　破
作　　者　本书编写组

责任编辑　李瑞琪　李江燕
责任校对　李盛博
责任印制　耿中虎
出版发行　大有书局
　　　　　（北京市海淀区长春桥路 6 号　100089）
综 合 办　（010）68929273
发 行 部　（010）68929805　68922233
经　　销　新华书店
印　　刷　北京盛通印刷股份有限公司
版　　次　2025 年 5 月第 1 版
印　　次　2025 年 5 月第 1 次印刷
开　　本　710 毫米×1000 毫米　1/16
印　　张　21.25
字　　数　292 千字
定　　价　65.00 元

本书如有印装问题，可联系调换，联系电话：（010）68929847

出版说明

　　本书立足新时代党和国家事业发展全局，聚焦党的二十大和二十届二中、三中全会中提出的一系列重大理论观点、战略思想和实践要求，从历史维度、实践导向、学术基础、国际视野等层面对新时代党的理论创新进行剖析，旨在深化广大领导干部对党的理论的认识，尝试为其完整把握、准确理解习近平新时代中国特色社会主义思想提供学理支撑。

　　本书编写组由中共中央党校（国家行政学院）专家学者团队组成，他们有着深厚的学术积淀，积累了丰富的实践经验。每位作者立足本领域的核心议题，从理论渊源、发展脉络、现实意义等多维度展开深度阐释，既注重学理逻辑的严谨性，又突出实践导向的针对性。通过各教研部专家学者的系统解读，为领导干部提供理论武装的"源头活水"和实践创新的"行动指南"。

目 录
CONTENTS

深刻把握中国式现代化的科学内涵和重大意义 …………… （1）

  一、历史由来：中国式现代化是党领导人民在长期探索和实践
      中历经千辛万苦取得的重大成果 …………………… （2）

  二、"管总、管根本"的"定性"：中国式现代化是中国共产党
      领导的社会主义现代化 …………………………… （10）

  三、"强国建设、民族复兴的唯一正确道路"：中国式现代化的
      中国特色、本质要求、重大原则和重大关系 ………… （16）

  四、中国式现代化展现了"不同于西方现代化模式的新图景"，
      具有深远世界意义 ………………………………… （25）

全面贯彻新发展理念，着力推动经济高质量发展 …………… （31）

  一、高质量发展是全面建设社会主义现代化国家的首要任务 …… （32）

  二、推动经济高质量发展必须完整、准确、全面贯彻新发展
      理念 …………………………………………………… （33）

  三、构建高水平社会主义市场经济体制，激发各类经济主体
      高质量发展的内生动力和创新活力 ………………… （34）

  四、加快发展新质生产力，是推动高质量发展的内在要求和
      重要着力点 ………………………………………… （45）

  五、大力发展数字经济，促进实体经济和数字经济深度融合 …… （59）

  六、促进现代服务业繁荣发展 ………………………………… （62）

七、加快建设现代化基础设施 ……………………………（63）

八、提升产业链与供应链现代化水平 ………………………（65）

在法治轨道上推进中国式现代化 ………………………（68）

一、根本遵循：习近平法治思想的提出与发展 ……………（70）

二、时代使命：在法治轨道上全面建设社会主义现代化国家 ……（72）

三、立场观点：中国特色社会主义法治道路的内涵 ………（81）

四、科学方法：正确处理依法治国的几组辩证关系 ………（89）

五、实践方略：全面推进国家各方面工作法治化 …………（96）

建设社会主义文化强国 …………………………………（104）

一、习近平文化思想是新时代社会主义文化繁荣兴盛的旗帜

　　和灵魂 …………………………………………………（106）

二、文化自信自强是实现中华民族伟大复兴的强大精神力量 ……（115）

三、在文化强国建设中铸就社会主义文化的新辉煌 ………（120）

深入推进马克思主义基本原理同中华优秀传统文化相结合 ……（140）

一、深入理解第二个结合的思想解放意义 …………………（143）

二、中华优秀传统文化是近现代中国社会转型的建构性和

　　支撑性力量 ……………………………………………（145）

三、中华优秀传统文化是中华民族伟大复兴的精神力量 …（150）

四、"两个结合"鲜明体现中国共产党的文化主体性 ………（156）

促进人与自然和谐共生 …………………………………（158）

一、促进人与自然和谐共生的现实需要 …………………（159）

二、促进人与自然和谐共生的理论意涵 …………………（162）

三、促进人与自然和谐共生的三重维度 ……………………（170）

深入学习党的历史的重要指引 ……………………………（174）

一、为什么要学习党的历史 …………………………………（176）

二、从党的历史学什么 ………………………………………（184）

三、怎样学党的历史 …………………………………………（189）

四、习近平总书记关于党的历史的重要论述的重大意义 ………（198）

系统把握中国共产党的历史主动 …………………………（201）

一、使命承担的价值主动 ……………………………………（206）

二、问题导向的意识主动 ……………………………………（213）

三、把握规律的理论主动 ……………………………………（216）

四、谋篇布局的规划主动 ……………………………………（220）

五、贯彻落实的实践主动 ……………………………………（222）

六、自我革命的治党主动 ……………………………………（226）

党的自我革命永远在路上 …………………………………（231）

一、党的自我革命的话语含义 ………………………………（235）

二、党的自我革命的理论逻辑 ………………………………（238）

三、党的自我革命的使命和文化依据 ………………………（241）

四、党的自我革命的历史经验 ………………………………（243）

五、党在新时代坚持自我革命的成功实践 …………………（247）

六、党的自我革命永远在路上 ………………………………（251）

深入推进新时代党的建设新的伟大工程 …………………（255）

一、开辟百年大党自我革命新境界 …………………………（258）

突　破

　　二、习近平总书记关于党的建设重要思想的理解阐释 ……………（263）

　　三、深入推进新时代新征程"新的伟大工程" ………………………（274）

践行总体国家安全观　推进国家安全体系和能力现代化 ……（282）

　　一、国家安全是民族复兴的根基 ………………………………………（285）

　　二、坚持统筹发展和安全 ………………………………………………（290）

　　三、推进国家安全体系和能力现代化 …………………………………（300）

推动构建人类命运共同体 ………………………………………………（313）

　　一、对建设一个什么样的世界、怎样建设这个世界给出的中国

　　　　方案 …………………………………………………………………（315）

　　二、以推动构建人类命运共同体为新时代中国特色大国外交

　　　　总目标 ………………………………………………………………（320）

　　三、推动构建人类命运共同体必须坚持走和平发展道路 …………（323）

　　四、推动构建人类命运共同体要贯通独立自主和平外交、新型

　　　　国际关系、全球伙伴关系于一体 …………………………………（325）

　　五、推动构建人类命运共同体要不断丰富完善外交布局 …………（327）

　　六、推动构建人类命运共同体要敢于斗争、善于斗争 ……………（330）

深刻把握中国式现代化的科学内涵和重大意义

曹 普

作者简介

中共中央党校（国家行政学院）科学社会主义教研部主任，中央实施的马克思主义理论研究和建设工程专家教授，博士生导师。中国科学社会主义学会会长，党史学习教育中央宣讲团成员，主要从事中国特色社会主义基本理论、党史党建、党中央重大决策部署的研究和教学工作。在《人民日报》《光明日报》《求是》杂志等报刊发表文章100余篇，多年来一直在中央党校省部级、地厅级干部班担任主讲教员。

观点提要

★ 进一步全面深化改革，要紧扣推进中国式现代化这个主题。中国式现代化是党领导人民在长期探索和实践中历经千辛万苦取得的重大成果。新民主主义革命的胜利，为实现现代化创造了根本社会条件。新中国成立后，党领导社会主义革命和建设取得独创性理论成果和巨大成就，为现代化建设奠定了根本政治前提和宝贵经验、理论准备、物质基础。改革

1

突　破

开放为中国式现代化提供了充满新的活力的体制保证和快速发展的物质条件。党的十八大以来，我们党在已有基础上继续前进，成功推进和拓展了中国式现代化。

★ 中国式现代化是中国共产党领导的社会主义现代化，这是中国式现代化管总、管根本的定性。中国式现代化五个方面的中国特色，重点回答中国式现代化"是什么"的问题；九条本质要求，重点回答中国式现代化"干什么"的问题；五条重大原则，重点回答中国式现代化"怎么干"的问题，构成了关于推进中国式现代化的"最高顶层设计"。

★ 中国式现代化标注了人类社会现代化演进的新高度，具有深远世界意义。中国式现代化，遵循社会主义发展规律和价值逻辑，克服了资本主义现代化固有的诸多先天性弊端，确立了与资本主义现代化相比的社会主义优势。中国式现代化，坚持独立自主，用几十年时间走完了发达国家几百年走过的工业化历程，在诸多领域实现跨越式发展，极大增强了后发国家追赶先发国家实现现代化的信心勇气，给世界上那些既希望实现现代化又希望保持自身独立性的国家和民族提供了宝贵借鉴。

党的二十届三中全会紧扣推进中国式现代化这个主题，研究了进一步全面深化改革一系列重大问题。中国式现代化，是中国共产党团结带领人民历经千辛万苦、付出各种代价找到的强国建设、民族复兴的康庄大道。中国式现代化基于中国国情、符合中国实际、具有鲜明的中国特色，取得了巨大实践成就，展现了不同于西方现代化的人类社会现代化的另一幅图景，产生了广泛国际影响。

一、历史由来：中国式现代化是党领导人民在长期探索和实践中历经千辛万苦取得的重大成果

现代化是一个世界性潮流，是有史以来人类社会发生的最广泛、最深

刻、影响最为深远的伟大变革。现代化首先表现为工业化。习近平总书记指出："18 世纪出现了蒸汽机等重大发明，成就了第一次工业革命，开启了人类社会现代化历程。"① 中华民族拥有 5000 多年辉煌历史，创造了灿烂的中华文明，为人类作出了卓越贡献。但是，从明朝后期开始，由于长期实行闭关锁国政策，中国错失了工业革命、科技革命机遇，在内部矛盾和西方现代化浪潮冲击下逐步走向衰落，成为世界近代化、工业化、现代化的落伍者、旁观者、落后挨打者。1840 年鸦片战争后，中国逐渐成为半殖民地半封建社会，陷入内忧外患的黑暗境地，中国人民经历了战乱频仍、山河破碎、民不聊生的深重苦难。为了摆脱落后挨打、任人宰割的悲惨命运，中国人民奋起反抗，无数仁人志士苦苦寻求中国现代化之路。但无论是太平天国运动，包括洪仁玕在《资政新篇》中描述的反映农民现代化思想的政经改革方案也好，还是封建统治者出于"自救""自强"试图"师夷长技以制夷"而发起的洋务运动也好，康有为、梁启超等推动的戊戌维新运动也好，孙中山领导辛亥革命试图以资产阶级共和国、振兴实业"与欧美并驾齐驱，甚至驾欧美而上之"② 的现代化理想也好，无不以失败告终，都未能也不可能解决中国的现代化问题。这样，"探索中国现代化道路的重任，历史地落在了中国共产党身上"③。

中国共产党一经诞生，就把实现中国的现代化、实现中华民族伟大复兴作为自己的神圣使命。1945 年在党的七大上，毛泽东指出，"中国工人阶级的任务，不但是为着建立新民主主义的国家而斗争，而且是为着中国的工业化和农业近代化而斗争"，是为着"将中国建设成为一个独立、自由、民主、统一和富强的新国家"④。民族独立、人民解放、社会安定，是

① 习近平：《为建设世界科技强国而奋斗——在全国科技创新大会、两院院士大会、中国科协第九次全国代表大会上的讲话》，《人民日报》2016 年 6 月 1 日。

② 孙中山：《建国方略》，生活·读书·新知三联书店 2014 年版，第 372 页。

③ 《正确理解和大力推进中国式现代化》，《人民日报》2023 年 2 月 8 日。

④ 《毛泽东选集》第 1 卷，人民出版社 1991 年版，第 1081 页。

现代化建设的基本前提。新民主主义革命时期，我们党团结带领人民前赴后继，百折不挠，浴血奋战了28年，取得新民主主义革命的胜利，建立了人民当家作主的中华人民共和国，实现民族独立，人民解放，彻底结束了旧中国半殖民地半封建社会的历史，彻底结束了旧中国一盘散沙的局面，彻底废除了列强强加给中国的不平等条约和帝国主义在中国的一切特权，"为实现现代化创造了根本社会条件"[①]。

新中国成立后，我们党团结带领人民进行社会主义革命，消灭在中国延续几千年的封建制度，确立社会主义基本制度，实现了中华民族有史以来最为广泛而深刻的社会变革，中国也由此开始了真正意义上的现代化进程。但当时中国工业化现代化的基础几乎为零，是个"一穷二白"的烂摊子。1949年，中国现代工业产值在全部工农业总产值中只占17%，许多重要工业产品的人均产量，不仅远远落后于工业发达国家，也低于印度这样的新兴独立国家。1950年，美国的钢产量有8785万吨，工农业总产值2800亿美元，能造原子弹、航空母舰。中国的粗钢产量只有61万吨，工农业总产值仅为100亿美元。1954年6月，在中央人民政府委员会第三十次会议上，毛泽东发出了这样的感慨："现在我们能造什么？能造桌子椅子，能造茶碗茶壶，能种粮食，还能磨成面粉，还能造纸，但是，一辆汽车、一架飞机、一辆坦克、一辆拖拉机都不能造。"[②] 特别是经过同世界头号资本主义现代化强国美国在抗美援朝战争中的较量，我们尤其深切体会到改变中国工业落后状况、实现中国工业化现代化的紧迫性。1954年9月，毛泽东在一届全国人大一次会议上宣布："准备在几个五年计划之内，将我们现在这样一个经济上文化上落后的国家，建设成为一个工业

[①] 中共中央党史和文献研究院编：《习近平关于中国式现代化论述摘编》，中央文献出版社2023年版，第28页。

[②] 《毛泽东文集》第6卷，人民出版社1999年版，第329页。

化的具有高度现代文化程度的伟大的国家。"① 周恩来在会上指出，"经济
建设工作在整个国家生活中已经居于首要的地位"，"我国的经济原来是很
落后的。如果我们不建设起强大的现代化的工业、现代化的农业、现代化
的交通运输业和现代化的国防，我们就不能摆脱落后和贫困，我们的革命
就不能达到目的"②。这是第一次提出"四个现代化"的任务。周恩来关于
"四个现代化"的提法，很快为全党所接受，并被写入1956年党的八大通
过的党章总纲。也是在1956年，毛泽东又豪迈地提出，"我国人民应该有
一个远大的规划，要在几十年内，努力改变我国在经济上和科学文化上的
落后状况，迅速达到世界上的先进水平"③。中国社会主义制度建立后，为
了发挥制度优势尽快改变中国贫穷落后的面貌，让人民早一点过上好日
子，我们党力图在现代化建设中打开一个崭新的局面并为此进行了尝
试——1958年发动了"超英赶美"的"大跃进"运动和以"一大二公"
为特点的人民公社化运动。结果却欲速不达，事与愿违，教训惨痛。在克
服了"大跃进"严重困难后，1964年12月，周恩来在三届全国人大一次
会议上正式提出了实现"四个现代化"的历史任务，即"在不太长的历史
时期内，把我国建设成为一个具有现代农业、现代工业、现代国防和现代
科学技术的社会主义强国，赶上和超过世界先进水平"。党中央还确定了
分"两步走"到20世纪末实现现代化的战略构想。1975年1月，在四届
全国人大一次会议上的政府工作报告中，周恩来重申了这个目标和构想。
但是，正如习近平总书记指出的，"由于后来发生了'文化大革命'，当时

---

① 中共中央文献研究室编：《建国以来重要文献选编》第5册，中央文献出版社1993年版，第461页。
② 中共中央文献研究室编：《周恩来年谱（1949—1976）》（上卷），中央文献出版社1997年版，第413页。
③ 中共中央文献研究室毛泽东组编：《〈毛泽东文集〉与毛泽东思想》，人民出版社2002年版，第127页。

提出的四个现代化建设没有完全展开"①。虽然经历了严重曲折，但是经过全党全国人民近30年的艰苦奋斗，中国还是建立起了独立的比较完整的工业体系和国民经济体系，初步改变了历史遗留下来的技术落后、畸形发展的工业状况，特别是取得了"两弹一星"等国防尖端科技突破，实现了"旧中国几百年、几千年所没有取得过的进步"，"有了一个向四个现代化前进的阵地"②。在推进社会主义建设的进程中，我们党努力推动马克思主义基本原理同中国具体实际的"第二次结合"，积极探索适合中国情况的建设社会主义的正确道路，并深刻总结正反两方面经验，提出了关于社会主义建设的一系列重要思想。我们党在社会主义革命和建设中取得的独创性理论成果和巨大成就，为中国现代化建设奠定了根本政治前提和宝贵经验、理论准备、物质基础。

"文化大革命"结束以后，在党和国家面临何去何从的重大历史关头，党深刻认识到，要在中国实现现代化，只有实行改革开放才是唯一出路，否则中国的现代化事业和社会主义事业会被葬送。从1977年下半年开始，我国掀起了一股大规模出国考察热潮。仅1978年前11个月，经过香港出国或到港考察的人员就有529批，共3213人。通过大规模外访，我们亲眼看到、亲身感受到中国与西方发达国家现代化的巨大差距。1978年9月，在朝鲜同金日成谈话时，邓小平指出："最近我们的同志出去看了一下，越看越感到我们落后。什么叫现代化？五十年代一个样，六十年代不一样了，七十年代就更不一样了。"③ 党的十一届三中全会果断结束"以阶级斗争为纲"，实现党和国家工作中心战略转移，开启了改革开放和社会主义现代化建设新时期，实现了新中国成立以来党的历史上具有深远意义的伟

---

① 习近平：《新发展阶段贯彻新发展理念必然要求构建新发展格局》，《求是》2022年第17期。

② 中共中央文献研究室编：《邓小平思想年编（1975—1997）》，中央文献出版社2011年版，第279页。

③ 中共中央文献研究室编：《邓小平年谱（1975—1997）》（上），中央文献出版社2004年版，第372—373页。

大转折。在思考中国长远发展目标时，邓小平重新构思中国"整个现代化的蓝图"①，并立足差距和国情，改变了过去提出的到20世纪末中国实现"四个现代化"就能够"接近或比较接近现在发达国家的水平"②的提法。1979年3月21日，在同马尔科姆·麦克唐纳为团长的英中文化协会执行委员会代表团谈话时，邓小平表示："我们的概念与西方不同，我姑且用个新说法，叫做中国式的四个现代化，……实现四个现代化可能比想像（象）的还要困难些。"两天后，在中央政治局会议上，他又说："我同外国人谈话，用了一个新名词：中国式的现代化。"③这是第一次使用"中国式的现代化"的概念。1979年12月，在同日本首相大平正芳谈话时，他将"中国式的现代化"称为"小康之家"。中国式的现代化，就是"'小康之家'的现代化"④。1980年5月，邓小平进一步指出："我们提出的现代化是中国式的现代化，……每人年收入达到一千美元，变成'小康之家'，这就是我们的目标。"⑤"中国式的现代化"描述的是到20世纪末我国达到小康水平即达到"四个现代化""最低目标"⑥时的发展状态。1987年4月，邓小平进一步完整提出了我国现代化建设"三步走"战略构想。世纪之交，我国人民生活总体上达到了小康水平。党的十五大对实现第三步战略目标作出进一步细化，提出了"新三步走"。进入21世纪，我们党又提出了到建党100年时全面建成惠及十几亿人口的更高水平的小康社会，然后再奋斗30年，到新中国成立100年时基本实现现代化，把我国

---

① 中共中央文献研究室编：《邓小平年谱（1975—1997）》（上），中央文献出版社2004年版，第582页。

② 《邓小平与外国首脑及记者会谈录》编辑组：《邓小平与外国首脑及记者会谈录》，台海出版社2011年版，第282页。

③ 中共中央文献研究室编：《邓小平年谱（1975—1997）》（上），中央文献出版社2004年版，第497页。

④ 中共中央文献研究室邓小平研究组编：《邓小平自述》，解放军出版社2005年版，第189页。

⑤ 中共中央文献研究室编：《邓小平思想年编（1975—1997）》，中央文献出版社2011年版，第310页。

⑥ 参见《邓小平文选》第3卷，人民出版社1993年版，第64页。

突　破

建设成为社会主义现代化国家的"两个一百年"奋斗目标。这些规划部署，引领我国社会主义现代化建设步步登高、不断攀升，展示了中华民族奋力追赶世界现代化潮流、大踏步赶上时代的雄心壮志。为了实现中国的现代化，我们党提出，中国的现代化建设要把马克思主义与中国实际结合起来，坚定不移走自己的道路。我们党确立并坚持党在社会主义初级阶段的"一个中心、两个基本点"的基本路线不动摇，大力推进实践基础上的理论创新、制度创新、文化创新及各方面创新，实行社会主义市场经济体制，实现了从生产力相对落后的状况到经济总量跃居世界第二的历史性突破，实现了人民生活从温饱不足到总体小康、奔向全面小康的历史性跨越，为中国式现代化提供了充满新的活力的体制保证和快速发展的物质条件，中国大踏步赶上了时代。

从党的十八大开始，中国特色社会主义进入新时代。以习近平同志为核心的党中央统筹中华民族伟大复兴战略全局和世界百年未有之大变局，科学把握我国现代化建设规律，围绕解决我国现代化建设中的突出矛盾和深层次问题，不断实现理论和实践上的创新突破，成功推进和拓展了中国式现代化。一是在认识上不断深化。我们党坚持把马克思主义基本原理同中国具体实际相结合、同中华优秀传统文化相结合，不断推进马克思主义中国化时代化，创立了习近平新时代中国特色社会主义思想，实现了马克思主义中国化时代化新的飞跃，为中国式现代化提供了根本遵循；我们党进一步深化对中国式现代化内涵和本质的认识，概括形成中国式现代化的中国特色、本质要求和重大原则，初步构建起中国式现代化的理论体系，使中国式现代化更加清晰、更加科学、更加可感可行。二是在战略上不断完善。明确"五位一体"总体布局和"四个全面"战略布局，作出到21世纪中叶把我国建成富强民主文明和谐美丽的社会主义现代化强国的"两步走"战略安排，深入实施科教兴国战略、人才强国战略、乡村振兴战略等一系列重大战略，为中国式现代化提供坚实战略支撑。三是在实践上不断丰富。我们党采取一系列战略性举措，推进一系列变革性实践，实现一系列突破性进展，取得一系列标志性成果，成功经受住了来自政治、经济、意识形态、自然界等方面的风险挑战考验，推动党和国家事业取得历史性成就、发生历史性变革，特别是消除了绝对贫困问题，全面建成小康社会、实现了第一个百年奋斗目标，开启了全面建设社会主义现代化国家、实现第二个百年奋斗目标的新征程，为中国式现代化提供了更为完善的制度保证、更为坚实的物质基础、更为主动的精神力量。

党的二十大确立了全面建成社会主义现代化强国、实现第二个百年奋斗目标，以中国式现代化全面推进中华民族伟大复兴的中心任务，对推进中国式现代化作出战略部署。要把这些战略部署落到实处，把中国式现代化蓝图变为现实，根本在于进一步全面深化改革，不断完善各方面体制机制，为推进中国式现代化提供制度保障。根据党的二十大的战略部署，党的二十届三中全会坚持目标导向和问题导向相统一，紧扣推进中国式现代化这个主题，明确了进一步全面深化改革的指导思想、总目标、重大原则、重大举措，彰显了以习近平同志为核心的党中央将改革进行到底的坚强决心和强烈使命担当，在中国改革开放史上具有里程碑意义。

总之，"中国式现代化是我们党领导全国各族人民在长期探索和实践中历经千辛万苦、付出巨大代价取得的重大成果，我们必须倍加珍惜、始终坚持、不断拓展和深化"①。正是因为成功开创了中国式现代化新道路、破解了民族复兴的道路"难题"，才使中国彻底走出了近代以来苦苦求索国家现代化路径过程中所经历的茫然失措、屡遭挫折的困境，让中华民族伟大复兴进入不可逆转的历史进程。

---

① 中共中央党史和文献研究院编：《习近平关于中国式现代化论述摘编》，中央文献出版社2023年版，第31页。

二、"管总、管根本"的"定性"：中国式现代化是中国共产党领导的社会主义现代化

2023 年 2 月，习近平总书记在新进中央委员会的委员、候补委员和省部级主要领导干部学习贯彻习近平新时代中国特色社会主义思想和党的二十大精神研讨班开班式上强调，党的二十大报告关于"中国式现代化，是中国共产党领导的社会主义现代化"的论断，"是对中国式现代化定性的话，是管总、管根本的"。"党的领导直接关系中国式现代化的根本方向、前途命运、最终成败。"①

习近平总书记反复强调，改革无论怎么改，坚持党的全面领导、坚持马克思主义、坚持中国特色社会主义道路、坚持人民民主专政等根本的东西绝对不能动摇，否则是自毁长城。无论改什么、改到哪一步，都要坚持党的领导，确保党把方向、谋大局、定政策，确保党始终总揽全局、协调各方。党的二十届三中全会阐述了进一步全面深化改革的"七个聚焦"，"聚焦提高党的领导水平和长期执政能力"是其中一个重要方面；阐述了"六个坚持"重大原则，"坚持党的全面领导"是摆在第一位的重大原则；全会通过的《中共中央关于进一步全面深化改革、推进中国式现代化的决定》（以下简称《决定》）的第 15 部分，强调"党的领导是进一步全面深化改革、推进中国式现代化的根本保证"。

——党的领导决定中国式现代化的根本性质。党的性质宗旨、初心使命、信仰信念、政策主张决定了中国式现代化是社会主义现代化，而不是别的什么现代化。坚持中国共产党领导、坚持社会主义道路，"这两点是相互联系的，是一个问题。没有共产党的领导，就没有社会主义道路"②。

---

① 习近平：《中国式现代化是中国共产党领导的社会主义现代化》，《求是》2023 年第 11 期。
② 《邓小平文选》第 3 卷，人民出版社 1993 年版，第 242 页。

中国共产党坚持以马克思主义为指导，对马克思主义的信仰、对社会主义和共产主义的信念，是共产党人的政治灵魂；中国共产党全心全意为人民服务，坚持立党为公、执政为民，为中国人民谋幸福、为中华民族谋复兴是我们党矢志不渝的初心使命。考察世界现代化历史，一个国家要实现工业化、现代化，无非有两条路可以选择：一条是欧美式的资本主义工业化、现代化道路，另一条是社会主义的工业化、现代化道路。对脱胎于半殖民地半封建社会的新中国来说，要在尽可能短的时间里追赶上先发现代化国家，要让站起来的中国人民快一些富起来并且最终实现共同富裕，只有一条道路可走，就是走能够集中力量办大事、快办事，能够做到全国一盘棋，能够基于人民的根本利益作计划、作规划、作长远谋划的社会主义道路，只能是社会主义的现代化。对于中国为什么不走资本主义道路的问题，毛泽东在1953年10月就明确指出：走"资本主义道路，也可增产，但时间要长，而且是痛苦的道路"①。一是时间长。到20世纪50年代，英美等国的工业化现代化已走了近200年，如果我们顺着它的老路走，想在"几十年内"追赶上它，这是确定不可能完成的任务。二是结果"痛苦"。"痛苦"就痛苦在资本主义的现代化，最终给人民带来的是两极分化、贫富悬殊的结果，这与我们党的性质宗旨、初心使命相悖，更与人民的期盼愿望相悖——这两个原因，最现实也最具说服力。因此，毛泽东明确表示："我们不搞资本主义，这是定了的。"② 中国的现代化，是中国共产党领导和推动的现代化，这是历史的选择、人民的选择；中国的现代化，是社会主义的现代化，这也是历史的选择、人民的选择。改革开放以来，在深刻总结我国现代化建设经验教训的基础上，我们党始终高举中国特色社会主义伟大旗帜，既坚持科学社会主义基本原则，又不断赋予其鲜明的中

---

① 中共中央文献研究室编：《建国以来重要文献选编》第4册，中央文献出版社2011年版，第405页。

② 《毛泽东文集》第6卷，人民出版社1999年版，第299页。

国特色和时代内涵，确保中国式现代化在正确的轨道上顺利推进。中国式现代化是我们党在开创、坚持、捍卫和发展中国特色社会主义过程中不断探索和推进的。党的领导是中国特色社会主义最本质的特征、中国特色社会主义制度的最大优势，也是中国式现代化的最本质特征、最大优势。党的领导保证了中国既不走封闭僵化的老路，也不走改旗易帜的邪路，而是坚定不移走中国特色社会主义道路，为中国式现代化沿着正确轨道前进提供方向指引。党的领导保证了与时俱进不断开辟马克思主义中国化时代化新境界，不断深化对共产党执政规律、社会主义建设规律、人类社会发展规律的认识，为中国式现代化提供了科学指引。党的领导保证了中国特色社会主义制度不断完善和发展，大力推进国家治理体系和治理能力现代化，形成了包括中国特色社会主义根本制度、基本制度、重要制度等在内的一整套制度体系，为中国式现代化稳步前行提供了坚强制度保证。党的领导激发全民族文化创新创造活力，推动中华优秀传统文化创造性转化、创新性发展，更有力推进中国特色社会主义文化建设，为中国式现代化提供强大精神力量。可以说，正是因为毫不动摇坚持中国共产党的坚强领导，中国式现代化才前景光明、繁荣兴盛；若非如此，中国式现代化就会偏离航向、丧失灵魂，甚至犯颠覆性错误。

——党的领导确保中国式现代化锚定奋斗目标行稳致远。中国共产党是中国式现代化的主心骨和坚强领导核心。我们党始终坚守初心使命，坚持把远大理想和阶段性目标统一起来，一旦确定目标，就咬定青山不放松，接续奋斗、艰苦奋斗、不懈奋斗。中国共产党站在中国人民和中华民族长远利益、根本利益的战略高度，对中国式现代化进行通盘谋划、顶层设计。自改革开放以来，我国建设社会主义现代化国家的奋斗目标都是循序渐进、一以贯之的，并随着实践的发展而不断丰富完善。在总结改革开放和新时代实践成就和经验基础上，党的二十大更加清晰擘画了到2035年我国发展的目标要求，并对未来五年全面建设社会主义现代化国家开局起步关键时期的战略任务和重大举措作出重点部署，明确了新时代继续推进中国式现代化的时间表、路线图、任务书。从这个历史进程中，我们可以清楚地看到，建设社会主义现代化国家是我们党一以贯之的奋斗目标，一代一代地接力推进，并不断取得举世瞩目、彪炳史册的辉煌业绩。中国共产党锚定奋斗目标，锲而不舍、久久为功、一代接着一代干、一张蓝图绘到底的执着奋斗精神，体现了中国共产党的独特领导优势。中国共产党领导实行的中国特色社会主义民主政治制度，从根本上超越了资本主义国家政党纷争、党派偏私、政策前后不一的弊端，是确保中国式现代化行稳致远的根本政治制度保障。邓小平在阐述中国实行的社会主义民主相较于资本主义民主的优势时指出："资本主义社会讲的民主是资产阶级的民主，实际上是垄断资本的民主，无非是多党竞选、三权鼎立、两院制。我们的制度是人民代表大会制度，共产党领导下的人民民主制度，……社会主义国家有个最大的优越性，就是干一件事情，一下决心，一做出决议，就立即执行，不受牵扯。"① 比如，"我们说搞经济体制改革全国就能立即执行，我们决定建立经济特区就可以立即执行，没有那么多互相牵扯，议而不决，决而不行"②。邓小平指出，就这个范围来说，我们的效率是高的，总的效率高。邓小平强调，这是我们的优势，我们要保持这个优势。如果我们丢了这个优势，中国也效仿西方搞多党制、两院制、三权鼎立，就一定会因为一党一派之私发生"互相牵扯，议而不决，决而不行"的问题，这样我们就不可能在更短时间内赶超西方发达资本主义国家，实现中华民族伟大复兴的几代中国人的目标和夙愿就会被迟滞。

——党的领导激发建设中国式现代化的强劲动力。改革开放是决定当代中国命运的关键一招，也是决定中国式现代化成败的关键一招。改革开放以后，我们党坚持解放思想、实事求是，大胆地试、勇敢地改，以伟大

---

① 《邓小平文选》第 3 卷，人民出版社 1993 年版，第 240 页。
② 《邓小平文选》第 3 卷，人民出版社 1993 年版，第 240 页。

突 破

历史主动精神不断变革生产关系和生产力之间、上层建筑和经济基础之间不相适应的方面，不断推进各领域体制改革，干出了一片现代化建设新天地。从实行家庭联产承包、乡镇企业异军突起到取消农业税牧业税和特产税，从兴办深圳等经济特区、沿海沿边沿江沿线和内陆中心城市对外开放到加入世界贸易组织，从"引进来"到"走出去"，从搞好国营大中小企业、发展个体私营经济到深化国资国企改革、发展混合所有制经济，从单一公有制到公有制为主体、多种所有制经济共同发展和坚持"两个毫不动摇"，从传统的计划经济体制到前无古人的社会主义市场经济体制，从以经济体制改革为主到各方面重大改革扎实推进，改革开放成为推动中国现代化建设的最强大动力。特别是党的十八大以来，我们党以巨大的政治勇气全面深化改革，突出问题导向，敢于突进深水区，敢于啃硬骨头，敢于涉险滩，敢于面对新矛盾新挑战，冲破思想观念束缚，突破利益固化樊篱，坚决破除妨碍我国现代化的各方面体制机制弊端。党的十八届三中全会对经济体制、政治体制、文化体制、社会体制、生态文明体制、国防和军队改革和党的建设制度改革作出部署，确定全面深化改革的总目标、战略重点、优先顺序、主攻方向、工作机制、推进方式和时间表、路线图。党始终坚持改革正确方向，以加强顶层设计和整体谋划，增强改革的系统性、整体性、协同性，党推动改革全面发力、多点突破、蹄疾步稳、纵深推进，从夯基垒台、立柱架梁到全面推进、积厚成势，再到系统集成、协同高效，各领域基础性制度框架基本确立。新时代十年，党顺应经济全球化，依托我国超大规模市场优势，实行更加积极主动的开放战略。我国坚持共商共建共享，推动共建"一带一路"高质量发展，推动贸易和投资自由化便利化，构建面向全球的高标准自由贸易区网络，建设自由贸易试验区和海南自由贸易港，推动规则、规制、管理、标准等制度型开放，形成更大范围、更宽领域、更深层次对外开放格局，构建互利共赢、多元平衡、安全高效的开放型经济体系，不断增强我国国际经济合作和竞争新优势。党领导全面深化改革和扩大开放向广度和深度进军，改革由局部探索、破冰突围到系统集成、全面深化，许多领域实现历史性变革、系统性重塑、整体性重构，为中国式现代化注入不竭动力源泉，在此过程中，中国特色社会主义制度更加成熟更加定型，国家治理体系和治理能力现代化水平不断提高，党和国家事业焕发出新的生机活力。

——党的领导凝聚建设中国式现代化的磅礴力量。人民是历史的创造者，人民是真正的英雄。中国式现代化是亿万人民自己的事业，十几亿中国人民是中国式现代化的主体，必须紧紧依靠人民，尊重人民创造精神，汇集全体人民的智慧，凝聚起全国人民的伟力，推动中国式现代化不断向前发展。我们党始终坚持全心全意为人民服务的根本宗旨，坚持人民至上，坚持把人民对美好生活的向往作为奋斗目标，着力保障和改善民生，着力解决人民急难愁盼问题，扎实推动全体人民共同富裕，让中国式现代化建设成果更多更公平地惠及全体人民。我们党坚持党的群众路线，坚持一切为了人民、一切依靠人民，从群众中来、到群众中去，始终保持同人民群众的血肉联系，始终接受人民批评和监督，始终同人民同呼吸、共命运、心连心，想问题、作决策、办事情注重把准人民脉搏、回应人民关切、体现人民愿望、增进人民福祉，努力使党的理论和路线方针政策得到人民群众衷心拥护。我们党发展全过程人民民主，拓展民主渠道，丰富民主形式，扩大人民有序政治参与，确保人民依法通过各种途径和形式管理国家事务，管理经济和文化事业，管理社会事务，以主人翁精神满怀热忱地投入现代化建设中。我们党强调中国共产党的中心任务就是团结带领全国各族人民全面建成社会主义现代化强国、实现第二个百年奋斗目标，以中国式现代化全面推进中华民族伟大复兴，以中国式现代化的美好愿景激励人、鼓舞人、感召人，有效促进政党关系、民族关系、宗教关系、阶层关系、海内外同胞关系和谐，促进海内外中华儿女团结奋斗，凝聚起全面建设社会主义现代化国家、最终实现民族复兴的磅礴伟力。

三、"强国建设、民族复兴的唯一正确道路"：中国式现代化的中国特色、本质要求、重大原则和重大关系

一个国家走向现代化，既要遵循现代化一般规律，更要立足本国国情、符合本国实际。推进中国式现代化，不能闭门造车、向壁虚构，更不能鹦鹉学舌、邯郸学步。由于历史的、现实的多方面原因，中国的现代化同西方发达国家有很大不同。就发展进程看，习近平总书记指出："西方发达国家是一个'串联式'的发展过程，工业化、城镇化、农业现代化、信息化顺序发展，发展到目前水平用了二百多年时间。"中国是后来居上，要"把'失去的二百年'找回来，决定了我国发展必然是一个'并联式'的过程，工业化、信息化、城镇化、农业现代化是叠加发展的"①。在以"并联叠加""时空压缩"为特点的追赶型现代化进击中，中国式现代化既具有各国现代化的共同特征，同时又基于中国国情和中国式现代化的"定性"，具有鲜明的中国特色、本质要求和必须坚守的重大原则。

党的二十大报告明确概括了中国式现代化是人口规模巨大的现代化，是全体人民共同富裕的现代化，是物质文明和精神文明相协调的现代化，是人与自然和谐共生的现代化，是走和平发展道路的现代化——这 5 个方面的中国特色，"深刻揭示了中国式现代化的科学内涵"②，着重回答了中国式现代化"是什么"的问题。

中国式现代化，在 14 亿多人口的发展中大国推进，其体量超过现有发达国家的人口总和，是人口规模巨大的现代化——这是中国式现代化在人

---

① 中共中央文献研究室编：《习近平关于社会主义经济建设论述摘编》，中央文献出版社 2017 年版，第 159 页。

② 习近平：《中国式现代化是强国建设、民族复兴的康庄大道》，《求是》2023 年第 16 期。

口国情方面的最显著特点。人口规模不同，现代化的任务就不同，面对问题的艰巨性、复杂性也就不同，发展路径和推进方式必然会呈现自己的特点。考察世界主要发达国家的现代化进程，第一次工业革命开始时，英国的人口不到 600 万人；第二次工业革命时期，美国的人口不到 8000 万人。迄今为止，全球实现现代化的 20 多个国家和地区，总人口约为 10 亿人，不到世界总人口的 1/7。美国是当今世界实力最强大的现代化国家，也不过 3 亿多人，不及中国 14 亿人的 1/4。习近平总书记指出，中国的现代化不同于几十万人、几百万人、几千万人的现代化，是人口规模巨大的现代化，当比现在世界上所有发达国家人口的总和还要多的中国"整体迈入现代化社会"，"将彻底改写现代化的世界版图，在人类历史上是一件有深远影响的大事"①。因此，"我们的现代化既是最难的，也是最伟大的"②。这就要求我们想问题、作决策，首先要考虑人口基数问题，既不能好高骛远，也不能因循守旧，要坚持稳中求进、循序渐进、久久为功。

中国式现代化，始终坚持以人民为中心的发展思想，自觉、主动解决地区差距、城乡差距、收入分配差距问题，坚决防止两极分化，是全体人民共同富裕的现代化——这是中国式现代化的本质特征，是区别于西方现代化的显著标志。西方现代化的最大弊病，是以资本为中心而不是以人民为中心，必然导致贫富悬殊，两极分化。中国共产党执政的社会主义中国，决不允许贫富差距越来越大、穷者越穷富者越富，决不能在富的人和穷的人之间出现一道不可逾越的鸿沟。因此，实现共同富裕不仅是经济问题，更是关系党的执政基础的重大政治问题。我们不能等实现了现代化再来解决共同富裕问题，而是要始终把满足人民对美好生活的新期待作为发展的出发点和落脚点，在实现现代化过程中不断地、逐步地解决好这个问

---

① 习近平：《新发展阶段贯彻新发展理念必然要求构建新发展格局》，《求是》2022 年第 17 期。

② 《"既是最难的，也是最伟大的"（微镜头·习近平总书记参加党的二十大广西代表团讨论）》，《人民日报》2022 年 10 月 18 日。

题。党的十八大以来，党中央把握发展阶段新变化，把逐步实现全体人民共同富裕摆在更加重要的位置上，采取有力措施保障和改善民生，打赢脱贫攻坚战，全面建成小康社会，为促进共同富裕创造了良好条件。新征程上，我们要始终坚持发展是党执政兴国的第一要务，把高质量发展作为全面建设社会主义现代化国家的首要任务，在推动高质量发展、进一步做好做大"蛋糕"的同时，聚焦全体人民共同富裕，进一步分好"蛋糕"，逐步扩大中等收入群体，缩小收入分配差距，解决好就业、分配、教育、医疗、住房、养老等民生问题，让现代化建设成果更多更公平惠及全体人民，推进全体人民共同富裕不断取得新进展。

中国式现代化始终坚持社会主义核心价值观，弘扬中华优秀传统文化，增强人民精神力量，促进物的全面丰富和人的全面发展，是物质文明和精神文明相协调、既要物质富有也要精神富足的现代化——这是中国式现代化的崇高追求。一个民族的复兴和现代化需要强大的物质力量，也需要强大的精神力量。没有先进文化的正确引领，没有人民精神世界的极大丰富，没有民族精神力量的不断增强，一个国家、一个民族不可能屹立于世界先进民族之林。物质贫困不是社会主义，精神贫乏也不是社会主义，中国式现代化也体现在精神文明的发展进步上。习近平总书记指出："当高楼大厦在我国大地上遍地林立时，中华民族精神的大厦也应该巍然耸立。"[1] "一个没有精神力量的民族难以自立自强，一项没有文化支撑的事业难以持续长久。"[2] 西方资本主义现代化无法克服的痼疾之一，是伴随物质财富不断积累、物质主义膨胀而来的物欲横流、信仰缺失、精神贫乏、人成为单向度的人。中国式现代化是物质财富极大丰富的现代化，也是精神财富极大丰富的现代化，还是思想文化上自信自立的现代化。中国式现

---

① 中共中央文献研究室编：《十八大以来重要文献选编》（中），中央文献出版社 2016 年版，第 122 页。

② 习近平：《在同各界优秀青年代表座谈时的讲话（2013 年 5 月 4 日）》，《人民日报》2013 年 5 月 5 日。

代化坚持两手抓、两手硬，不断厚植现代化的物质基础，不断夯实人民幸福生活的物质条件，大力发展社会主义先进文化，大力传承中华文明，大力推进马克思主义基本原理同中国具体实际相结合、同中华优秀传统文化相结合，在推进"相结合"中互相成就，由此造就有机统一的新的文化生命体，让马克思主义成为中国的，中华优秀传统文化成为现代的，让经由"结合"而形成的新文化成为中国式现代化的文化形态。

中国式现代化始终坚持生态优先、绿色发展，尊重自然、顺应自然、保护自然，同步推进物质文明和生态文明建设，走生产发展、生活富裕、生态良好的文明发展道路，是人与自然和谐共生的现代化——这是中国式现代化的鲜明特点。人与自然是生命共同体，无止境向自然索取甚至破坏自然必遭反噬。恩格斯曾深刻指出："我们不要过分陶醉于我们人类对自然界的胜利。对于每一次这样的胜利，自然界都对我们进行报复。"[①] 人因自然而生，人与自然是一种共生关系，对自然的伤害最终会伤及人类自身。近代以来，西方国家的现代化大多经历了对自然资源肆意掠夺和生态环境受到恶性破坏的阶段，造成严重环境污染问题。20 世纪，发生在西方国家的"世界八大公害事件"就对生态环境和公众生活造成巨大影响。其中，洛杉矶光化学烟雾事件，致使近千人丧生、超 75% 的市民患上红眼病。伦敦烟雾事件于 1952 年 12 月首次暴发的短短几天内，死亡人数高达4000 人，随后 2 个月内又有近 8000 人死于呼吸系统疾病。日本水俣病事件，因工厂把含有甲基汞的废水直接排到水俣湾中，市民食用受污染的鱼和贝类后患上极为痛苦的汞中毒病，患者近千人，还有多达 2 万人受威胁。只有尊重自然规律，才能有效防止在开发利用自然上走弯路。中国人均能源资源禀赋严重不足，决定了中国绝不能走西方国家现代化的老路。中国式现代化要坚持可持续发展，坚持节约优先、保护优先、自然恢复为主的

---

① 《马克思恩格斯全集》第 26 卷，人民出版社 2014 年版，第 769 页。

方针，像保护眼睛一样保护自然和生态环境，坚定不移走生产发展、生活富裕、生态良好的文明发展道路，坚决摒弃损害甚至破坏生态环境的发展模式和做法，决不能再以牺牲生态环境为代价换取一时一地的经济增长，让良好生态环境成为人民生活的增长点、成为展现我国良好形象的发力点，让中华大地天更蓝、山更绿、水更清、环境更优美，实现中华民族永续发展。

中国式现代化始终坚持独立自主、自立自强，坚持和平发展，坚持同世界各国互利共赢，推动构建人类命运共同体，努力为人类和平与发展作出贡献，是坚定不移走和平发展道路的现代化——这是中国式现代化的突出特征。西方资本主义现代化是建立在对外殖民掠夺、对内残酷剥削的原始积累基础上的，充满了战争、贩奴、殖民、掠夺、欺诈等血腥罪恶。英国的"圈地运动"、美国的"西进运动"及罪恶的奴隶贸易等，都标注了西方资本主义现代化的"原罪"。中华民族经历了西方列强侵略、欺凌的悲惨历史，1840 年到 1949 年的 109 年间，帝国主义列强仅从中国勒索的战争赔款累计数额将近 20 亿两白银，相当于 1901 年清政府收入的 16 倍，更是当时全国工矿资本总额的 82 倍。"中华文明具有突出的和平性，从根本上决定了中国始终是世界和平的建设者、全球发展的贡献者、国际秩序的维护者，决定了中国不断追求文明交流互鉴而不搞文化霸权，决定了中国不会把自己的价值观念与政治体制强加于人，决定了中国坚持合作、不搞对抗，决不搞'党同伐异'的小圈子。"① 中国式现代化坚持把国家和民族发展放在自己力量的基点上，坚持依靠中国人民的辛勤劳动和创新创造发展壮大自己，在坚定维护世界和平与发展中谋求自身发展，又以自身发展更好维护世界和平与发展，坚定站在历史正确的一边、站在人类文明进步的一边，践行真正的多边主义，弘扬全人类共同价值观，努力为人类和

---

① 《担负起新的文化使命 努力建设中华民族现代文明》，《人民日报》2023 年 6 月 3 日。

平与发展作出中国贡献。

中国式现代化的鲜明特色，要在我国发展的方针政策、战略战术、政策举措、工作部署中切实体现，要在实践中付出艰巨努力，把鲜明特色变成独特优势。

中国式现代化包括九个方面的本质要求：坚持中国共产党领导，坚持中国特色社会主义，实现高质量发展，发展全过程人民民主，丰富人民精神世界，实现全体人民共同富裕，促进人与自然和谐共生，推动构建人类命运共同体，创造人类文明新形态。这九个方面的本质要求，充分体现了中国式现代化的"定性"、中国式现代化的中国特色、中国式现代化"富强民主文明和谐美丽"强国目标任务的内在规定，深刻阐明了推进中国式现代化必须锚定和重点关注的工作，着重回答了中国式现代化"干什么"的问题。中国式现代化的成功推进，在领导力量上，必须毫不动摇坚持中国共产党的领导；在前进方向上，必须毫不动摇坚持中国特色社会主义。由全面建成富强民主文明和谐美丽的社会主义现代化强国的内在要求决定，中国式现代化的推进，在整体布局上，必须坚持物质文明、政治文明、精神文明、社会文明、生态文明协调发展，这就要求实现高质量发展，发展全过程人民民主，丰富人民精神世界，实现全体人民共同富裕，促进人与自然和谐共生。党的二十届三中全会就"健全推动经济高质量发展体制机制""健全全过程人民民主制度体系""深化文化体制机制改革""健全保障和改善民生制度体系""深化生态文明体制改革"等重大问题提出进一步全面深化改革的一系列重大举措，将有力推动全面建成社会主义现代化强国的历史进程。由中国式现代化是走和平发展道路的现代化的鲜明特色决定，在对外战略和全球责任上，中国式现代化的推进，必须高举和平、发展、合作、共赢的旗帜，推动构建人类命运共同体。可以展望，到21世纪中叶，体现上述要求的中国式现代化的成功实现，必将创造不同于资本主义现代化的人类文明新形态。

突　破

党的二十届三中全会《决定》指出："当前和今后一个时期是以中国式现代化全面推进强国建设、民族复兴伟业的关键时期。"① 必须清醒看到，推进中国式现代化是一项全新的事业，"中华民族伟大复兴绝不是轻轻松松、敲锣打鼓就能实现的，也绝不是一马平川、朝夕之间就能到达的"②，前进道路上必然会遇到各种矛盾和风险挑战。特别是当前世界百年未有之大变局加速演进，局部冲突和动荡频发，全球性问题加剧，来自外部的打压遏制不断升级，我国发展进入战略机遇和风险挑战并存、不确定难预料因素增多的时期，各种"黑天鹅""灰犀牛"事件随时可能发生。必须坚持底线思维，增强忧患意识和战略定力，切实办好自己的事情，随时准备经受风高浪急甚至惊涛骇浪的重大考验，在伟大斗争中坚定不移推进中国式现代化，以中国式现代化引领和全面推进中华民族伟大复兴。

中国式现代化蕴含的五个方面的重大原则，深刻揭示了面对新的战略机遇和当下乃至未来将经历的来自国内外的风险挑战，新征程上如何全面推进中国式现代化，着重从全局和战略高度回答了中国式现代化"怎么干"的问题。

必须坚持和加强中国共产党的全面领导——这是以中国式现代化全面推进中华民族伟大复兴的根本保障。习近平总书记强调："在坚持党的领导这个重大原则问题上，我们脑子要特别清醒、眼睛要特别明亮、立场要特别坚定，绝不能有任何含糊和动摇。"③ 现代化任务越是艰巨繁重，越要发挥党的全面领导这一"定海神针"作用。党的二十届三中全会强调，"党的领导是进一步全面深化改革、推进中国式现代化的根本保证"。要"坚定维护党中央权威和集中统一领导，发挥党总揽全局、协调各方的领导核心作用，把党的领导贯穿改革各方面全过程，确保改革始终沿着正确

---

① 《中共中央关于进一步全面深化改革　推进中国式现代化的决定》，《人民日报》2024 年 7 月 22 日。
② 《国家主席习近平发表二〇二二年新年贺词》，《人民日报》2022 年 1 月 1 日。
③ 习近平：《论坚持党对一切工作的领导》，中央文献出版社 2019 年版，第 59 页。

政治方向前进"；要"深刻领悟'两个确立'的决定性意义，增强'四个意识'、坚定'四个自信'、做到'两个维护'，保持以党的自我革命引领社会革命的高度自觉，坚持用改革精神和严的标准管党治党，完善党的自我革命制度规范体系，不断推进党的自我净化、自我完善、自我革新、自我提高，确保党始终成为中国特色社会主义事业的坚强领导核心"①。

必须坚持和发展中国特色社会主义——这是以中国式现代化全面推进中华民族伟大复兴的必由之路。中国特色社会主义正成为21世纪科学社会主义发展的旗帜，成为振兴世界社会主义的中流砥柱。坚持中国特色社会主义，就是要坚持党的"一个中心、两个基本点"的基本路线，坚持独立自主、自力更生，坚持道不变、志不改，既不走封闭僵化的老路，也不走改旗易帜的邪路。要通过进一步全面深化改革，继续完善和发展中国特色社会主义制度，推进国家治理体系和治理能力现代化。到2035年，全面建成高水平社会主义市场经济体制，中国特色社会主义制度更加完善，基本实现国家治理体系和治理能力现代化，基本实现社会主义现代化，为21世纪中叶全面建成社会主义现代化强国奠定坚实基础。

必须坚持以人民为中心的发展思想——这是以中国式现代化全面推进中华民族伟大复兴的价值取向。要维护人民根本利益，增进民生福祉，不断实现发展为了人民、发展依靠人民、发展成果由人民共享，让现代化建设成果更多更公平惠及全体人民。党的二十届三中全会通过的《决定》强调，要坚持以人民为中心进一步全面深化改革，尊重人民主体地位和首创精神，人民有所呼、改革有所应，做到改革为了人民、改革依靠人民、改革成果由人民共享。

必须坚持全面深化改革开放——这是以中国式现代化全面推进中华民族伟大复兴的必然选择。党的二十届三中全会通过的《决定》强调，中国

①《中共中央关于进一步全面深化改革 推进中国式现代化的决定》，《人民日报》2024年7月22日。

突　破

式现代化是在改革开放中不断推进的，也必将在改革开放中开辟广阔前景。面对纷繁复杂的国际国内形势，面对新一轮科技革命和产业变革，面对人民群众新期待，必须继续把改革推向前进。这是坚持和完善中国特色社会主义制度、推进国家治理体系和治理能力现代化的必然要求，是贯彻新发展理念、更好适应我国社会主要矛盾变化的必然要求，是坚持以人民为中心、让现代化建设成果更多更公平惠及全体人民的必然要求，是应对重大风险挑战、推动党和国家事业行稳致远的必然要求，是推动构建人类命运共同体、在百年变局加速演进中赢得战略主动的必然要求，是深入推进新时代党的建设新的伟大工程、建设更加坚强有力的马克思主义政党的必然要求。改革开放只有进行时，没有完成时。全党必须自觉把改革摆在更加突出位置，紧紧围绕推进中国式现代化进一步全面深化改革。

必须坚持发扬斗争精神——这是以中国式现代化全面推进中华民族伟大复兴应保持的精神状态。"我们越发展壮大，遇到的阻力和压力就会越大，面临的外部风险就会越多。这是我国由大向强发展进程中无法回避的挑战，是实现中华民族伟大复兴绕不过的门槛。"[1] 在重大风险、强大对手面前，要主动迎战、坚决斗争，增强全党全国各族人民的志气、骨气、底气，不信邪、不怕鬼、不怕压，知难而进、迎难而上，统筹发展和安全，全力战胜前进道路上困难和挑战，依靠顽强斗争打开事业发展新天地。

以中国式现代化全面推进强国建设、民族复兴伟业，是新时代新征程党和国家的中心任务。作为复杂庞大的系统工程，推进中国式现代化需要统筹兼顾，通盘运筹，加强前瞻性思考、全局性谋划、战略性布局、整体性推进，正确处理好顶层设计与实践探索、战略与策略、守正与创新、效率与公平、活力与秩序、自立自强与对外开放等重大关系。党的二十届三中全会强调，要坚持系统观念，在进一步全面深化改革推进中国式现代化

---

[1]　中共中央党史和文献研究院编：《习近平关于防范风险挑战、应对突发事件论述摘编》，中央文献出版社 2020 年版，第 4 页。

过程中处理好经济和社会、政府和市场、效率和公平、活力和秩序、发展和安全等重大关系，增强改革系统性、整体性、协同性。国家安全是中国式现代化行稳致远的重要基础。要推进国家安全体系和能力现代化，全面贯彻总体国家安全观，完善维护国家安全体制机制，实现高质量发展和高水平安全良性互动，切实保障国家长治久安。

四、中国式现代化展现了"不同于西方现代化模式的新图景"，具有深远世界意义

在人类现代化赛道上，西方国家曾长期占据先发地位、领先地位、优势地位，垄断了现代化的定义权、解释权。两百多年来，除欧、美、日等少数国家外，其他国家大多未能成功实现现代化。作为世界上最大的发展中国家、社会主义国家、后发国家，中国式现代化横空出世，是人类现代化历史上的重大事件、重大突破，其影响是空前的、世界性的，标注了人类现代化扩张演进的新高度。

经过新中国成立以来特别是改革开放以来几代中国共产党人和中国人民的接续奋斗，经过新时代十年的拓展和推进，中国式现代化在思想指引、政党廉能、经济发展、政治昌明、社会和谐、民生改善、文化繁荣、生态保护、国家安全、军队国防、世界声望、民族自信等方面取得了全方位举世瞩目重大成就，创造了经济快速发展和社会长期稳定两大奇迹，书写了人类现代化史上的绚丽篇章，中华民族伟大复兴展现前所未有光明前景，实现中华民族伟大复兴进入了不可逆转的历史进程。仅就经济发展和人民生活改善而言，从1952年到2018年，我国GDP从679.1亿元跃升至90.03万亿元，实际增长174倍。特别是新时代十年，党中央统揽伟大斗争、伟大工程、伟大事业、伟大梦想，明确"五位一体"总体布局和"四个全面"战略布局，紧扣我国社会主要矛盾，提出并贯彻新发展理念，着

突 破

力推动高质量发展，对新时代中国现代化建设作出一系列科学完整的战略部署，推动我国经济实力、科技实力、综合国力实现历史性跃升。2012 年至 2021 年，我国国内生产总值从 54 万亿元增长到 114 万亿元，经济总量占世界的比重达 18.5%，达到美国经济总量的 77%①，稳居世界第二。城镇化率达到 64.7%。就现代化的主要表现工业化而言，中国是世界上工业体系最为健全的国家。自 2010 年以来，中国制造业增加值连续 11 年位居世界第一。在 500 种主要工业品中，超过 40% 产品的产量位居世界第一。建成世界最大的高速铁路网、高速公路网，全社会研发经费支出位居世界第二，研发人员总量位居世界第一。战略性新兴产业不断发展壮大，载人航天、探月探火、卫星导航、量子信息、核电技术、新能源技术、大飞机制造、生物医药等取得重大成果，进入创新型国家行列。人民生活方面，1949 年到 2018 年，中国居民人均可支配收入实际增长 59.2 倍；2021 年，人均 GDP 达到 1.25 万美元，人均预期寿命达到 78.2 岁。20 世纪 50 年代至 70 年代，自行车、手表、缝纫机、收音机这"三转一响"是城乡家庭渴望拥有的"四大件"。改革开放后，彩电、冰箱、洗衣机、录音机取代"三转一响"，成为新的"四大件"。2019 年，全国居民平均每百户拥有彩色电视机 120.6 台、空调 115.6 台、电冰箱 100.9 台、洗衣机 96.0 台。汽车进入寻常百姓家。2000 年，城乡居民平均每百户汽车拥有量不足 1 辆，至 2019 年，全国居民平均每百户汽车拥有量为 35.3 辆，实现从无到有的飞跃。一百多年前，孙中山先生苦苦思索如何"振兴中华"，中国如何"驾欧美而上之"②，在《建国方略》中勾画了中国现代化的第一份蓝图：建设 160 万公里公路、约 16 万公里铁路、3 个世界级大海港，修建三峡大坝等。时至今日，中国高铁飞驰领跑世界，公路纵横连接城乡，世界大港

---

① 《又乘春风浩荡时——习近平总书记同全国两会代表委员共商国是十年纪实》，《人民日报》2022 年 3 月 13 日。

② 孙中山：《建国方略》，生活·读书·新知三联书店 2014 年版，第 372 页。

十之有七，中国的现代化已远超孙中山的设想。习近平总书记强调：孙中山的现代化之梦，"只有我们中国共产党人实现了"①。中国发展的巨大成就无可辩驳证明：中国式现代化走得通、行得稳，是强国建设、民族复兴的唯一正确道路。

中国式现代化，深深植根于中华优秀传统文化，体现科学社会主义先进本质，借鉴吸收一切人类优秀文明成果，代表人类文明进步的发展方向，展现了不同于西方现代化模式的新图景，是一种全新的人类文明形态，在国际上引起广泛关注。

——中国式现代化，用几十年时间走完了发达国家几百年走过的工业化历程，很多领域跨越式发展，极大增强了后发国家追赶先发国家实现现代化的信心勇气。作为后发现代化国家，中国现代化的起点很低：1949 年，中国现代工业产值在全部工农业总产值中只占 17%，钢产量只有 15.8 万吨，人均国民收入只有 27 美元，而 1949 年美国的人均国民收入达到 1453 美元，英国达到 773 美元；印度也有 57 美元，阿富汗 50 美元，菲律宾 44 美元，泰国 36 美元，韩国 35 美元，中国是亚洲也是世界上最贫穷的国家之一。就是在这样的低起点上，自新中国成立以来特别是改革开放 40 多年来全力以赴、全神贯注的奋力追赶，中国用几十年时间走完了发达国家几百年走过的工业化历程，创造了人类现代化史上的中国奇迹。中国式现代化的成功实践昭示世人：一个后发国家即使起步晚、起点低，即使不具备先发现代化国家那样的发展条件，但只要立足本国国情，制定正确的战略策略，用足用好后发优势，锚定发展目标，不泄气、不放弃，锲而不舍，久久为功，也完全有可能后来居上，实现国家的现代化。正如 2023 年 4 月冈比亚外长坦加拉在"中国式现代化与世界"蓝厅论坛开幕式上致辞中所评论的："中国式现代化为从根本上解决全球发展、和平、治理、信任赤字

---

① 《砥柱人间是此峰——以习近平同志为核心的党中央引领亿万人民走向民族复兴纪实》，《人民日报》2021 年 6 月 30 日。

突 破

提供了答案，中国式现代化被广泛视作人类发展史的奇迹，推动实现了脱贫、共同繁荣、生态保护，以及以人民为本的民主和法治"，"中国用自身的成功激励了许多其他发展中国家寻求适合自身的减贫方法，并促进了各国发展和繁荣"。

——中国式现代化，坚持独立自主、自力更生，把国家现代化的命运牢牢掌握在自己手中，给世界上那些既希望实现现代化又希望保持自身独立性的国家和民族提供了宝贵借鉴。"现代化不是单选题。历史条件的多样性，决定了各国选择发展道路的多样性。"① 世界上既不存在定于一尊的现代化模式，也不存在放之四海而皆准的现代化标准。一个国家如何实现现代化，既不能刻舟求剑、封闭僵化，也不能照抄照搬、食洋不化，只能由这个国家的人民，依据自己的历史传承、文化传统、经济社会发展水平独立自主来决定。第二次世界大战后，一些发展中国家不顾国情和历史文化条件，全盘照搬照抄别国模式，结果"水土不服"，以致陷入社会政治动荡、经济发展停滞的困境。习近平总书记指出："当代中国的伟大社会变革，不是简单延续我国历史文化的母版，不是简单套用马克思主义经典作家设想的模板，不是其他国家社会主义实践的再版，也不是国外现代化发展的翻版。"② 中国式现代化不是被动依附性的现代化，而是自主原创性的现代化，是建构在自身力量基点上的现代化。中国式现代化的开创性探索、超越性实践、历史性成就，为破解人类共同面临的现代化难题提供了宝贵启示。诚如坦加拉所言：中国成功的现代化表明有四个关键因素值得在全世界范围内倡导：第一，实现现代化有多种途径；第二，每个国家都拥有不可剥夺的权利来实现其特有的现代化；第三，现代化没有放之四海皆准的模式；第四，现代化没有单一的标准。

---

① 习近平：《共同开创中阿关系的美好未来——在阿拉伯国家联盟总部的演讲》，《人民日报》2016 年 1 月 22 日。

② 中共中央文献研究室编：《习近平关于社会主义文化建设论述摘编》，中央文献出版社 2017 年版，第 88 页。

——中国式现代化，遵循社会主义发展规律和价值逻辑，克服了资本主义现代化固有的诸多先天性弊端，确立了与资本主义现代化相比较的社会主义优势。资本主义现代化难以摆脱生产资料与社会化大生产之间的固有矛盾，虽然资本主义制度和西方现代化模式在不断演变，但深入其骨髓里的资本至上、弱肉强食、两极分化、金钱政治、党派纷争、侵略掠夺的本性没有也不可能发生任何改变。由于世界现代化进程是从西方资本主义国家开始的，当今世界的发达国家也主要是欧美资本主义国家和深受西方文明影响的资本主义国家，这就在一段时间给人一种错觉，就是现代化就是西方化、就是资本主义化，西方现代化成了各国现代化的"样板"。中国式现代化以社会主义为根本方向。社会主义从空想到科学、从理论到实践、从一国实践到多国发展，集中体现了人类对美好社会制度的向往和追求。中国式现代化蕴含的独特世界观、价值观、历史观、文明观、民主观、生态观等及其伟大实践，是对世界现代化理论和实践的重大创新。中国式现代化坚持和平发展道路，以增进人民福祉、促进全体人民共同富裕、实现人的自由全面发展为出发点和落脚点，在吸取人类现代化有益成果及经验教训的基础上，摒弃了西方以资本为中心的现代化、两极分化的现代化、物质主义膨胀的现代化、对外扩张掠夺的现代化老路，破除了"现代化＝西方化"、就是资本主义化的迷思，另辟蹊径开创了、展现了人类现代化的另一幅图景，拓展了发展中国家走向现代化的路径选择，实现了对长期占主导地位的西方现代化、资本主义现代化的历史性超越，为后发现代化国家探寻适合自身情况的现代化道路提供了有益借鉴，为人类对更好社会制度的探索贡献了中国智慧、中国方案。

——中国式现代化，弘扬平等互鉴对话包容的文明观，打破西方"文明冲突论"偏见，以全新视角扩展了人们对文明形态的认知，开创了人类文明新形态。世界上不存在十全十美的文明，也不存在一无是处的文明，文明本质上并无高低、贵贱、优劣之分。每一种文明、每一种现代化范式

突　破

都承载着一个国家和民族的历史记忆、精神血脉。中国文化源远流长，中华文明博大精深，中华文明的巨大包容性，从根本上决定了中华文化对世界文明兼收并蓄的开放胸怀，这也是推进中国式现代化的取向和胸怀。中国式现代化"尊重世界文明多样性，以文明交流超越文明隔阂、文明互鉴超越文明冲突、文明共存超越文明优越"①。中国共产党坚持把马克思主义基本原理同中国具体实际相结合、同中华优秀传统文化相结合，用马克思主义真理的力量激活了中华民族历经几千年创造的伟大文明，推动中华文明创造性转化和创新性发展，使中华文明再次迸发出强大的精神力量。中国式现代化既承载中华文明辉煌历史底蕴，也博采融合不同文明优势众长，实现了中华文明与其他文明、与现代文明的有机结合，跳出了不同文明必然走向冲突、对抗、斗争的认知樊篱，推动不同文明交流对话、和平共处、和谐共生，努力让文明交流互鉴成为增进各国人民友谊的桥梁、推动人类现代化的动力、维护世界和平的纽带。

---

① 习近平：《决胜全面建成小康社会 夺取新时代中国特色社会主义伟大胜利——在中国共产党第十九次全国代表大会上的报告》，《人民日报》2017 年 10 月 28 日。

全面贯彻新发展理念，着力推动经济高质量发展

李　鹏

作者简介

　　中共中央党校（国家行政学院）经济学教研部副主任，教授，博士生导师。主要研究方向为马克思主义经济理论和经济体制改革。主持完成中央"马工程"、国家社会科学基金、马克思主义基金等多项课题。在《求是》《人民日报》《光明日报》《改革》等国家权威期刊报纸发表300余篇学术论文，出版《中国式现代化——马克思主义政党与经济理论的研究》《人口发展与经济发展方式转变研究》等个人学术专著六部。

观点提要

　　★ 党的二十大强调：高质量发展是全面建设社会主义现代化国家的首要任务，立足新发展阶段，完善推动高质量发展激励约束机制，塑造发展新动能新优势。

　　★ 推动经济高质量发展必须完整准确全面贯彻新发展理念。经过近年来的实践探索和不断总结，新发展理念逐渐成为一个相互贯通、相互促

进的有机整体，有力促进了我国经济沿着高质量发展的方向和标准，渐次开辟出了可行的科学路径。高质量发展的实质就是贯彻新发展理念的实践过程，建立起现代化经济体系，更好满足人民日益增长的美好生活需要，为全面建设社会主义现代化国家奠定更加雄厚的经济物质技术基础。

★ 构建高水平社会主义市场经济体制，能够激发各类经济主体高质量发展的内生动力和创新活力。党的二十大对构建与现代化经济体系要求相适应，加快促进高质量发展的高水平社会主义市场经济体制作出了战略部署，党的二十届三中全会对构建高水平社会主义市场经济体制明确了路线图和时间表，将大为加快我国经济高质量发展进程。

★ 健全推动经济高质量发展体制机制。党的二十届三中全会对推动高质量发展体制机制改革作出了明确部署，分别从以下几个方面入手，加快推动经济高质量发展。健全因地制宜发展新质生产力体制机制；健全促进实体经济和数字经济深度融合制度；完善发展服务业体制机制；健全现代化基础设施建设体制机制；健全提升产业链供应链韧性和安全水平制度。

2017 年，党的十九大报告中首次提出"中国经济由高速增长阶段转向高质量发展阶段"的重要判断，这是中国特色社会主义进入新时代的基本特征，是我国发展新的历史方位。2022 年，习近平总书记在党的二十大上强调：高质量发展是全面建设社会主义现代化国家的首要任务；未来五年我国经济要在质的有效提升和量的合理增长上实现新突破，科技自立自强能力显著提升，构建新发展格局和建设现代化经济体系取得重大进展。

一、高质量发展是全面建设社会主义现代化国家的首要任务

世界各国现代化发展史显示，无论国家大小，经济和社会全面现代化

都经历了从低效、粗放的低水平向效率、效益和动力提升的高水平发展的演变，并最终实现这种质变，从而达到国家现代化发展的战略目标。中国式现代化有着自己独特的道路，也遵循这一共同规律。我国现在已经进入全面建设社会主义现代化国家的新发展阶段，全面贯彻新发展理念、加快构建新发展格局，着力推动高质量发展，是适应我国发展阶段新要求的重大战略选择，是跨越诸多国家中等收入陷阱的关键举措，更是解决新时代社会主要矛盾的根本途径。

党的二十大对我国全面建成社会主义现代化强国作出了分两步走的战略安排，到二〇三五年，基本实现社会主义现代化的总体目标是：经济实力、科技实力、综合国力大幅跃升，人均国内生产总值迈上新的台阶，达到中等发达国家水平；实现高水平科技自立自强，形成新发展格局，基本实现新型工业化、信息化、城镇化、农业现代化，人民生活更加幸福美好，人的全面发展、全体人民共同富裕取得更为明显的实质性进展。当前，国内经济增长因房地产整体下行导致的投资不足、消费增速下滑引致的内需不畅、国际供应链重组导致的外需拉动衰减、劳动力供给短缺带来的成本持续提高、科技创新不足造成的全要素生产率增速下降等累积的中长期因素成为制约中国经济成长的主因。逐步缓解并根本上克服传统模式累积因素的阻碍，需要通过未来 5～10 年的质量变革、效率变革、动力变革，整体提升经济潜在增长率，才能破茧重生实现新发展理念的要求，走上高质量发展道路。

二、推动经济高质量发展必须完整、准确、全面贯彻新发展理念

认识的高度决定行动的方向和力度，一定发展实践都是由一定的发展理念引领的，发展理念是否对头，从根本上决定着发展成效乃至成败。当

33

突　破

前世界科技和产业进步趋势及力量不可阻挡，贯彻新发展理念，推动高质量发展更刻不容缓。互联网、数字经济、人工智能、云计算、绿色低碳新能源等技术超前进入快速迭代递进的高水平阶段，开始深度改造原有工业社会凝聚形成的静态结构。未来15年内，推动质量变革、效率变革和动力变革，重塑传统工业生产体系，改变低效率、高成本、长时延的传统产业组织方式，构建现代产业体系，有望同发达国家携手并进一同迈入数字经济新时代。

新发展理念是在国内外经济、政治、社会、自然和文化等诸领域发展经验和教训基础上深刻总结形成的，是我国进入新发展阶段的战略指引，必须贯穿经济社会发展全过程。经过近些年的实践探索和不断总结，新发展理念逐渐成为一个相互贯通、相互促进的有机整体，有力促进了我国经济沿着高质量发展的方向和标准，渐次开辟出了可行的科学路径。习近平总书记强调，贯彻新发展理念是新时代我国发展壮大的必由之路，新时代抓发展，必须突出新发展理念。高质量发展的实质就是贯彻新发展理念的实践过程，未来我国推动高质量发展的具体实践形态，就是让创新成为第一动力、协调成为内生特点、绿色成为普遍形态、开放成为必由之路、共享成为根本目的，建立起现代化经济体系，更好满足人民日益增长的美好生活需要，为全面建设社会主义现代化国家夯实更加强劲有力的经济物质技术基础。

三、构建高水平社会主义市场经济体制，激发各类经济主体高质量发展的内生动力和创新活力

党的十八大以来，党中央明确指出，全面深化改革的核心问题是处理好政府和市场的关系，使市场在资源配置中起决定性作用，更好发挥政府作用。实现这个改革目标关键是健全社会主义市场经济体制。我国社会主

义市场经济体制的特点是社会主义制度优越性与市场经济一般规律的有机结合，是我国社会主义适应初级阶段生产力水平的生产关系的反映，已经成为中国特色社会主义基本经济制度的重要组成部分。自1992年，我国社会主义市场经济体制确立30年，极大调动了亿万人民和千万企业的劳动积极性和生产创造性，极大解放和促进了社会主义生产力发展，极大增强了社会各方面的生机活力，不断发展完善社会主义市场经济体制已经成为党和国家及全体人民的共识。党的二十大对构建与现代化经济体系要求相适应，加快促进高质量发展的高水平社会主义市场经济体制作出了战略部署，党的二十届三中全会对构建高水平社会主义市场经济体制明确了路线图和时间表，将大为加快我国经济高质量发展进程。

1. 坚持和落实"两个毫不动摇"，增强国有经济和非公有经济转向高质量发展的内在活力和内生动力

近年来，因经济周期性下行趋势的紧缩效应，在需求收缩、供给冲击和预期转弱等障碍因素的压力下，我国有效经营生存的经济主体尤其是非公有制经济主体因出现了实质性的萎缩，曾经十分活跃的创新型行业和企业的增长速度也开始明显放缓乃至收缩。克服这些经济困难既要政府采取短期的刺激性政策，更应立足我国经济发展优势，通过深化改革激发内在潜力、释放市场活力，促进各类所有制企业成为经济前行的主力军、高质量发展的主攻手和领头羊。习近平总书记在党中央工作会议上多次强调坚持"两个毫不动摇"，这是对坚持社会主义市场经济改革方向的最强声音，是对改革开放"闯关者"和"急先锋"的最大支持。

（1）加快推进国有经济布局优化和结构调整。"国有企业是中国特色社会主义的重要物质基础和政治基础，是党执政兴国的重要支柱和依靠力量，必须做强做优做大。"① "国有经济布局优化的基本含义就是国有经济

---

① 习近平：《国家中长期经济社会发展战略若干重大问题》，《求是》2020年第21期。

布局要适度。布局过窄，不利于坚持和完善社会主义基本经济制度；布局过宽，则可能挤压民营经济的发展空间，进而影响市场在资源配置中发挥决定性作用。"① 因此，必须围绕服务国家战略的方向，坚持有进有退、有所为有所不为的原则，加快国有经济布局优化、结构调整和战略性重组，增强国有经济的竞争力、创新力、控制力、影响力和抗风险能力。

国有企业是国民经济的重要支柱，在关系国家安全和国民经济命脉的主要行业和关键领域必须占据支配地位。国有经济要发挥战略支撑作用，主动聚焦战略安全、产业引领、国计民生、公共服务等关键环节和关键领域，向关系国家安全、国民经济命脉的重要行业集中，向提供公共服务、应急能力建设和公益性等关系国计民生的重要行业集中，向前瞻性战略性新兴产业集中。调整盘活国有经济存量资产，优化增量资本配置，围绕新一代信息技术、人工智能、生物技术、新能源、新材料、高端装备、绿色环保等产业，推动战略性新兴产业与传统产业深度融合，大力培育新产业新赛道，发挥国有经济重大项目牵引和国有资本撬动作用，加快转向创新驱动的内涵式增长，大力推进新型工业化，打造新的产业支柱，培育新质生产力。

对充分竞争领域的国有经济，注重优化国有资本配置机制，增强资本流动性，强化资本收益目标和财务硬约束，优化资本投向和布局，坚决遏制盲目投资冲动，提升经济增加值。要建立布局结构调整长效机制，动态发布国有经济布局优化和结构调整指引，扎实做好民生服务和基础保障，全力维护国家安全，更好服务经济社会发展大局。国有企业要围绕增强核心功能、提高核心竞争力的目标定位，突出重点、把握关键，加快建设世界一流企业，不断提高企业品牌附加值和品牌引领力，在服务国家战略中不断做强做优做大，更好推动党中央决策部署在国资央企落实落地。

---

① 杨瑞龙：《加快国有经济布局优化》，《改革》2024 年第 3 期。

（2）优化民营企业发展环境，促进民营企业高质量发展。我国民营经济具有"56789"的突出特征：贡献了国家50%以上的税收，60%以上的国内生产总值，70%以上的技术创新成果，80%以上的城镇劳动就业，90%以上的企业数量。民营经济是推进中国式现代化的生力军，是高质量发展的重要基础，是推动我国全面建成社会主义现代化强国、实现第二个百年奋斗目标的重要力量。习近平总书记强调，"民营经济是我国经济制度的内在要素，民营企业和民营企业家是我们自己人，我国民营经济只能壮大、不能弱化，不仅不能'离场'，而且要走向更加广阔的舞台"，"要优化民营企业发展环境，破除制约民营企业公平参与市场竞争的制度障碍，依法维护民营企业产权和企业家权益，从制度和法律上把对国企民企平等对待的要求落下来，鼓励和支持民营经济和民营企业发展壮大，提振市场预期和信心"①。

持续破除市场准入壁垒，健全支持民营企业发展的法治环境、政策环境和市场环境，强化竞争政策基础地位，完善公平竞争制度框架和政策实施机制，坚持对各类所有制企业一视同仁、平等对待。进一步放宽民营企业市场准入，破除招投标等领域各种壁垒，保障民营企业依法平等使用资源要素、公开公平公正参与竞争、同等受到法律保护，强化制止滥用行政权力，排除限制竞争的反垄断执法，定期推出市场干预行为负面清单，及时清理废除含有地方保护、市场分割、指定交易等妨碍统一市场和公平竞争的政策。助力具备实力的民营企业牵头承担国家重大技术攻关任务，向民营企业进一步开放国家重大科研基础设施。完善民营企业融资支持政策制度，破解融资难、融资贵问题。健全涉企收费长效监管和拖欠企业账款清偿法律法规体系。加快建立民营企业信用状况综合评价体系，健全民营中小企业增信制度。

---

① 《正确引导民营经济健康高质量发展》，《人民日报》2023年3月7日。

突 破

支持引导民营企业完善法人治理结构、规范股东行为、强化内部监督，实现治理规范、有效制衡、合规经营，鼓励有条件的民营企业建立完善中国特色现代企业制度。加快民营企业改革创新，推动数字化转型和技术改造，提升应急扩产转产能力，增强产业链韧性。支持民营企业开展基础研究和科技创新，参与关键核心技术研发和国家重大科技项目攻关，培育一批关键行业民营科技领军企业、"专精特新"中小企业和创新能力强的中小企业特色产业集群。完善民营企业参与国家重大战略实施机制，推动不同所有制企业、大中小企业融通创新，开展共性技术联合攻关。为资本设立"红绿灯"，推动民营企业守法合规经营，鼓励民营企业积极履行社会责任、参与社会公益和慈善事业。

2. 加快构建全国统一大市场，构建新发展格局，推动经济高质量发展

市场机制的作用依赖市场体系的衔接和运转，由此才能发挥生产、流通、交换和分配的枢纽作用。市场对资源配置功能的范围程度和效率高低取决于各类商品，尤其是生产要素类商品的市场交易体系是否完整，体系越完整，交易效率越高，价格信号的有效性越强，资源配置的效率也越高。

自改革开放以来市场化改革效应的累积，我国各种生活类商品市场的开放性、完整性和竞争性已经达到较高水平，基本形成高标准的全国统一市场，成本和价格的决定机制也已经和国际市场接轨，行业企业的国际竞争力跻身前列甚至独占鳌头。但目前我国市场体系不完整，尤其是生产要素类商品的市场化改革进展相对滞后，许多改革方案仍然没有落地生效，市场的封闭性、区域性、垄断性依然普遍存在，严重降低了生产要素配置的畅通程度和使用效率。

（1）推动市场基础制度规则统一、市场监管公平统一、市场设施高标准联通。从我国市场经济的发展现状看，政府干预是影响市场公平竞争的最主要因素。形成和维护公平竞争市场环境的关键是处理好政府的缺位和越位问题，尤其要重点解决政府对微观经济活动过多干预的越位问题，这是多年来妨碍市场发育和公平竞争的顽疾，也是历次改革的难点。目前破除政府过多干预问题的最有效途径是负面清单管理制度，新一轮改革要加快完善这个制度，不断压缩和减少负面清单项目，从制度上减少和避免政府对市场的无效、低效干预行为，最大限度地为营商环境市场化建设提供博弈空间。要健全公平竞争制度框架和政策实施机制，建立公平竞争政策与产业政策协调保障机制，优化完善产业政策实施方式。健全反垄断法律规则体系，加快推动修改反垄断法、反不正当竞争法，完善公平竞争审查制度，研究重点领域和行业性审查规则，健全审查机制，统一审查标准，规范审查程序，提高审查效能。

推动经济高质量发展需要鼓励各级政府提高招商引资质量、水平和层次，必须加强对招商引资的规范制度建设，把好决策出台的"最后一道关口"，提高政府依法行政科学决策的能力和水平。招商引资是一个科学决策过程，是一项系统性工程，要建立招商引资决策的科学评价制度，主要依据国家产业发展政策和省市地方发展规划，立足地方实际发展条件、潜力，进行全面综合科学评估。要建立全过程的决策权审查机制，涵盖决策草案制定主体、相关协议的主体、相关优惠政策主体。

建立健全统一规范、信息共享的招标投标和政府、事业单位、国有企业采购等公共资源交易平台体系，实现项目全流程公开管理。党中央、国务院已经出台关于建立统一的公共资源交易平台工作方案，取得较大进展、获得社会各界广泛欢迎，但是目前在工程建设项目招投标、土地使用权和矿业权出让、国有产权交易、政府采购等领域仍然存在大量不规范、不统一、资源配置效率低等问题。今后制定招标投标和政府采购制度规则要严格按照国家有关规定进行公平竞争审查、合法性审核。推进招标投标全流程电子化，加快完善电子招标投标制度规则、技术标准，推动优质评标专家等资源跨地区跨行业共享。加快建立健全统一规范、信息共享的公共资源交易平台体系，为公共资源项目进场交易、规范运作、依法监管提供政策制度保障，防止公共资源交易碎片化，推动我国加快形成统一开放、竞争有序的现代市场体系。要坚持应进必进的原则要求，落实和完善"管办分离"制度，将公共资源交易平台覆盖范围扩大到适合以市场化方式配置的各类公共资源，加快推进公共资源交易全流程电子化，积极破除公共资源交易领域的区域壁垒。加快推动商品市场数字化改造和智能化升级，鼓励打造综合性商品交易平台。加快推进大宗商品期现货市场建设，不断完善交易规则。鼓励交易平台与金融机构、中介机构合作，依法发展涵盖产权界定、价格评估、担保、保险等业务的综合服务体系。

市场机制是促进创新驱动的内在动力，但是缺乏有效监管的市场运行也会出现大量无序、低效竞争，反而降低市场配置资源的效率。目前，我国对市场监管大部分由政府主导，缺乏市场行业自我监管治理的能力。政府监管部门在人员配置、素养提升等方面存在明显不足，导致政府对市场监管处于被动应对局面。提升市场综合监管能力，要加强市场监管行政立法工作，完善市场监管程序，加强市场监管标准化规范化建设，依法公开监管标准和规则，增强市场监管制度和政策的稳定性、可预期性。要加强维护统一市场综合执法能力建设，强化部门联动，建立综合监管部门和行业监管部门联动的工作机制，统筹执法资源，减少执法层级，统一执法标准和程序，规范执法行为，减少自由裁量权，促进公平公正执法，提高综合执法效能。要在完善政府统筹发展与规范、创新与安全等监管职能前提下，加快健全促进各类市场主体健康发展的容错纠错机制，形成适应市场经济动态化发展的常态化自我监管机制，逐步消除监管不到位和监管过于严格的钟摆式弊病，释放各类市场主体和创新主体健康发展。

（2）完善要素市场制度和规则，推动生产要素畅通流动、各类资源高效配置、市场潜力充分释放。构建城乡统一的建设用地市场，加快土地产权制度改革，明确入市主体，这是城乡统一的市场平台建设的制度前提。

要加快集体经营性建设用地在土地交易规则、不动产统一登记、交易服务监管等方面统一管理办法，以供应方式创新为重点，建立城乡统一的市场交易机制。要加快完善城乡建设用地增减挂钩节余指标、补充耕地指标跨区域交易机制；完善全国统一的建设用地使用权转让、出租、抵押二级市场。伴随集体经营性建设用地市场的日臻成熟，实现城乡建设用地"同地、同权、同价"的城乡统一的基准地价体系，权责统一的收益分配机制、市场服务机制、风险防控机制。

资本是市场经济的核心范畴，是资源配置的重要方式，要深化对新时代条件下我国各类资本及其作用的认识，规范和引导资本健康发展，发挥其作为重要生产要素的积极作用。深化资本要素市场改革，既要严把资本市场入口关，完善市场准入制度，提升市场准入清单的科学性和精准性，也要完善资本行为制度规则，加强反垄断和反不正当竞争监管执法，依法打击滥用市场支配地位等垄断和不正当竞争行为，以保护产权、维护契约、统一市场、平等交换、公平竞争、有效监管为导向，针对存在的突出问题，做好相关法律法规的立改废释。要统一动产和权利担保登记，依法发展动产融资。强化重要金融基础设施建设与统筹监管，统一监管标准，健全准入管理。选择运行安全规范、风险管理能力较强的区域性股权市场，开展制度和业务创新试点，加强区域性股权市场和全国性证券市场板块间的合作衔接。推动债券市场基础设施互联互通，实现债券市场要素自由流动。

目前，我国数字经济发展有着巨大潜力和条件优势，但仍然存在技术原始创新能力薄弱、发展动力单一、创新生态萎缩、国际化水平受限、数字经济监管机制弹性不足等问题。打造全国一体化技术和数据市场，健全全国性技术交易市场，完善知识产权评估与交易机制，推动各地技术交易市场互联互通。优化科技资源共享服务体系，鼓励不同区域之间科技信息交流互动，推动重大科研基础设施和仪器设备开放共享，加大科技领域国际合作力度。加快培育数据要素市场，建立健全数据安全、权利保护、跨境传输管理、交易流通、开放共享、安全认证等基础制度和标准规范，深入开展数据资源调查，推动数据资源开发利用。

完善主要由市场供求关系决定要素价格机制，防止政府对价格形成不当干预。健全劳动、资本、土地、知识、技术、管理、数据等生产要素由市场评价贡献、按贡献决定报酬的机制。完善主要由市场供求关系决定要素价格机制，要以健全产权制度为基础、以促进要素自由流动和激发市场主体活力为突破口、以统一开放市场和公平有序竞争为核心，加快破除要素价格市场化各类制度性障碍，分类推进要素价格市场化改革，构建要素自由流动、市场竞争形成、价格反应灵活的要素价格体系。按劳分配为主体、多种分配方式并存的分配制度是社会主义基本经济制度的重要组成部分，也是促进共同富裕的基础性制度。在社会主义市场经济体制下，分配制度决定要素所有者的收入状况，更决定了微观经济主体的效率，进而影响宏观经济增长的效果。健全劳动、资本、土地、知识、技术、管理、数据等生产要素由市场评价贡献、按贡献决定报酬的机制，要兼顾效率与公平，竞争性要素和公共性要素关系，确立国家、集体、企业、个人合理的分配关系，实现按劳分配和按要素分配的统一。市场决定要素贡献评价体系的目标是以各类要素的创新、创造性贡献为主要分配依据，培育要素市场化交易平台，发挥市场竞争、市场价格、市场规则的功能，发挥政府的调节作用，降低体制成本，优化配置结构和提高配置效率，促进全要素生产率的提高，提升国家竞争力，引领聚合其他要素加快形成新质生产力。体力劳动者和脑力劳动者是社会价值的主要创造者，要素收益分配要向一线劳动者倾斜，向有技术、管理、知识的劳动者倾斜。要大力推进高校、科研院所薪酬制度改革，扩大工资分配自主权，鼓励企事业单位对科研人员等实行灵活多样的分配形式。

（3）加快发展物联网，健全一体衔接的流通规则和标准，降低全社会物流成本。我国经济纵深广阔，随着流通空间范围扩展，商品和资源要素流通的规模、聚集效益高低直接影响乃至决定了我国经济的成本和效益高低大小。流通领域是我国改革开放最早、市场化程度最高的领域之一，在加快构建以国内大循环为主体、国内国际双循环相互促进的新发展格局下，需要加快构建支撑商品和资源要素顺畅流通的现代流通网络。建设现代流通网络要坚持市场化改革方向，强化企业在流通市场中的主体地位，吸引更多社会力量参与现代流通网络建设，率先在现代流通网络辐射范围内打破区域封锁、清除市场壁垒，降低全社会物流成本，充分释放各类市场主体活力，推动商品和资源要素自由流动。要推动国家物流枢纽网络建设，大力发展多式联运，推行标准化托盘带板运输模式。

3. 完善市场经济基础制度

（1）完善产权制度，依法平等长久保护各种所有制经济产权。产权是经济所有制关系的法律表现形式，它包括财产的所有权、占有权、支配权、使用权、收益权和处置权。产权制度是社会主义市场经济的基石，保护产权是坚持社会主义基本经济制度的必然要求。2016 年 11 月 27 日，中共中央、国务院发布了《关于完善产权保护制度依法保护产权的意见》，为党和国家保护各种所有制经济组织和公民财产权提供了根本指引。习近平总书记多次强调，"公有制经济财产权不可侵犯，非公有制经济财产权同样不可侵犯"①。

进一步健全以公平为原则的产权保护制度。坚持权利平等、机会平等、规则平等，全面依法平等保护国有、民营、外资等各种所有制企业产权，依法严肃查处各类侵害民营企业合法权益的行为，废除对非公有制经济各种形式的不合理规定，清理有违公平的法律法规条款，消除各种隐性壁垒，将平等保护作为规范财产关系的基本原则。保证各种所有制经济依

---

① 中共中央文献研究室编：《十八大以来重要文献选编》（上），中央文献出版社 2014 年版，第 502 页。

法平等使用生产要素，公开公平公正参与市场竞争，同等受到法律保护，共同履行社会责任。明晰产权归属，完善产权权能，实施民法典，完善专利法、著作权法相关配套法规，强化知识产权和各种数据等新型产权保护制度，健全自然资源资产产权制度和法律法规，规范农村产权流转交易，建立健全专利、商标等无形资产评估管理体系。提高产权保护精准度，加快建立产权保护长效机制，从而激发各类经济主体的活力和创造力。

扩大产权范围，实现全面长久保护。产权不仅包括物权、债权、股权，也包括知识产权及其他各种无形财产权。保护产权不仅是保护其表面的物质价值，即财产的自然属性；更重要的是保护产权的社会价值，即财产的社会属性。要逐步实现各类市场主体按照市场规则和市场价格依法平等使用自然资源。健全产权执法司法保护制度，完善涉企产权案件申诉、复核、重审等保护机制，促推涉企冤错案件依法甄别纠正常态化机制化，畅通涉政府产权纠纷反映和处理渠道。

（2）健全社会信用体系，完善信用监管制度。社会信用体系包含信用理念、信用制度和信用工具三大核心要件，体现了生产力与生产关系的双重统一。完善的社会信用体系是市场供需、社会供需有效衔接的重要保障，也是保障社会资源优化配置的坚实基础，对营造良好营商环境，释放生产力新动能，构建新型生产关系，推进国家治理能力现代化具有重要现实意义。与高水平社会主义市场经济体制相适应，要不断健全深层次、广渗透、全覆盖的社会信用体系，需要重点抓好以下四个方面：一要建立健全信用法律法规和标准体系。加快推动出台社会信用方面的综合性、基础性法律，推动社会信用体系法治化、规范化建设。建立健全信用承诺、信用评价、信用分级分类监管、信用激励惩戒、信用修复等制度，完善信用标准体系。坚持"严监管、零容忍"，依法从严从快从重查处各类失信重大违法案件，完善市场退出机制，加强失信惩戒。二要加强信用信息管理和共享整合机制。加快信用信息共享步伐，构建形成覆盖全部信用主体、所有信用信息类别、全国所有区域的信用信息网络，建立标准统一、权威准确的信用档案。完善金融信用信息基础数据库，提高数据覆盖面和质量。三要建立和完善守信激励与失信惩戒制度。倡导和褒扬诚实守信，依法对失信行为进行惩戒和约束。对信用状况良好的信用信息主体，国家机关在法定权限范围内采取公共服务优先办理、金融支持、降低日常监管频次等措施；失信惩戒措施实行清单管理，包括但不限于集中公示不良信息、纳入重点监管范围、限制享受政策优惠或便利措施、限制参与招投标及政府采购活动等。四要培育有竞争力的信用机构和守信参与主体。加快征信业市场化改革步伐，对照国际标准，打造具有全球竞争力的企业征信机构和信用评级机构，提升征信机构和信用评级机构的专业性、可信性和权威性。围绕市场经济运行各领域各环节，对各市场主体不断完善信用记录，强化信用约束，形成不敢失信、不能失信、不想失信的长效机制。

四、加快发展新质生产力，是推动高质量发展的内在要求和重要着力点

加快形成新质生产力，是习近平总书记对推动我国经济高质量发展提出的新论述、新要求。习近平总书记指出："生产力是人类社会发展的根本动力，也是一切社会变迁和政治变革的终极原因。高质量发展需要新的生产力理论来指导，而新质生产力已经在实践中形成并展示出对高质量发展的强劲推动力、支撑力，需要我们从理论上进行总结、概括，用以指导新的发展实践。"[①] 当前，我国必须发挥传统产业和先进产业优势机遇，主动应对未来产业发展的新挑战，加快解决新质生产力的发展困难，助推构建我国现代产业经济体系。

---

① 习近平：《发展新质生产力是推动高质量发展的内在要求和重要着力点》，《求是》2024年第11期。

突 破

1. 准确把握新质生产力的科学内涵和主要特征

新质生产力是创新起主导作用，摆脱传统经济增长方式、生产力发展路径，具有高科技、高效能、高质量特征，符合新发展理念的先进生产力质态。它由技术革命性突破、生产要素创新性配置、产业深度转型升级而催生，以劳动者、劳动资料、劳动对象及其优化组合的跃升为基本内涵，以全要素生产率大幅提升为核心标志，特点是创新，关键在质优，本质是先进生产力。

"芳林新叶催陈叶，流水前波让后波。"从新质生产力形成的技术路径来看，新兴产业及未来产业是动态发展而不是停滞不变的，新兴产业发展成为新质生产力的原始驱动力就是科技创新。马克思认为，"随着大工业的发展，现实财富的创造较少地取决于劳动时间和已耗费的劳动量，较多地取决于……科学的一般水平和技术进步，或者说取决于这种科学在生产上的应用"[①]。这里"科学"包含两个方面：科学的发现和科学的应用，马克思把前者称为知识形态的生产力，后者称为直接的生产力，科学的生产力作用是成为社会生产的"直接器官"。新质生产力的形成是基础科学和应用科学共同推进的结果，基础科学为应用科学提供坚实的基础，一定意义上，基础学科发展到哪里，社会文明才能进步到哪里。无论基础科学还是应用科学，都是新质生产力形成的"序言"，而不是新质生产力本身，但没有科学的进步就难以实现技术的突破。因此，形成新质生产力必须高度重视基础科学的发现作用、应用科学的实践作用。目前，我国经济科技几十年高速发展的后发赶超效应已经处于后期，应用研究和产业升级换代开始进入自立自强发展阶段，基础科学和技术创新迈入更多"无人区"，可供借鉴的经验骤然减少，必须在突出科技创新原创性的基础上进一步超前布局未来产业，培育发展新质生产力的新动能。

[①] 《马克思恩格斯全集》第46卷（下），人民出版社1980年版，第217页。

新质生产力的创新具有原创性、技术具有颠覆性，具有 10～15 年的培育周期，呈高投入、高风险和高回报的特征，既需要发挥新型举国体制优势进行前瞻谋划和超前部署，更需要广泛调动社会力量积极参与，提高验证效率，降低试错成本。发展要从源头增强原创性、颠覆性科技创新能力。论文只是科研成果的学术表达而已，勿将发表论文作为目的，要侧重考核科研成果的创新性和应用前景。要积极探索和建立科研成果后评价机制，从管过程转变为管结果、管成果和管效果，在科研评价体制上要更加注重结果和效果导向，将成果的创新水平和实际绩效作为科学发现和科技发明的评价准则。

代表新质生产力的产业体系，已经与传统产业体系的要素保障机制不同了，新质产业体系不是更多依靠廉价生产要素的供应，也不是仅仅依靠部分新型生产要素的获取，而是取决于能否把各类生产要素创新型使用、创造性配置。实际上，支持创新的生产要素本身并不等于创新，必须有生产要素的创新型配置，才能把创新要素转化为创新能力和创新产品。因此，创新能否形成更关键地取决于创新型企业家这个主体来配置科技创新的技术和产业应用，组织企业成为创新主体，可以说，企业家已经成为科技转化为生产力的"指挥官"和"司令员"。

2. 我国发展新质生产力的主要机遇

新质生产力将引发一场深刻而持久的经济、社会、思想变革，深刻地改变人们的生产方式、生活方式、思维方式。新质生产力能够带来的是极大的效率变革和动力变革，其所产生的效率变革不是仅仅单个生产要素的效率提高，而是全要素生产率的提高。一个国家处于全球领先地位的战略性新兴产业的规模和质量、未来产业的培育以及转化为新质生产力的状况决定该国家或地区的综合经济实力和地位。

（1）新一轮全球科技和产业技术革命浪潮孕育着巨大的新质生产力要素和产业创新机遇。习近平总书记指出，新质生产力是创新起主导作用，

突　破

摆脱传统经济增长方式、生产力发展路径，具有高科技、高效能、高质量特征，符合新发展理念的先进生产力质态；新质生产力由技术革命性突破、生产要素创新性配置、产业深度转型升级而催生，以劳动者、劳动资料、劳动对象及其优化组合的跃升为基本内涵，以全要素生产率大幅提升为核心标志，特点是创新，关键在质优，本质是先进生产力。

历史反复证明，哪一个国家拥有先进技术特别是拥有颠覆性的重大技术，就等同于拥有处于世界领先地位的战略性新兴产业和未来产业，哪一个国家就能居于世界领先地位，就能够领导世界。第一次产业革命发生在英国，蒸汽机、机械纺纱机等成为当时的颠覆性技术，英国成为当时世界上最为强大的国家；第二次和第三次产业革命发生在美国、德国、日本等，火车、电力、电话、家电等得到广泛应用，这些国家迅速发展，美国成为世界上最强大的国家。当前，人类社会正在加速进入新一轮科技、产业革命的浪潮中，建设"低碳经济"社会，以"新能源、新材料"等为代表的战略性新兴产业，以"量子技术、生物技术"等为代表的未来产业，将成为世界经济发展和国际产业分工格局调整的主要方向。产业创新势必导致国家间的产业转移，传统的国际分工格局将会发生变化，进一步呈现"非平衡态"的特征，战略性新兴产业在全球价值链的高端环节打开了缺口，为中国等后发国家改变弱势分工地位赢得重大机遇。未来产业具有战略引领性、超强颠覆性、高成长潜力等典型特征。未来产业是重大科技创新产业化后形成的，未来产业由处于探索期的前沿技术推动、以满足经济社会不断升级的需求为目标、代表科技和产业的长期发展方向，是当前尚处于孕育孵化阶段的新兴产业，比战略性新兴产业更能代表未来科技和产业发展的新方向，是对经济社会变迁起到关键性、支撑性和引领性作用的前沿产业，会在未来发展成熟和实现产业转化，并形成对国民经济的重要支撑和巨大带动，其中量子技术、机器人、尖端生命科技、网络安全和大数据等将是推动未来20年全球经济社会变迁的关键产业。具体来看，发展战略性新兴产业和未来产业的战略意义和制高点效应主要体现在以下几个方面：一是争夺全球领导权，提升国家发展能力，以新兴产业为支撑才能培育具有全球竞争力的新技术、新产品，更大程度参与全球治理，增加和维护国家与民族的发展利益；二是解决人类社会发展面临的困境，老龄化、气候和资源环境等问题迫切需要新兴产业提供新的可实现的解决方案；三是提供更多高质量就业机会，新兴产业为提供许多应用场景、新市场、新技术和产品领域提供大量结构性新的就业，能够有效增加新的高收入岗位。

（2）工业革命和世界性大危机以来，发达经济体国家主要依靠新兴产业和未来产业启动新一轮增长以摆脱经济增长困境。长期以来，美国、日本、欧盟等主要发达国家走出低增长困境，主要依靠每一轮科技革命产生的新兴产业提供新增长点，以此带动国家经济走出周期性的经济社会危机循环。当今世界正经历百年未有之大变局，也面临新一轮世界科技革命，我国要建设社会主义现代化强国，要打破美国等少数国家对我国设置的各种障碍和封锁，要突破小院高墙，先进科学技术是讨不来、买不来的，唯有依靠自主创新，实现科学和技术的重大突破，大力发展代表新质生产力的战略性新兴产业和未来产业，才能够开辟新赛道，实现新超越。

当前主要发达国家积极更新发展理念，主动寻找新的产业切入点，纷纷在人工智能（AI）、量子信息科学等前沿领域加快布局。2017年美国白宫科技政策办公室（OSTP）提出，未来产业是可以为教育和医疗带来革命性的变化，改变交通和通信方式，为解决科技、经济和社会难题提供新技术新工具的产业。2019年，发布《美国将主导未来产业》前沿报告，重点关注人工智能、先进制造、量子信息科学和5G技术。2020年出台《2020年未来产业法案》，从立法层面保障未来产业发展。2021年从组织层面提出构建未来产业研究所，为未来产业发展提供新型组织模式。日本政府于

突 破

2016 年提出以数据和新兴技术构建一个"超智慧社会"，即"社会 5.0"，通过建设 16 个系统和数据库，打通新兴技术产业间的应用连接；内阁通过《实现面向未来的投资的经济对策》确定 28 万亿日元规模的产业投资方案；在《科学技术创新综合战略 2020》中进一步确立了人工智能、超算、卫星、低能耗技术、清洁能源和生物技术等战略发展领域。欧盟成员国于 2019 年联合设立欧洲未来基金，致力于对具有战略性意义的未来产业领域相关企业进行长期资助。英国政府于 2017 年《产业战略：建立适应未来的英国》白皮书中提出人工智能与数据经济、未来交通、老龄化社会和清洁增长四大未来产业，设立产业战略挑战基金对四大未来产业方向开展投资，在人才培养、数字基础设施等方面提供超 315 亿英镑的支持。

（3）中国有着世界上最完整的工业制造体系，是培育和发展新质生产力的沃土。经济体系是典型的耗散结构，耗散结构理论认为，在开放的发展环境中，系统内的各个子系统会与外界，以及子系统之间进行能量与物质交换，形成一种相互协调的作用，从而由原来的无序状态转变为一种时间、空间、功能的有序结构。建设现代产业体系是一个系统性工程，体系内的各个子系统都是国民经济的基础，如果各子系统能够协调发展，整个经济系统就可以合理有序运行。如果子系统间联系不畅或中断，破坏了系统间的协同作用，整个系统就会陷入混乱无序。当前，世界科技和产业进步趋势及力量锐不可当，互联网、数字经济、人工智能、云计算、绿色低碳新能源等技术超前进入快速迭代递进的高水平阶段，开始深度改造原有工业社会凝聚形成的静态结构。

制造业是实体经济的主体，是现代产业体系的核心，保持制造业占国民经济比重基本稳定，是提升我国产业链供应链现代化水平的物质基础。目前，我国制造业与发达经济体仍然有 10～20 年的差距，但是在现代信息产业和数字经济的加速器作用下，我国先进制造业发展新质生产力有着巨大潜力和成长优势。中国现在拥有世界最完整、规模最大的工业体系，具备强大的生产能力、完善的配套能力，不仅是普通商品的全球工厂，也是高端机械装备和电子信息产业等现代制造业的生产强国；全国拥有 1 亿多市场主体和 1.7 亿多受过高等教育或拥有各类专业技能的人才，在商业模式、科学产业技术和新产品应用等领域的创新创业处于蓬勃向上的进取阶段。

近年来，我国制造业比重持续下降，长此以往，将侵蚀国家产业体系的完整性，影响产业链供应链的稳定性和竞争力，动摇实体经济发展的根基。因此，需要把以推动制造业为主体的新兴产业和战略产业作为巩固实体经济在国民经济中基础和支柱地位的着力点，既稳定数量和规模，又提高质量和效益，坚定不移地推进新型工业化，促进数字经济和实体经济深度融合。坚持自主可控、安全高效，按照分行业、差异化、有重点地做好产业链供应链优化升级的配套政策和支持手段，充分利用我国广阔市场和多层次需求的包容优势，提升产业供给体系对国内需求转换升级的适配性。未来 5～10 年是我国战略性新兴产业发展的关键时期，越来越多的新兴高技术开始进入大规模产业化商业化的应用发展阶段，市场需求和新兴业态成为驱动产业变革和带动经济社会转型的重要力量。目前，数字化发展已经从根本上改变了传统经济的生产方式和商业模式，深度融入公共管理、社会服务和家庭生活的方方面面，在我国全面抗击新冠疫情中，以大数据为代表的数字技术发挥和显示出重要作用和广阔空间。加快发展现代服务业，推动生产性服务业向专业化和价值链高端延伸，同先进制造业、现代农业深度融合，促进服务业数字化转型，继续推动以"互联网＋政务服务""智慧城市"等为基础的现代城市数字治理体系，提高国家治理能力现代化水平。

目前，我国常住人口城镇化率已经超过 65%，有 4.6 亿多人口达到中等收入水平，助力中国成为全球第一大原料进口国、第二大商品进口国、规模仅次于美国的消费需求国，已经成为超大规模内需经济体，可再生能源、新能源汽车、高速铁路等战略和新兴产业的快速成长都是发挥了这些优势。党的二十大强调，坚持把发展经济的着力点放在实体经济上，推进新型工业化，加快建设制造强国、质量强国、航天强国、交通强国、网络强国、数字中国。围绕新质生产力发展方向，通过供给侧结构性改革驱动，抓紧时间补齐产业链供应链的短板，增强产业链供应链的长板，推动战略、新兴产业和传统产业紧密协作，未来产业超前研发布局，形成现代产业相互促进的良性循环机制。

3. 我国发展新质生产力面临的主要挑战

中国特色社会主义已经进入新时代新发展阶段，按照党的二十大提出的"两步走"战略，我国要在未来30年内进入高收入国家，实现全体人民共同富裕，全面建设社会主义现代化强国，关键是促进经济高质量发展，将打造以新质生产力为代表的现代化产业经济体系作为支撑。

（1）我国经济总体已经从追赶阶段进入创新驱动阶段，发展新质生产力是突破技术产业和收入的结构陷阱，摆脱"卡脖子"问题的根本途径。从世界各国现代化发展历程看，许多国家经历了工业化、城市化的快速发展后，传统产业资源能源成本快速增加，低成本竞争力逐渐衰弱，新兴产业因为缺乏技术与人才、缺乏创新能力发展低于预期，开始落入产业体系发展的"结构性陷阱"。这样的产业结构状况在宏观经济方面普遍表现就是经济增长停滞、结构问题严重、失业状况逐渐恶化、国民收入提高缓慢甚至下降等。如果一个国家的经济结构与宏观经济进入这样一种进退两难的境地，则可能落入发展中国家的"中等收入陷阱"。从前几轮科技革命和产业革命的影响看，新的全球性技术更替（global technology shift）并没有结束几个世纪以来的结构性不平等情形，"优胜者"（winners）与"失败者"（losers）双边对峙的局面依然牢固。"优胜者"群体以美国等发达工业国为核心，包括刚刚挤入部分高端生产领域的新兴工业国如果不能顺利实现产业升级换代，在参与国际分工的过程中可能逐渐沦为"失败者"。

新质生产力的创新具有原创性、技术具有颠覆性、产业形态尚未正式形成，具有 10～15 年的培育周期，呈高投入、高风险和高回报的特征，既需要发挥新型举国体制优势进行前瞻谋划和超前部署，更需要广泛调动社会力量积极参与，提高验证效率，降低试错成本。新兴产业大部分具有先发锁定优势的特点，"先行者"将构筑涵盖上下游产业链的知识产权和行业标准等的完整生态，"后来者"追赶超越难度较大、挑战较多。在国际分工体系中，我国产业总体处于中低端，供给体系的中高端技术和产品质量不高、数量不多，就业岗位和收入水平也被限制在中低端，技术产业产品和就业的"结构性陷阱"集中表现为关键核心技术和产品的"卡脖子"问题。

从我国目前的产业体系和产业结构的状态看，传统产业已经开始衰退，产能过剩严重，新兴产业虽然在快速成长，但在整个产业体系中的比重比较小，对国民经济的贡献还比较小且发展受阻，中国已经面临如何跳出产业体系的结构性陷阱的挑战；另外，中国居民就业的稳定性开始减弱，收入的增长速度和潜力出现阶段性下滑，社会投资和居民消费增长已经进入递减区间，如何从中等收入水平顺利攀升到高收入行列的挑战依然巨大。克服这些挑战的关键出路在于，抓住新一轮产业技术革命的机遇，形成具有国际竞争优势的战略性新兴产业和未来产业。同时，从国际发展现状看，世界主要国家之间的综合国力竞争，最终要归结于颠覆式技术创新支撑下的未来产业之争，这对我国培育现代化战略性新兴产业和未来产业等新质生产力的竞争新优势提出了更高要求。与发达工业国相比，当前我国新兴产业和科技创新发展的广度与深度依然不够，科技创新政策的实际执行力度需要进一步加强，公众对于利用未来科学技术产业的关注度、新型绿色技术产业发展、可持续保护环境等思想认识尚待彻底解除；熟练采用高科技进行生产和创新的高素质劳动力和技术人才依旧紧缺。目前，我国经济科技几十年高速发展的赶超效应已经处于后期，科技创新和产业

突　破

升级换代已经进入自立自强发展阶段，基础科学和应用研究迈入更多"无人区"，可供借鉴的经验骤然减少，在突出科技创新原创性的基础上进一步超前布局未来产业，加快壮大战略性新兴产业对经济高质量发展具有日益凸显的重要意义。加快形成新质生产力产业体系就是立足我国自然资源禀赋或现代化知识技术资源、产业存量、社会文化、生态环境、政策制度等方面的条件或优势，从重视技术创新到同时重视基础研究、技术创新、研发模式、生产方式、业务模式和组织结构的革新，全方位协同推进现代产业经济体系的构建。

（2）与培育和发展新质生产力相适应的新质生产关系相对滞后，加快深化经济体制改革的任务艰巨繁杂。习近平总书记在主持二十届中共中央政治局第十一次集体学习时指出："生产关系必须与生产力发展要求相适应。发展新质生产力，必须进一步全面深化改革，形成与之相适应的新型生产关系。"这深刻揭示了新质生产力发展的内在逻辑，必须充分把握发展新质生产力与构建新型生产关系的辩证统一性，通过全面深化改革，构建起适应新质生产力发展的新型生产关系，以新型生产关系赋能新质生产力。

我国要到 21 世纪中叶建设成为现代化强国，建设现代产业体系，必须统筹教育科技人才，才能培育新质生产力，加快发展战略性新兴产业和未来产业。当前，我国科技创新体系仍然有着较大的体制性弊病，保护新质生产力，发展新质生产力，破除新质生产力发展的各种科研创新障碍，必须加快深化科技体制改革。要把科研院所与企业功能合二为一，如果企业有什么需求，就通过"赛马"机制公开招标解决方案，科研院所围绕企业需求转，企业的问题就是科研院所的课题，除了基础研究，科研院所经费应主要来自企业而不是政府，对经费管理要突出结果导向而不是过程导向，结果由企业说了算。要由传统的政府发布科研项目变为企业的市场行为，由企业来评判、验收科研成果。要改革科研经费使用制度，要以结果论英雄，由过去侧重过程审核变为结果、效果审核。要改革用人体制，着力破"四唯"，要看实绩、创新和市场效果。只有深化科技体制改革，才能创造出一个包括新质生产力要素在内的各种生产力要素特别是调动人的积极性、能动性、创造性的体制机制。

目前，我国人才教育培育方式、质量与科技产业创新、创业的要求在数量上和结构上都存在较为严重的脱节不匹配问题，滞缓了我国新质生产力的成长进程和高度。近年来，我国制造业的转型升级正处于关键阶段，现代产业体系的建设和创新经济的形成急需与转型相适配的技能劳动力，但大量的用工荒和大范围就业难同时并存，这种状况不仅影响当前的实体经济发展，也使长期脱离劳动力就业市场的青壮年人才，失去"干中学"提升人力资本的机会，降低我国劳动力人才的素质红利开发利用效果，以致无法完全补偿、覆盖和超越人口数量红利衰减产生的经济社会损失，对未来的创新型技术、产业和模式的发展造成难以估量的损失，挫伤经济发展的长期持续动能。这种矛盾对立现象背后的重要原因在于高校快速扩招、高等教育改革滞后导致学校专业设置、课程体系、教育质量不能适应和满足经济结构性变迁和劳动力人才市场的快速变化。面对快速变迁的技能、技术和知识的需求，更长期的举措在于加快高等教育改革，提高入学率的同时更加注重教育质量，调整优化人才学科和专业结构。要根据现代产业和新质生产力的需要，劳动力和技术人才市场的实际需求，依托大数据信息和先进数字技术预测行业发展及其对人力资本的需求方向，统筹通识教育、专业性教育与技能性培训的内容和结构，更有针对性和精准化地培养并造就大量实践型技能人才和创新型开发人才，以满足未来持续增长的创造新质生产力的战略人才和能够熟练掌握新质生产资料的应用型人才的需求。

（3）发展新质生产力既要重视应用科学，更要重视基础科学，但我国基础研究薄弱，长期会制约新质生产力持续成长。习近平总书记指出，当

突　破

今世界，科学技术作为第一生产力的作用愈益凸显，工程科技进步和创新对经济社会发展的主导作用更加突出，要"最大限度解放和激发科技作为第一生产力所蕴藏的巨大潜能"。新质生产力的形成是基础科学和应用科学共同推进的结果。无论是基础科学还是应用科学，都是新质生产力形成的"序言"，而不是新质生产力本身，但没有科学的进步就难以实现技术的突破。科学技术的原创遵从两条路线，一条是围绕应用展开，坚持问题导向；另一条是基础科学突破，在基础原理上有重大发现，并逐步应用到实践。基础科学为应用科学提供坚实的基础，一定意义上，基础科学发展到哪里，社会文明才能进步到哪里。放眼全世界，但凡发达国家都有发达的教育，发达的基础科学。因此，科技创新发展既要重视眼前，突出重大问题攻关，又要着眼长远；既要重视技术应用及应用科学，又要重视基础科学；既要重视技术发明，又要重视科学发现。新质生产力给人类社会带来的影响往往是立体的全面的深刻的，既改变人们的旧思想和旧理念，更改变人类的生产方式和生活方式，不断地挑战极限，把不可能变为可能，甚至改变一个国家或民族的命运。党的二十大提出建设社会主义现代化强国，强调要高度重视基础科学。基础科学未必能够产生快成果，但需要长时间、大投入，需要有战略定力，要容忍基础理论、基础科学长时间不产生新成果，一旦产生新成果往往对传统生产力具有颠覆性，影响极其深远。

4. 健全因地制宜发展新质生产力的体制机制

新质生产力是由技术革命性突破、生产要素创新性配置、产业深度转型升级而催生。强调要深化经济体制、科技体制等改革，着力打通束缚新质生产力发展的堵点、卡点，建立高标准市场体系，创新生产要素配置方式，让各类先进优质生产要素向发展新质生产力顺畅流动。

（1）技术进步形成机制：技术革命性突破。2024年1月31日，习近平总书记在主持中央政治局第十一次集体学习时的讲话中突出强调，科技创新催生新产业、新模式、新动能，是发展新质生产力的关键要素。必须加强科技创新特别是原创性、颠覆性科技创新，加快实现高水平科技自立自强，打好关键核心技术攻坚战，使原创性、颠覆性科技创新成果竞相涌现，培育发展新质生产力的新动能。从新质生产力形成的技术路径来看，来自新兴产业或未来产业，新兴产业是动态发展而不是停滞不变的。新兴产业成为新质生产力有着必然的内在机制：第一，科学技术现代源发平台。先进技术来自科学发现和技术发明，新质生产力形成越来越离不开人才、知识、资本等现代生产要素。形成新质生产力必须高度重视基础科学的发现作用、应用科学的实践作用。但科技进步高度发达的今天已经不同于传统农耕时代和工业化时代，一流的科研成果有赖于一流的实验室，围绕重大战略需求、现实重大问题，建设国家、区域性、科研院所和企业重点实验室，打造融合各类现代要素公共研究平台。第二，科技成果转化为现实生产力新型生产关系的生态系统。科技成果还不是现实生产力，需要构建转化机制，除少数涉及国家秘密外，绝大多数的科技成果转化需要依靠市场机制，加快构建和完善实体的和虚拟的科技成果交易市场；对于孵化期的新技术，完善和鼓励风险投资，促进其形成未来产业；利用互联网的力量，着力构建集产学研用金于一体的问题发布机制、赛马破解机制、金融支持机制。

（2）生产要素创新型配置机制：单个生产要素生产效率和全要素生产效率大大提高。在生产要素函数关系中，任何一个生产要素的变动都会引起一系列连锁反应。在科技变革更迅速的当代，新质生产力的形成更依赖各种生产要素高效配置的综合集成效应。第一，从企业内部资源配置来看，资源配置的"计划"性质没有改变，但已经由单纯的人工计划转变为智能计划。过去生产要素的配置主要依靠经验积累，需要人工配置或调拨，在信息时代，智慧工厂、智慧车间将依靠人工智能，实现时间上的继起性和空间上的并存性，各个环节实现无缝对接，有效提升了资本等各种生产要素的循环周转速度和效率。曾经依靠人工计划的企业内部资源配置不可能十分精确，属于"大致"或"差不多"，现在各种生产要素的配置则越发精细精准趋近帕累托最优，劳动生产率大大提高，出现越来越多的无人工厂和无人车间。第二，从产业链来看，工业化时期生产企业与企业之间更似封闭的孤岛。过去的工厂、车间是封闭的，经营管理人员只熟悉本企业的情况，而现在工厂和车间是开放的，可以通过互联网了解全世界同类产品实时生产情况，现在每一个企业都成为互联网上的一个分子，依靠大数据的功能，实现产销的及时匹配，打破传统的生产—批发—零售—消费的流通模式，从生产环节直接进入消费。第三，从区域生产要素配置来看，在自由竞争机制作用下，更多的生产要素配置城镇特别是大城市，出现地区分化现象，发达地区对欠发达地区的支援多少带有恩赐意味。而今，通过政府引导＋市场机制，发达地区与欠发达地区的合作更多带有互利互惠性质，不仅有利于促进欠发达地区发展，也有利于发达地区拓展市场空间并实现区域功能的互补。

（3）产业深度转型升级机制：生产力向更高级产业形态演进的新机制。从以往产业发展逻辑来看，生产力向高级形态演进不是一个偶然的过程，即遵循一般性规律，更有着不同特征。这一轮由第四次科技产业革命推动的新质生产力发展主要依靠大规模科技创新推动，意味着与传统生产力升级机制和路径会有显著差异。第一，创新型企业家。由于系统性创新出现，生产力向高阶演进路径发生了转变，许多产业已经不是从"劳动密集型"升级到"资本密集型"，然后再升级到"技术密集型"，而是可以借助创新实现跨越式升级。也就是说，科技创新影响了生产力的演进路径。这意味着代表新质生产力的产业体系，可能与传统产业体系的要素保障机制不同，产业体系不是更多依靠便宜生产要素的供应，也不仅是依靠创新生产要素的供应，更关键的是要有创新型企业家这个主体来组织创新生产要素。科技创新对生产力演进路径的影响，将使产业迭代发展和新产业的形成更需要制度型企业家。第二，政府与市场功能的新定位。不同产业领域新质生产力形成有着明显的路径差异。当前，云计算、物联网、大数据、人工智能等技术与传统产业深度融合，因为科技创新有组织地大规模出现，使生产力演进逻辑发生了深刻变革。从路径选择来看，两类产业新质生产力的形成路径是存在显著差异的，从"1 到 10" 和从"0 到 1"都包含新质生产力，但所需要的政府政策支持体系是不同的。产业政策转型是新质生产力形成的关键路径。新质生产力的重要特征，就是生产力从依赖低成本要素转向更多依赖科技创新。反映到产业层面来说，不仅要以科技创新促进传统产业升级，更重要的是如何准确发现、界定战略性新兴产业，有效识别、培育未来产业。尽管在新质生产力形成中，市场仍应发挥决定性作用，但有效市场对政府职能转变提出了更高而不是更低的要求。

五、大力发展数字经济，促进实体经济和数字经济深度融合

"数字经济发展速度之快、辐射范围之广、影响程度之深前所未有，正在成为重组全球要素资源、重塑全球经济结构、改变全球竞争格局的关键力量。"[①] 数字经济以数字技术为基础，能够通过其便捷性、扩散性、无边际性特点，塑造全新的生产方式，提升产业效率，创造新产品、新产业，成为提升改造传统产业与创造新的经济增长点的支点，是现代化产业体系发展的重要支柱和培育新质生产力的关键。近年来，我国数字经济发展保持良好态势，2023 年我国数字经济核心产业增加值占 GDP 比重达到 10% 左右，算力总规模达到 230EFLOPS，位居全球第二，5G、6G 等关键核心技术不断取得新突破，数据生产总量达 32.85ZB，同比增长 22.44%[②]，数

---

① 习近平：《不断做强做优做大我国数字经济》，《求是》2022 年第 2 期。
② 国家数据局：《数字中国发展报告（2023 年）》，2024 年。

字经济基础更为夯实，应用场景更加广泛。

1. 加快推动数字产业化发展

要把握数字经济发展机遇，打造数字经济新优势，深入推动数字产业化发展。提高数字技术基础研发能力，打好数字关键核心技术攻坚战，塑造数字产业发展基础。第一，加快前沿数字技术攻坚，打造数字产业链条。紧扣国际数字技术发展前沿，聚焦大数据、人工智能、区块链、网络通信、集成电路等战略性前瞻领域，集中优势资源和力量，发挥我国社会主义制度优势、新型举国体制优势、超大规模市场优势，尽快实现高水平自立自强，构建成自主可控的数字产业链、价值链和创新链。第二，实现理论研究与实践创新的有效结合，推动数字技术的不断更新。聚焦高端芯片、操作系统、人工智能关键算法、传感器等关键领域，加快推进基础理论、基础算法、装备材料等研发突破与迭代应用；加快布局量子计算、量子通信、神经芯片、DNA 存储等前沿技术，加强信息科学与生命科学、材料等基础学科的交叉创新，推进创新成果转化机制建设，加快数字技术的产业化发展。第三，利用数字经济的高创新性特点，打造具有国际竞争力的数字产业集群，加快锻造长板、补齐短板，壮大发展数字产业。瞄准产业变革战略前沿和生产力发展的制高点领域，提升产业链中关键环节的国际竞争力，完善重点产业供应链体系，强化关键产品和技术的自给保障能力，并加速产品和服务迭代。

2. 推进产业数字化和生活数字化转型

要把握数字经济网络化、智能化、数字化发展方向，促进数字技术与实体经济的深度融合，加快产业数字化进程。

（1）加快传统产业数字化升级。推动数字经济赋能各行各业中，利用互联网新技术进行全方位、全链条的改造，提高全要素生产率，发挥数字技术对产业发展的放大、叠加、倍增作用。第一，促进工业数字化升级。实施"上云用数赋智"行动，推动数据赋能全产业链协同转型。在重点行业和区域建设若干国际水准的工业互联网平台和数字化转型促进中心，深化研发设计、生产制造、经营管理、市场服务等环节的数字化应用，培育发展个性定制、柔性制造等新模式，加快产业园区数字化改造。第二，深入推进服务业数字化转型，建设智慧城市、数字乡村，培育智慧物流、新零售等新增长点。第三，加快发展智慧农业，推进农业生产经营和管理服务数字化改造。

（2）推进人民生活数字化变革。发挥数字经济的广覆盖性，加快数字经济与生活领域互动发展，创新公共服务和社会运行方式。第一，提供更加便捷的数字公共服务。推动数字化在教育、医疗、养老、抚幼、就业、文体、助残等重点领域的普及。支持高水平公共服务机构对接基层、边远和欠发达地区，扩大优质公共服务资源辐射覆盖范围。第二，加快构筑美好数字生活新图景。推动购物消费、居家生活、旅游休闲、交通出行等各类场景数字化，打造智慧共享、和睦共治的新型数字生活。推进智慧社区建设，依托社区数字化平台和线下社区服务机构，建设便民惠民智慧服务圈，提供线上线下融合的社区生活服务、社区治理及公共服务、智能小区等服务。

3. 打造良好的数字生态

应营造开放、健康、安全的数字生态，加快数据资源的开发利用，完善数字治理水平，使数字经济的潜力和价值得以持续迸发。第一，加强数字产权保护和合理运用。构建与数字经济发展相适应的政策法规体系，统筹数据开发利用、隐私保护和公共安全，建立数据资源产权和安全保护等基础制度和标准规范，从而营造规范良好的营商与创新环境。第二，推动数据资源的共享。扩大基础公共信息数据有序开放，构筑国家数据统一共享开放平台。促进数字要素和资源的交易流通、跨境传输，统筹规划、高效整合信息资源，从而实现数据要素的高效流通和价值释放；鼓励企业开放搜索、电商、社交，以及软件源代码、硬件设计和应用服务等数据，形成多元主体参与、网络协同的数字创新生态。第三，积极参与数字领域国际规则和标准制定。深度参与国际合作，推动国际社会加强数据互联互通，构建具有中国特色的数据跨境流动体系。第四，改进提高监管技术和手段，把监管和治理贯穿资本生产经营全过程。要明确平台企业主体责任和义务，建设行业自律机制。开展社会监督、媒体监督、公众监督，形成监督合力；要完善国家安全制度体系，重点加强数字经济安全风险预警、防控机制和能力建设，实现核心技术、重要产业、关键设施、战略资源、重大科技、头部企业等安全可控。

六、促进现代服务业繁荣发展

现代服务业以现代科学技术为支撑，以高附加值和新商业模式为特征，是现代化产业体系的重要组成部分。要构建优质高效、结构优化、竞争力强的服务产业新体系，加快现代服务业繁荣发展。

1. 致力于产业转型升级，扩大服务有效供给，推动生产性服务业向专业化和价值链高端延伸

第一，提升生产性服务业创新能力。加强研发力度，提升服务产业创新力。应鼓励企业积极从事研发活动，推动服务新模式、新产品、新工艺的研发应用，加快发展研发设计、工业设计、商务咨询、检验检测认证等服务；以先进的智能化手段应用于服务体系构建，提高要素配置效率，推动供应链金融、信息数据、人力资源等服务创新发展。第二，推动现代生产性服务业与其他产业的深度融合。推动各类市场主体参与服务供给，深化业务关联、链条延伸、技术渗透，支持智能制造系统发展，推动现代服务业同先进制造业、现代农业深度融合。第三，构建更加高效顺畅的流通体系，为各类现代产业加快自身循环过程提供支撑。发挥全产业链优势，提高现代物流、采购分销、生产控制、运营管理、售后服务等发展水平。

2. 深化现代服务业体制机制改革，推进现代服务业进一步变革，扫除产业发展中不合理的限制，形成多层次、多元化的服务供给

第一，推动金融服务创新。创造适应服务新业态、新模式和产业融合发展需要的金融等政策，推广融资租赁、创新金融服务模式，如供应链金融、新能源金融等，为现代化产业发展提供多样化的资金支持。第二，进一步完善服务业发展监管模式。健全服务质量标准体系，深化标准贯彻执行和推广；加快制定重点服务领域监管目录、流程和标准，构建高效协同的服务业监管体系；同时加强金融监管和风险防控，以确保金融市场的稳定和健康发展。

七、加快建设现代化基础设施

基础设施是国家经济社会发展的重要支撑，有助于生产力在长期中安全稳定发展。统筹推进传统基础设施和新型基础设施建设，打造系统完备、高效实用、智能绿色、安全可靠的现代化基础设施体系，实现经济效益、社会效益、生态效益、安全效益相统一，更好地保障产业链的稳定可靠和国家经济安全。

1. 加快新型基础设施建设

新型基础设施是现代化基础设施的关键构成，要围绕强化数字转型、智能升级、融合创新支撑，布局建设信息基础设施、融合基础设施、创新基础设施等新型基础设施，引领现代化产业体系构建和新质生产力发展。第一，强化信息基础设施建设。以高速泛在、天地一体、集成互联、安全高效为原则，布局建设新一代超算、云计算、人工智能平台、宽带基础网络等设施，强化信息基础设施建设。加快5G网络规模化部署，提高用户普及率。通过优化网络布局、提升网络质量、降低网络成本等措施，加速

突　破

5G 网络在各行各业中的应用。推广升级千兆光纤网络。提高光纤网络的覆盖率和接入速率，并适度领先，前瞻布局 6G 网络技术储备，扩容骨干网互联节点，以满足云计算、大数据等新技术对高速网络的需求。健全网络安全保障体系。完善网络安全法律法规体系，加强网络安全技术研发和应用，提升网络空间安全防御能力，保障相关产业的可持续发展。第二，推动融合基础设施建设。建立重大基础设施建设协调机制，统筹各类基础设施布局，实现互联互通、共建共享、协调联动，推动融合基础设施发展。推动物联网全面普及应用。打造支持"固移融合、宽窄结合"的物联接入能力，加强物联网在智慧城市、智能制造等领域的应用，拓展物联网应用的广度并挖掘其深度。积极稳妥发展工业互联网和车联网。推动工业互联网深化发展，为工业数字化、智能化转型提供基础；加快车联网基础设施建设，推动自动驾驶、智能交通等应用发展。加快智能仓储、智慧物流体系建设。运用大数据、遥感等技术手段，提高物流效率和水平，降低运输成本。

2. 推进传统基础设施变革

传统基础设施智能化升级是提升基础设施运行效率的重要途径。应科学规划，立足长远，以服务国家重大战略、支持经济社会发展为目标，加快交通、能源、市政等传统基础设施数字化改造，为现代化产业综合效益提升和新质生产力发展提供兜底保障。要加快建设交通强国，推动智能交通系统建设，形成现代化综合交通运输体系。推动交通系统一体化建设。构建多层级、一体化综合交通枢纽体系，优化枢纽场站布局、促进集约综合开发，完善集疏运系统，发展旅客联程运输和货物多式联运，推广全程"一站式""一单制"服务，从而实现交通设施的智能感知、调度和管理，提升交通设施的智能化水平和运行效率。加强交通设施与信息技术的融合应用。把联网、补网、强链作为建设的重点，着力提升交通网络效益和运行效率，运用物联网、大数据等技术手段，加快建设国家综合立体交通网主骨架，加强沿海和内河港口航道规划建设，优化提升全国水运设施网络，加强智能道路、智能电源、智能公交等智慧基础设施建设。

八、提升产业链与供应链现代化水平

要推动制造业产业链高质量发展，着力补齐短板、拉长长板、锻造新板，形成具有更强创新力、更高附加值、更安全可靠的产业链和供应链。

1. 提高产业链与供应链质量

推动产业链、供应链创新，及时将科技创新成果应用到产业链、供应链打造上，提高产业链、供应链质量，打造同制造业发展和现代化产业体系建设相适应的产业链、供应链。第一，加快产业链和供应链补短板行动，提升战略性资源供应保障能力。立足产业规模优势、配套优势和部分领域先发优势，夯实提升高铁、电力装备、新能源、船舶等领域全产业链竞争力，从符合未来产业变革方向的整机产品入手打造战略性全局性产业链，从而延长产业链，提升价值链。第二，推动产业链与供应链的协同整合。建立产业链与供应链协同平台，鼓励龙头企业共享解决方案和工具包，加强产业链上下游企业间的信息交流、资源共享，形成紧密的合作关系，形成数据驱动、精准匹配、可信交互的产业链协作模式。第三，加强产业园区和产业集群建设。培育壮大先进制造业集群，推动集成电路、航空航天、船舶与海洋工程装备、机器人、先进轨道交通装备、先进电力装备、工程机械、高端数控机床、医药及医疗设备等产业创新发展。从国家战略层面加大国家高新区、科技产业园区建设，搭建产业链、供应链公共服务平台，形成共享资源、共同制造的产业链与供应链的新生态。

2. 提升产业链韧性和安全水平

在全球经济不确定性和风险日益增加的背景下，要将维护产业链与供应链的安全作为重中之重，从而保证经济平稳运行。第一，保证产业体系自主可控、安全可靠。提升对产业链中关键环节和核心技术、零部件的自主研发能力和掌控力，强化资源、技术、装备支撑，促进"卡脖子"技术取得实质性突破，降低对外部供应链的依赖性和单边主义、保护主义造成的风险，提高产业链的自我保障能力。第二，加强产业链与供应链的风险评估和预警机制建设。及时监测全球产业链与供应链的发展动态，密切关注国际环境变化，运用人工智能等新手段识别产业链、供应链中的潜在风险点和发展中的脆弱环节，引导产业链的关键环节留在国内，为产业链的安全运行提供保障。第三，加强国际层面产业链和供应链的安全合作。加快构建以国内大循环为主体、国内国际双循环相互促进的新发展格局，深度参与国际分工，加强国际开放包容和科技创新合作，通过核心技术水平的提升和高水平市场的打造形成对国际优质资源的吸引力，推动产业链和供应链多元化发展；在规制、标准、政策等方面积极对话协商，维护国际产业链和供应链的公共产品属性，促进形成安全稳定、互利共赢的产业链和供应链体系。

3. 优化产业链布局

要统筹兼顾，围绕发展新质生产力布局产业链，使产业分布更加合理，实现国家整体层面产业链的最优化。第一，坚持因地制宜原则，构建各区域特色化产业发展体系。结合地方实际分类施策，优化区域间产业链布局。各地要坚持扎根实际，先立后破、因地制宜、分类指导，推动局部和全局相协调、短期和长期相结合，根据本地的资源禀赋、产业基础、科研条件等，有选择地推动新产业、新模式、新动能发展。第二，促进产业发展的区域协调和优势互补。应进一步畅通要素资源流动，打通全国统一大市场建设中的堵点，加强东北全面振兴、中部地区崛起、京津冀协同发展、长江经济带发展、长三角一体化发展、粤港澳大湾区建设、西部大开发等国家重大战略的对接，实现区域间产业链的融合联动。处于领先位置的地区要在更大范围内发挥构建创新链、产业链、供应链的主导作用，从而形成对全国发展的辐射带动力。同时，要支持中西部和东北地区等老工业基地转型发展，结合产业链配套需求等有序承接产业转移，提高承接转移承载力，差异化布局产业链和生产力。

在法治轨道上推进中国式现代化

封丽霞

作者简介

中央党校（国家行政学院）政治和法律教研部主任，教授，博士生导师。中国法学会常务理事、中国法学会学术委员会委员。中国立法学研究会副会长，北京市法学会副会长。国务院学位委员会学科（法学）评议组成员，全国人大常委会法工委备案审查专家委员会委员，最高人民法院特邀咨询员。主要研究领域为法学理论、法政治学、立法学、中央与地方关系。主持《党领导立法的实现方式与路径》、《习近平法治思想研究》等多项国家社科基金项目和中央党校（国家行政学院）重点课题。在《法学研究》《中国法学》《人民日报》《光明日报》等刊物发表论文文章百余篇。出版《法典编纂论——一个比较法的视角》《中央与地方立法关系法治化研究》《政党、国家与法治》《全面依法治国中的县域治理》《大国立法的逻辑》《党领导立法的原理与方式》等多部专著。

观点提要

★ 习近平法治思想的"十一个坚持"深刻阐释了新时代全面依法治

国的历史任务、本质特征和实践方略，集中回答了中国法治现代化道路的"中国特色"、"为什么"及"怎么样"推进全面依法治国等重大问题，全面反映了我们党在法治建设领域的理论创新、制度创新和实践创新。

★ 法治是各国实现现代化的必由之路，也是衡量国家现代化的基本标志之一。在现代化进程中，法治有着其他治理方式所不具备的特点和优势，发挥着权威、明确、稳定、可预期的规范和调整功能。在推进和拓展中国式现代化的征程上，法治是国家治理体系和治理能力的重要保障，是中国特色国家治理的制度根基，在国家治理过程中发挥着固根本、稳预期、利长远的保障作用。

★ 法治不能脱离特定社会政治条件和历史文化传统来抽象评判。走什么样的法治道路、建设什么样的法治体系，是由一个国家的基本国情决定的。历史和现实告诉我们，只有传承中华优秀传统法律文化，从我国革命、建设、改革的实践中探索适合自己的法治道路，同时借鉴国外法治有益成果，才能为实现中华民族伟大复兴奠定强大的法治基础。

★ 新时代全面依法治国的谋划布局与工作部署，体现出唯物辩证法的整体性、系统性的方法论特点，突出强调以"系统思维"、"整体思维"和"协同思维"统领依法治国的全部过程，强调统筹兼顾法治建设的外部关系与内在关联，正确认识和处理好法治与政治、法治与改革、法治与经济发展、依法治国与以德治国、依法治国与依规治党等诸多辩证关系。

★ 中国共产党在领导中国人民成功走出中国式现代化道路的进程中，坚持高举全面依法治国的大旗，在破除"西方中心主义"法治观的基础上，始终做到"以我为主"，坚持不懈把中国式法治现代化之路推向前进，创造了人类法治文明的新形态，拓展了广大发展中国家走向法治现代化的新路径。

党的二十大报告首次将"坚持全面依法治国，推进法治中国建设"作

突　破

为专章进行论述和专门部署，并且从建设社会主义现代化国家的全局高度对坚持全面依法治国、推进法治中国建设的历史必然性和重大意义进行了深刻阐释，全面揭示了建设社会主义现代化国家的法治逻辑，郑重指出全面依法治国是国家治理的一场深刻革命，法治是中国式现代化的重要保障，必须坚持在法治轨道上全面建设社会主义现代化国家。这充分体现了以习近平同志为核心的党中央对全面依法治国的高度重视，凸显了法治建设事关根本的战略地位，强化和拓展了新时代法治建设服务保障中国式现代化的时代使命。

一、根本遵循：习近平法治思想的提出与发展

习近平法治思想是习近平新时代中国特色社会主义思想的重要组成部分，是马克思主义法治理论中国化的最新成果，也是新时代中国特色社会主义思想的世界观和方法论同中国法治实践相结合的最新理论创新成果。在习近平新时代中国特色社会主义思想的理论体系和框架内，习近平法治思想是继习近平经济思想、生态文明思想、强军思想和外交思想之后，中央正式提出并进行表述的又一重要思想概念。

习近平法治思想经历了一个从正式提出到不断丰富发展、深化创新和全面成熟的过程。2014年10月，我们党召开第一次以全面依法治国为主题的十八届四中全会，在"五位一体"总体布局和"四个全面"战略布局之下对依法治国进行定位和统筹安排。2017年10月，党的十九大报告将"建设社会主义法治国家"列入"八个明确"、将"坚持全面依法治国"列入"十四个坚持"。党的十九届二中全会研究审议关于宪法部分内容的修改，建议把"中国共产党领导是中国特色社会主义最本质的特征"写入宪法。党的十九届三中全会决定组建中央全面依法治国委员会。党的十九届四中全会强调提高党依法治国、依法执政能力，在法治轨道上推进国家

治理体系和治理能力现代化。党的十九届五中全会要求法治工作立足新发展阶段、贯彻新发展理念，进一步健全社会主义民主法治、彰显社会公平正义。2021 年 7 月，在庆祝中国共产党成立 100 周年大会的讲话中，习近平总书记庄重宣示中国共产党坚持依规治党，已经形成比较完善的党内法规体系。党的十九届六中全会总结了党的百年奋斗重大成就和历史经验，指出在党的领导下中国特色社会主义法治体系不断健全，法治中国建设迈出坚实步伐，党运用法治方式领导和治理国家的能力显著增强。

2020 年 11 月，在中央全面依法治国工作会议上，习近平总书记用"十一个坚持"全面阐述了"习近平法治思想"的科学内涵。即：坚持党对全面依法治国的领导；坚持以人民为中心；坚持中国特色社会主义法治道路；坚持依宪治国、依宪执政；坚持在法治轨道上推进国家治理体系和治理能力现代化；坚持建设中国特色社会主义法治体系；坚持依法治国、依法执政、依法行政共同推进，法治国家、法治政府、法治社会一体建设；坚持全面推进科学立法、严格执法、公正司法、全民守法；坚持统筹推进国内法治和涉外法治；坚持建设德才兼备的高素质法治工作队伍；坚持抓住领导干部这个"关键少数"。

这"十一个坚持"深刻阐释了新时代全面依法治国的历史任务、本质特征和实践方略，集中回答了中国法治现代化道路的"中国特色"、"为什么"及"怎么样"推进全面依法治国等重大问题，全面反映了我们党在法治建设领域的理论创新、制度创新和实践创新。这"十一个坚持"凝聚着我们党治国理政的理论成果和实践经验，凝聚着中华文明治理国家的智慧和人类制度文明的精髓，凝聚着引领新时代全面依法治国各项事业发展的强大力量。

在习近平法治思想引领下，新时代依法治国各项事业进入一个不可逆转的全面发展的历史时期。党的二十大报告"坚持全面依法治国，推进法治中国建设"部分是对习近平法治思想的最新丰富和发展。报告继续强调，全面依法治国是国家治理的一场深刻革命，关系党执政兴国，关系人民幸福安康，关系党和国家长治久安。必须更好发挥法治固根本、稳预期、利长远的保障作用，在法治轨道上全面建设社会主义现代化国家。

党的二十大报告明确了新时代全面依法治国的总体要求、目标遵循和重点工作，强调坚持走中国特色社会主义法治道路，建设中国特色社会主义法治体系，建设社会主义法治国家，要求紧紧围绕保障和促进社会公平正义，坚持依法治国、依法执政、依法行政共同推进，坚持法治国家、法治政府、法治社会一体建设，全面推进科学立法、严格执法、公正司法、全民守法，全面推进国家各方面工作法治化。

二、时代使命：在法治轨道上全面建设社会主义现代化国家

党的二十大明确了全面建成社会主义现代化强国、实现第二个百年奋斗目标，以中国式现代化全面推进中华民族伟大复兴的中心任务。立足当代中国人口规模巨大的基本国情，从历史和现实、理论和实践、中国和世界相结合的维度，在继承中华优秀传统文化、借鉴世界法治文明成果的基础上，全面依法治国也确定了在法治轨道上推进中国式现代化进程的时代使命。

（一）法治是世界各国现代化的必由之路

作为现代文明的核心概念，现代化是指一个国家从传统社会向现代社会的巨大转型，是不断推进政治、经济、科技、文化和社会进步的综合发展过程，也是各国追求经济繁荣、社会进步、国家富强的内在要求。尽管各国推进现代化的方式与道路各不相同，但也有其共性、互相关联。譬如，对于法治国家的价值追求与实践，始终是成功的现代化国家所共同遵循的规律与有效经验。可以说，世界各国的现代化历史在很大程度上就是

一部人类追求和建立现代法治的历史。现代法治是各国实现现代化的必由之路，是大国崛起的"不二法门"。

习近平总书记指出："法治是人类文明的重要成果之一，法治的精髓和要旨对于各国国家治理和社会治理具有普遍意义。"① 习近平总书记深刻指出："从世界历史看，国家强盛往往同法治相伴而生。"② "当今世界，法治逐渐成为国家和社会治理的共同选择。"③ 从各国现代化的进程来看，英国在光荣革命之后，1689 年颁布《权利法案》确立议会权力高于王权的原则。这标志着君主立宪制和议会民主制在英国的建立，为英国的现代化进程扫清了障碍，也为英国工业革命的发生和日不落帝国的崛起奠定了法治基础。1804 年，拿破仑制定《拿破仑法典》，宣布资产阶级私有制神圣不可侵犯。这是人类历史上第一部现代民法典，也是一部典型的资产阶级社会的法典，标志着法国现代化进程的起点和具有世界意义的大陆法系开始形成。1789 年，美国制定并实行了世界上第一部成文宪法。这部具有跨时代意义的宪法，标志着美国结束分裂的邦联状态，并以宪法为依据建立一个强大的联邦制国家，为美国的现代化道路确定了制度依据和宪法原则。1900 年生效的《德国民法典》被誉为德国法律科学集大成者。它标志着德意志民族的统一，推动德国从分散的封建割据时代迈进现代化的大国行列。1868 年，日本明治维新之后制定《日本帝国宪法》，结束封建幕府割据状态、建立中央集权，推动政治、经济和社会等方面的现代化改革，促使日本迅速走上资本主义道路。

（二）法治与中国式现代化的进程

法治国家是中华民族伟大复兴的百年梦想。近代以来，中国对实现现

---

① 习近平：《论坚持全面依法治国》，中央文献出版社 2020 年版，第 107 页。
② 习近平：《加强党对全面依法治国的领导》，《求是》2019 年第 12 期。
③ 习近平：《认真学习研究社会主义法治 不断推进"法治浙江"建设》，《浙江日报》2006 年 2 月 6 日。

代化孜孜以求，并为之进行了艰苦卓绝的探索。在泱泱中华饱受外敌入侵的屈辱和蒙难，面临"三千年未有之变局，三千年未有之强敌"的时局之下，在"不讲变法就坐以待毙"的猛然警醒之下，中国人深刻认识到国家富强之本，"不尽在船坚炮利，而在上下同心、教养得法"。面临国家贫弱、民心散漫的局面，梁启超痛悟，"法治国者，谓以法为治之国也"；"我们中国人最大的缺点，在没有法治精神。法治主义是今日救时惟一之主义"①。孙中山坚定地提出，"立国于大地，不可无法也。立国于 20 世纪文明竞进之秋，尤不可无法"②。自戊戌变法和清末修律起，近代中国走向现代化的每次尝试都伴随对法治的深刻觉醒，随着中国法治现代化道路的艰难探索。

　　新中国成立之后，中国成为一个独立的现代民族国家，开始了在国贫民弱、一穷二白基础上建设社会主义现代化国家的征程。这也为中国真正实现人民民主、建设社会主义法治国家奠定了坚实的基础，开辟了更为广阔的远景。1957 年，毛泽东提出要"将我国建设成为一个具有现代工业、现代农业和现代科学文化的社会主义国家"③。1964 年，周恩来提出"把我国建设成为一个具有现代农业、现代工业、现代国防和现代科学技术的社会主义强国"④。改革开放后，邓小平提出"中国式的现代化"的概念。在深刻反思惨痛教训的基础上，邓小平阐述了没有社会主义民主和法制就没有社会主义现代化的道理，提出发展社会主义民主、健全社会主义法制，这是三中全会以来中央坚定不移的基本方针。⑤ 邓小平强调制度在加速现代化建设事业发展过程中的重要作用，提出要改革党和国家领导制度

---

　　① 《梁启超全集》，北京出版社 1999 年版，第 1225 页。

　　② 广东省社会科学院历史研究室：《孙中山全集》第 1 卷，中华书局 1981 年版，第 355 页。

　　③ 《毛泽东文集》第 7 卷，人民出版社 1999 年版，第 207 页。

　　④ 周恩来生平和思想研讨会组织委员会编：《周恩来百周年纪念——全国周恩来生平和思想研讨会论文集（上册）》，中央文献出版社 1999 年版，第 14 页。

　　⑤ 中共中央文献研究室编：《十三大以来重要文献选编》（中），人民出版社 1991 年版，第 941 页。

及其他制度，吸收我们可以从世界各国吸收的进步因素，成为世界上最好的制度。①

1997 年，党的十五大将"依法治国、建设社会主义法治国家"确定为基本治国方略。1999 年，宪法修正案把"中华人民共和国实行依法治国，建设社会主义法治国家"载入了宪法，使其成为中国共产党领导人民治国理政的宪法原则。党的十六大报告、党的十七大报告强调"全面落实依法治国基本方略，加快建设社会主义法治国家"。进入新时代之后，党的十八大强调"法治是治国理政的基本方式"。2013 年，党的十八届三中全会将全面深化改革的总目标确定为完善和发展中国特色社会主义制度，推进国家治理体系和治理能力现代化。2014 年，党的十八届四中全会将全面依法治国誉为国家治理的一场深刻革命，将实现国家治理体系和治理能力现代化确定为全面依法治国的基本目标。这表明，中国共产党更加重视法治作为治国理政基本方式的地位，更加强调法治是国家治理体系和治理能力的重要依托。党的十九大明确提出"全面依法治国是中国特色社会主义的本质要求"，继续强调依法治国是"党领导人民治理国家的基本方式"，是关系党执政兴国的根本性问题。

党的二十大明确指出要在法治轨道上全面建设社会主义现代化国家。这是对新时代我国现代化进程新的发展阶段所面临的各种严峻挑战的主动回应，也是关于法治与中国式现代化关系的最新表述。如果说 20 世纪 60 年代提出的"四个现代化"旨在大力发展生产力，解决中国一穷二白、人民贫困、社会落后等问题，"中国式现代化"则是建立在生产力快速发展、经济高速增长、工业农业和科技巨大进步即"四个现代化"的基础上，旨在从国家治理的制度与能力等上层建筑层面来减少中国式现代化事业进一步发展的观念和制度阻碍，推进新的历史阶段的经济高质量增长、

---

① 中共中央党史和文献研究院编：《十九大以来重要文献选编》（中），中央文献出版社 2021 年版，第 304 页。

科技文化进步和高效能的社会治理。党的二十大明确了全面建成社会主义现代化强国，以中国式现代化全面推进中华民族伟大复兴的中心任务。中国式现代化既有各国现代化的共同特征，更有基于自己国情的中国特色。中国式现代化是人口规模巨大的现代化，是以实现全体人民共同富裕、物质文明与精神文明相协调、人与自然和谐共生、和平发展为主要目标的现代化。这决定了全面依法治国的目标任务，必须紧密围绕、深度契合中国式现代化的本质要求与宏伟目标展开。

（三）法治是中国式现代化必须面对和解决的重大问题

法治是各国实现现代化的必由之路，也是衡量国家现代化的基本标志之一。在现代化进程中，法治有着其他治理方式所不具备的特点和优势，发挥着权威、明确、稳定、可预期的规范和调整功能。经验和教训使我们党深刻认识到，法治是治国理政不可或缺的重要手段。没有社会主义民主和法治，就没有中国的现代化。在推进和拓展中国式现代化的征程上，法治是国家治理体系和治理能力的重要依托，是中国特色国家治理的制度根基，在国家治理过程中发挥着固根本、稳预期、利长远的保障作用。

依法治国是我国社会主义现代化建设的一个基本经验和显著优势。正反两方面的经验教训表明，在中国共产党治国理政的多种方式中，法治是最基本、最有效、最可靠的方式。在推进国家治理现代化的进程中，只有全面依法治国才能有效保障国家治理体系的系统性、规范性、协调性，才能有效提升国家治理能力和治理效率，才能最大限度凝聚社会共识。习近平总书记深刻指出，"法治和人治问题是人类政治文明史上的一个基本问题，也是各国现代化进程中必须面对和解决的一个重大问题。凡顺利实现现代化的国家，没有一个不是较好解决了法治和人治问题的"①。这就

---

①　中共中央文献研究室编：《习近平关于全面依法治国论述摘编》，中央文献出版社 2015 年版，第 12 页。

昭示我们，在全面建设社会主义现代化国家的历史进程中，要把依法治国摆在更加重要和更加突出的位置，要善于以法治思维和法治方式推动经济高质量发展、维护社会和谐和人民团结、应对各种急难险重和风险挑战，引领中国式现代化事业的不断进步。

（四）法治是中国式现代化的重要保障

改革开放以来，中国在高度时空压缩的历史背景下，用短短40多年的时间创造了西方国家几百年才取得的经济和社会发展成果，创造中国经济快速发展、社会长期稳定"两大奇迹"，完成了各项事业的超常规和跨越式现代化发展。关于这"两大奇迹"与法治建设的内在关联，习近平总书记着重指出，"新中国成立70多年来，我国之所以创造出经济快速发展、社会长期稳定'两大奇迹'，同我们不断推进社会主义法治建设有着十分紧密的关系"[1]。可以说，全面建设社会主义现代化国家向前推进一步，我国的法治建设就紧跟一步、前进一步。

党的二十大报告指出，"以中国式现代化全面推进中华民族伟大复兴"，并且强调必须更好发挥法治固根本、稳预期、利长远的保障作用，在法治轨道上建设社会主义现代化国家。党的二十届三中全会明确提出，"法治是中国式现代化的重要保障"。这就给我们提出一个深刻的问题，为什么建设社会主义现代化国家离不开法治？相较于其他治国理政方式，法治在现代化进程中的功能、意义与优势又是什么？法治在中国式现代化进程中的作用与功能主要表现为以下几个方面。

首先，法治是党领导社会主义现代化事业的最大最重要的规矩，是国家治理体系和治理能力的重要依托。

人类社会发展的事实证明，依法治理是最可靠、最稳定的治理。相较

---

[1] 习近平：《坚定不移走中国特色社会主义法治道路　为全面建设社会主义现代化国家提供有力法治保障》，《求是》2021年第5期。

突　破

于其他国家治理方式，法治具有明确性、公开性、稳定性、可预期性、权威性和国家强制的特点和优势。这些特质使法治可以为国家治理提供一种相对的"确定性""可预测性"的制度依据，为社会矛盾与纠纷的处理提供一种公开、权威的标准和尺度，从而既保证政府行政管理的规范与高效，又维护社会治理的秩序与活力。

两千多年前，先秦法家就提出"事断于法，是国之大道也"。即通过法治来判断是非和处理国事乃国家治理之术。"法者，治之端也""律者，所以定分止争也"，强调国家治理的起点就是制定和执行法律，法律的主要社会功能就是定分止争、化解矛盾、维护秩序。进入新时代，我们党治国理政的实践中，一直强调法治兴则国兴，法治强则国强，坚持认为"法律是治国理政最大最重要的规矩""法治是国家治理体系和治理能力的重要依托""法治是治国之重器"。

其次，法治有助于规范与调整现代化进程中公权力与私权利、政府与市场、政府与社会的关系，为经济高质量发展提供坚实的制度保障。

法治作为现代国家治理的核心要素，对规范现代化过程中国家公权力的权限范围、运行方式，以及调整国家公权力与社会成员之间的关系发挥至关重要的作用。质言之，现代法治的核心功能就在于通过宪法法律形式规范与制约国家公共权力，要求政府"法无授权不可为"、依法行政，防止政府权力的任性、随意和滥用，并以此实现公民"法无禁止即可为"，从而以法治的强大权威维护公民的人身权、财产权和人格权，增进社会成员的获得感、幸福感、安全感，促进全体人民的共同富裕，提高人民美好生活的品质。

鉴于此，只有善于通过法治思维和法治方式发展经济、进行市场管理和人才培养，才有可能更好实现经济生产、营商环境、科学技术的现代化。党的二十大报告指出，高质量发展是全面建设社会主义现代化国家的首要任务。没有坚实的物质技术基础，就不可能全面建成社会主义现代化强国。就市场经济与法治的关系而言，习近平总书记指出，"社会主义市场经济本质是法治经济，经济秩序混乱多源于有法不依、违法不究，因此必须坚持法治思维、增强法治观念，依法调控和治理经济"①。

因此，只有在经济发展过程中贯彻现代法治的理念与精神，只有把法治思维和法治方式作为推动经济持续健康发展的基本路径与有效方式，我们才能最大限度减少政府对市场资源的直接配置、减少对市场活动和自主经营的直接干预，真正做到"充分发挥市场在资源配置中的决定性作用，更好发挥政府作用"，为市场经济活动提供公正、稳定、可预期的法治环境，实现产权有效激励、竞争公平有序、资源自由流动、市场有效监管，从而积极引领我国经济从高速增长转向高质量发展，为我国社会主义现代化事业奠定坚实的物质保障。

再次，法治有利于及时、高效地化解大量复杂的社会矛盾和风险隐患，规避现代化过程中的各种陷阱。

我们看到，在我国经济快速发展和利益格局急遽调整的同时，也引发和累积了大量的人民内部矛盾和社会治理风险，贫富悬殊、社会不公等问题凸显。习近平总书记指出，"过去我们常常以为经济发展水平提高了、老百姓生活好起来，社会矛盾和问题就会减少。现在看来，不发展有不发展的问题，发展起来有发展起来的问题，而发展起来后出现的问题并不比发展起来前少，甚至更多更复杂了。新形势下，如果利益关系协调不好、各种矛盾处理不好，就会导致问题激化，严重的就会影响发展进程"②。

面对数量巨多、错综复杂的社会矛盾，传统社会治理理念、机制和方式的滞后性、局限性，传统化解社会矛盾的手段与方式的机械性、僵化性、无效性大大凸显。如果不能及时、有效地推进国家治理体系领域的各

---

① 中共中央文献研究室编：《习近平关于全面依法治国论述摘编》，中央文献出版社 2015 年版，第 115 页。

② 习近平：《论把握新发展阶段、贯彻新发展理念、构建新发展格局》，中央文献出版社 2021 年版，第 50 页。

突　破

项改革、彻底改变僵化落后的社会治理模式，并以此解决社会不公、发展停滞、权力腐败、两极分化、政府公信力不足等问题，我们就有可能陷入现代化进程的"中等收入陷阱""塔西佗陷阱"，就有可能导致国家现代化的进程举步维艰甚至是停滞不前。

就此，习近平总书记特别强调，"一些国家虽然也一度实现快速发展，但并没有顺利迈进现代化的门槛，而是陷入这样或那样的'陷阱'，出现经济社会发展停滞甚至倒退的局面。后种情况很大程度与法治不彰有关"①。这句话的深刻内涵在于，依法治国是公正、高效化解各种社会矛盾的主要渠道和基本方式，是维护社会公平正义、保证党和政府公信力、关系民生福祉和社会稳定的重大战略问题。我们应该在法治框架之内建立一个公正、高效、权威的社会矛盾处理机制，发挥法治在确认权利、防止侵害、解决争议、实现秩序方面的主导作用，善于运用法治方式化解现代化进程中的各种社会风险和陷阱。

最后，法治有利于中国式现代化进程能够自主借鉴和汲取世界法治文明优秀成果和其他国家现代化的有益经验，为现代法治文明贡献中国智慧。

随着世界百年未有之大变局加速演进，全球进入新的动荡变革期。中国特色社会主义现代化事业进入战略机遇和风险挑战并存，不确定、难预料因素增多的时期，面临一系列风高浪急甚至惊涛骇浪的重大考验。在中国式现代化进程中，随着我国不断发展壮大、日益走近世界舞台中央，中国的国家安全、海外利益保护和风险防范都将面临巨大挑战和压力。在国际关系处理和斗争过程中，要善于运用法治思维应对西方国家的遏制、干涉和打压，增强反击霸权主义和强权政治的能力，破除大国关系的修昔底德陷阱，善于拿起法律武器占领法治制高点，一体推进涉外立法、执法、司法、守法和法律服务，努力争取中国在重塑国际规则体系中的话语权、

---

① 中共中央文献研究室编：《习近平关于全面依法治国论述摘编》，中央文献出版社 2015 年版，第 12 页。

影响力，善于运用法治方式获取国际社会的普遍支持和认可，提升国家核心竞争力。

这也要求，我们在破除"西方中心主义"的基础之上学会借鉴和"拿来"其他国家法治建设的有益经验，避免重蹈他们的失误和困境。在"以我为主"的基础上做到"双向互动"、统筹国内法治与涉外法治。在联合国宪章框架内，通过制度和规则协调各国关系，积极参与全球治理体系的建设和创新，为维护国际法治秩序贡献中国智慧。

综上所述，法治是中华民族伟大复兴百年梦想的重要组成部分。中国近代以来的法治梦想与国家现代化道路紧紧交织、凝结在一起。法治中国既是近代以来无数仁人志士孜孜追求、卓绝奋斗的治国梦想，也是中国共产党几经曲折、艰难探索得来的执政经验。法治中国建设的历史进程与全面建设社会主义现代化国家的历史进程如影随形、相辅相成。

三、立场观点：中国特色社会主义法治道路的内涵

中国式现代化的历史进程和本质要求，规定了中国特色法治道路的历史逻辑与内涵特点。全面推进依法治国，必须从我国实际出发，同推进中国式现代化的本质要求相适应。世界上没有完全相同的现代化道路，也没有完全相同的法治道路。习近平总书记专门谈到不能生搬硬套其他国家法律制度的问题，"世界上没有完全相同的政治制度，也不存在适用于一切国家的政治制度模式。'物之不齐，物之情也。'各国国情不同，每个国家的政治制度都是独特的，都是由这个国家的人民决定的，都是在这个国家历史传承、文化传统、经济社会发展的基础上长期发展、渐进改进、内生性演化的结果"①。这些论述给我们的深刻启示是，我们不能脱离特定社会

---

① 中共中央文献研究室编：《十八大以来重要文献选编》（中），中央文献出版社 2016 年版，第 60 页。

突 破

政治条件和历史文化传统对一个国家的现代化道路进行抽象评判、主观褒贬。

法治也不能脱离特定社会政治条件和历史文化传统来抽象评判。既不能罔顾国情、超越阶段，也不能因循守旧、墨守成规。走什么样的法治道路、建设什么样的法治体系，是由一个国家的基本国情决定的。中国历史上形成了世界法制史上独树一帜的中华法系，积淀了悠久的法律文化传统，显示了中华法制文明的深厚底蕴和古人治国理政的经验智慧。历史和现实告诉我们，只有传承中华优秀传统法律文化，从中国革命、建设、改革的实践中探索适合自己的法治道路，同时借鉴国外法治有益成果，才能为实现中华民族伟大复兴奠定强大的法治基础。

坚持中国特色社会主义法治道路，这是唯一正确的法治中国道路，是贯穿习近平法治思想始终的一根政治红线。习近平总书记指出，"全面推进依法治国，必须走对路。如果路走错了，南辕北辙了，那再提什么要求和举措也都没有意义了"①。习近平总书记强调，"中国特色社会主义法治道路是社会主义法治建设成就和经验的集中体现，是建设社会主义法治国家的唯一正确道路。在走什么样的法治道路问题上，必须向全社会释放正确而明确的信号"②。

在走什么样的法治道路问题上，习近平法治思想把马克思主义法治理论与中国传统法文化、中国特色社会主义法治实践进行创造性结合，深刻阐释了中国特色社会主义法治与西方资本主义国家法治的最大区别与根本区别。习近平总书记指出："走中国特色社会主义法治道路是一个重大课题，有许多东西需要深入探索，但基本的东西必须长期坚持。"③ 在此，"最大区别"与"根本区别"构成了中国特色社会主义法治

---

① 习近平：《论坚持全面依法治国》，中央文献出版社 2020 年版，第 105 页。
② 习近平：《论坚持全面依法治国》，中央文献出版社 2020 年版，第 93 页。
③ 习近平：《论坚持全面依法治国》，中央文献出版社 2020 年版，第 105 页。

道路的核心要义，它们"规定和确保了中国特色社会主义法治体系的制度属性和前进方向"①。

（一）最大区别：党对全面依法治国的领导

中国特色社会主义法治道路最本质的特征就是坚持中国共产党的领导。党的领导是推进全面依法治国的根本保证。在习近平法治思想的"十一个坚持"中，摆在第一条的就是坚持党对全面依法治国的领导。我们必须牢记，党的领导是中国特色社会主义法治之魂，是中国法治同西方资本主义国家法治最大的区别。离开了党的领导，全面依法治国就难以有效推进，社会主义法治国家就建不起来。党的二十大报告指出，中国式现代化的第一个本质要求就是坚持中国共产党的领导。显然，"中国特色法治道路"本质上是"中国式现代化"在法治领域的具体表现，其根本特征就在于中国共产党的领导。

1. 党和法治的关系是法治建设的核心问题

党的领导是中国特色社会主义最本质的特征，是党和国家事业不断发展的"定海神针"，也是全面依法治国的根本保证。把党的领导贯彻到依法治国的全过程和各方面，是我国社会主义法治建设的一条基本经验。习近平总书记强调，"全面依法治国这件大事能不能办好，最关键的是方向是不是正确、政治保证是不是坚强有力，具体讲就是要坚持党的领导"②；"党和法的关系是一个根本问题，处理得好，则法治兴、党兴、国家兴；处理得不好，则法治衰、党衰、国家衰"③。

在关于党的十八届四中全会决定的说明中，习近平总书记阐述的第

---

① 中共中央文献研究室编：《习近平关于全面依法治国论述摘编》，中央文献出版社2015年版，第24页。

② 中共中央文献研究室编：《习近平关于全面依法治国论述摘编》，中央文献出版社2015年版，第23页。

③ 中共中央文献研究室编：《习近平关于全面依法治国论述摘编》，中央文献出版社2015年版，第33—34页。

突　破

一个问题就是"党的领导和依法治国的关系"。党的十九大报告旗帜鲜明地指出"坚持党对一切工作的领导。党政军民学，东西南北中，党是领导一切的"。为此，要"完善坚持党的领导的体制机制""改进党的领导方式和执政方式""增强依法执政的本领"，保证党领导人民有效治理国家。十三届全国人大一次会议将"中国共产党领导是中国特色社会主义最本质的特征"写入宪法总纲第一条，为实现党对一切工作的领导提供了宪法依据。党的二十大报告继续强调，党的领导"必须全面、系统、整体加以落实"、必须"坚持科学执政、民主执政、依法执政"。

2. 党的领导与社会主义法治是一致的

党的领导和中国特色社会主义法治是一致的。社会主义法治必须坚持党的领导，党的领导也必须依靠社会主义法治。坚持党的领导，是由社会主义法治的性质决定的。依法治国首先是我们党提出来的，把依法治国上升为党领导人民治理国家的基本方略也是我们党提出来的。而且，党一直带领人民在实践当中推进依法治国。历史经验告诉我们，办好中国的事情关键在党。要把法治中国建设这件大事办好，最关键的也在于坚持党的领导。改革开放以来社会主义法治建设的经验证明，我国法治建设之所以能够取得一系列重大成就，根本原因就在于坚持和加强党的领导，遵循了党提出的依法治国基本治国方略。

全面依法治国绝不是要削弱党的领导，而是要加强和改善党的领导，不断提升党领导依法治国的能力和水平，巩固党的执政地位、完成党的执政使命。在党领导全面依法治国的过程中，党要善于通过法定程序使党的主张上升为国家法律，善于通过法治保障党的政策有效实施。党要领导立法、保证执法、支持司法、带头守法，要善于运用法治思维与法治方式，提高科学执政、民主执政、依法执政的水平，坚持党的领导、人民当家作主、依法治国三者的有机统一。

3. "党大还是法大"是个政治陷阱，是一个伪命题

在关于党和法的关系上，必须坚持党的领导与依法治国的辩证统一关系，党的领导和依法治国不是对立的，而是统一的。就此，习近平总书记指出："'党大还是法大'是一个政治陷阱，是一个伪命题。对这个问题，我们不能含糊其辞、语焉不详，要明确予以回答。"① 当然，"我们说不存在'党大还是法大'的问题，是把党作为一个执政整体而言的，是指党的执政地位和领导地位而言的，具体到每个党政组织、每个领导干部，就必须服从和遵守宪法法律，就不能以党自居，就不能把党的领导作为个人以言代法、以权压法、徇私枉法的挡箭牌。我们有些事情要提交党委把握，但这种把握不是私情插手，不是包庇性的插手，而是一种政治性、程序性、职责性的把握。这个界线一定要划分清楚"②。

如果说"党大还是法大"是一个政治陷阱，是一个伪命题，那么对于各级党委和政府、各级领导干部来说，"权大还是法大"则是党领导全面依法治国进程中的真命题。习近平总书记深刻指出："纵观人类政治文明史，权力是一把双刃剑，在法治轨道上行使可以造福人民，在法律之外行使则必然祸害国家和人民。"③ 党的各级领导干部是具体行使党的执政权和国家立法权、行政权、监察权、司法权的主体。其权力无论大小，如果不受制约和监督，都可能被滥用，都可能破坏法治。由此，习近平总书记要求加强对权力运行的制约和监督，把权力关进制度的笼子里。

4. 坚持领导干部是全面依法治国的"关键少数"、坚持建设德才兼备的高素质法治工作队伍

领导干部具体行使党的执政权和国家立法权、行政权、监察权、司法

---

① 中共中央文献研究室编：《习近平关于全面依法治国论述摘编》，中央文献出版社 2015 年版，第 34 页。

② 中共中央文献研究室编：《习近平关于全面依法治国论述摘编》，中央文献出版社 2015 年版，第 37 页。

③ 中共中央文献研究室编：《习近平关于全面依法治国论述摘编》，中央文献出版社 2015 年版，第 37—38 页。

权，是全面依法治国的关键。各级领导干部的法治思维与依法办事能力如何，直接决定全面依法治国的进程。习近平总书记强调，各级领导干部要坚决贯彻落实党中央关于全面依法治国的重大决策部署，带头尊崇法治、敬畏法律，了解法律、掌握法律，不断提高运用法治思维和法治方式深化改革、推动发展、化解矛盾、维护稳定、应对风险能力，做尊法学法守法用法的模范。实践中，应把法治素养和依法履职情况纳入考核评价干部的重要内容，使其成为各级领导干部的自觉行为和必备素质。

法治工作队伍是依法治国的主力军和专业力量。按照政治过硬、业务过硬、作风过硬的要求建设一支德才兼备的高素质法治工作队伍，推进法治工作队伍革命化、正规化、专业化、职业化至关重要。法学教育对法治国家建设具有基础性和先导性作用。法律服务队伍是全面依法治国的重要力量。要教育引导其坚持正确政治方向，依法依规诚信执业、认真履行社会责任。

（二）区别的根本所在：坚持以人民为中心

习近平总书记指出："我们要始终把人民立场作为根本立场，把为人民谋幸福作为根本使命。"[1] 就依法治国的各项工作，习近平总书记强调："全面依法治国最广泛、最深厚的基础是人民，必须坚持为了人民、依靠人民。""推进全面依法治国，根本目的是依法保障人民权益。"[2] 我国社会主义制度保证了人民当家作主的主体地位，也保证了人民在全面推进依法治国中的主体地位。这是我们的制度优势，也是中国特色社会主义法治区别于资本主义法治的根本所在。

1. 以人民为中心是习近平法治思想的核心主线

在进入新时代的历史方位后，我国社会主要矛盾已经转变为人民日益

---

[1]　习近平：《在纪念马克思诞辰200周年大会上的讲话》，《人民日报》2018年5月5日。

[2]　习近平：《论坚持全面依法治国》，中央文献出版社2020年版，第2页。

增长的美好生活需要和不平衡不充分的发展之间的矛盾。人民群众对民主、法治、公平、正义、安全、环境等方面的要求日益增长。法治建设必须践行全心全意为人民服务的根本宗旨，坚持法治建设为了人民、依靠人民、造福人民、保护人民。在全面依法治国的实践当中，人民是依法治国的力量源泉，也是我国各项法治工作的评价主体。法律的权威源自人民的内心拥护和真诚信仰。

坚持以人民为中心，是马克思主义的根本立场，也是贯穿习近平法治思想的一条核心主线。以人民为中心，首先体现为"始终把人民放在心中最高位置"的人民至上理念。"坚持以人民为中心"的法治观，回答了在当代中国"法治为了谁、依靠谁、保障谁"等根本问题。

2. 依法治国必须以保障人民的美好生活为根本目的

就依法治国的主要任务而言，应积极回应人民群众的新要求新期待，系统研究谋划和解决法治领域人民群众反映强烈的突出问题，把体现人民利益、反映人民愿望、维护人民权益、增进人民福祉落实到科学立法、严格执法、公正司法、全民守法的各领域和全过程，保证人民依法享有广泛权利和自由、承担应尽的义务，不断增强人民群众获得感、幸福感、安全感，用法治保障人民安居乐业。

关于科学立法，坚持以人民为中心，就要求提高立法质量、真正做到以民为本、立法为民，使每项立法都符合宪法精神、反映人民意志、得到人民拥护。马克思说："只有当法律是人民意志的自觉表现，因而是同人民的意志一起产生并由人民的意志所创立的时候，才会有确实的把握。"① 习近平总书记指出，"人民对立法的期盼，已经不是有没有，而是好不好、管不管用、能不能解决实际问题"②。随着社会主义法律体系的不断完善，

① 《马克思恩格斯全集》第1卷，人民出版社1995年版，第349页。
② 中共中央文献研究室编：《习近平关于全面依法治国论述摘编》，中央文献出版社2015年版，第43页。

突　破

人民对立法工作的要求也在不断提升。我们要把改革发展需要同保障人民共享发展成果有机统一起来，立符合实际的法，立有效管用的法，立百姓拥护的法，不断提升立法的科学性、民主性，更好地满足人民群众日益增长的美好生活需要，不断增添人民群众对法治建设的获得感和认同度。

关于严格执法，坚持以人民为中心，就必须强调执法为民、坚持法无授权不可为、法定职责必须为，要求政府部门"权为民所用、利为民所谋、情为民所系"。古人云："盖天下之事，不难于立法，而难于法之必行。"严格执法是落实"以人民为中心"的关键所在。习近平总书记指出："行政机关是实施法律法规的重要主体，要带头严格执法，维护公共利益、人民权益和社会秩序。"① "政法机关的职业良知，最重要的就是执法为民。"② 在 2014 年中央政法工作会议上，习近平总书记强调，绝不允许对群众的报警求助置之不理，绝不允许让普通群众打不起官司，绝不允许滥用权力侵犯群众合法权益，绝不允许执法犯法造成冤假错案。③ 这四个"绝不允许"就是对执法为民、司法为民的明确要求。只有做到严格公正规范文明执法，才能让人民群众在每一个执法行为中都能看到风清气正、从每一项执法决定中都能感受到公平正义。

关于公正司法，习近平总书记反复强调："必须牢牢把握社会公平正义这一法治价值追求，努力让人民群众在每一项法律制度、每一个执法决定、每一宗司法案件中都感受到公平正义。"④ 这就深刻阐释了，我们党全心全意为人民服务的宗旨决定了我们必须追求公平正义，保护人民权益。其核心要义在于实现法律面前人人平等、维护公正高效权威的司法，让人

　　① 习近平：《论坚持全面依法治国》，中央文献出版社 2020 年版，第 21 页。
　　② 习近平：《论坚持全面依法治国》，中央文献出版社 2020 年版，第 47 页。
　　③ 《习近平谈治国理政》，外文出版社 2014 年版，第 148 页。
　　④ 中共中央文献研究室编：《习近平关于全面依法治国论述摘编》，中央文献出版社 2015 年版，第 67 页。

民群众在每一个案件中都感受到公平正义。习近平总书记专门强调司法体制改革成效如何，说一千道一万，要由人民来评判，归根到底要看司法公信力是不是提高了。深化司法体制改革，要广泛听取人民群众意见，深入了解一线司法实际情况、了解人民群众到底在期待什么，把解决了多少问题、人民群众对问题解决的满意度作为评判改革成效的标准。① "要坚持司法为民，改进司法工作作风，通过热情服务，切实解决好老百姓打官司难问题。"② 要将群众路线贯彻到司法工作中去，强调"法律不应该是冷冰冰的，司法工作也是做群众工作"③。

关于全民守法，坚持以人民为中心，强调法治权威的树立根本在于人民、全民守法是法治社会建设的基础。法国思想家卢梭曾经说过，一切法律中最重要的法律，既不是刻在大理石上，也不是刻在铜表上，而是铭刻在公民的内心里。④ 法律的权威源自人民的内心拥护和真诚信仰。因此，应通过有效的法律实施和广泛宣传教育，充分调动人民群众自觉守法的积极性和主动性，使全体人民都成为社会主义法治的忠实崇尚者、自觉遵守者、坚定捍卫者，使尊法、信法、守法、用法、护法成为全体人民的共同追求。

四、科学方法：正确处理依法治国的几组辩证关系

新时代全面依法治国的谋划布局与工作部署，体现出唯物辩证法的整体性、系统性的方法论特点，突出强调以"系统思维"、"整体思维"和"协同思维"统领依法治国的全部过程。习近平总书记反复强调，全面依法治国是国家治理领域一场广泛而深刻的革命，涉及改革发展稳定、治党

---

① 习近平：《论坚持全面依法治国》，中央文献出版社 2020 年版，第 147 页。
② 习近平：《论坚持全面依法治国》，中央文献出版社 2020 年版，第 23 页。
③ 习近平：《论坚持全面依法治国》，中央文献出版社 2020 年版，第 23 页。
④ 卢梭：《社会契约论》，何兆武译，商务印书馆 1980 年版，第 73 页。

治国治军、内政外交国防等各个领域，必须立足全局和长远来统筹谋划。①
他还特别强调"要围绕中国特色社会主义事业总体布局，体现推进各领域
改革发展对提高法治水平的要求，而不是就法治论法治"②。这些论述深刻
体现了习近平总书记关于全面依法治国的科学方法，即综合考虑、统筹兼
顾法治建设的外部关系与内在关联，正确认识和处理好法治与政治、法治
与改革、法治与经济发展、依法治国与以德治国、依法治国与依规治党等
诸多辩证关系。

（一）法治与政治

习近平总书记在多个场合深刻阐述了法治与政治的关系问题，指出：
"党和法的关系是政治和法治关系的集中反映。法治当中有政治，没有脱
离政治的法治。西方法学家也认为公法只是一种复杂的政治话语形态，公
法领域内的争论只是政治争论的延伸。每一种法治形态背后都有一套政治
理论，每一种法治模式当中都有一种政治逻辑，每一条法治道路底下都有
一种政治立场。"③"我们有符合国情的一套理论、一套制度，同时我们也
抱着开放的态度，无论是传统的还是外来的，都要取其精华、去其糟粕，
但基本的东西必须是我们自己的，我们只能走自己的路。我们是中国共产
党执政，各民主党派参政，没有反对党，不是三权鼎立、多党轮流坐庄，
我国法治体系要跟这个制度相配套。"④

在推进全面依法治国的过程中，党和法的关系是政治和法治关系的集
中反映。"党和法的关系是一个根本问题，处理得好，则法治兴、党兴、

---

①　习近平：《论坚持全面依法治国》，中央文献出版社 2020 年版，第 89、102 页。

②　习近平：《论坚持全面依法治国》，中央文献出版社 2020 年版，第 89 页。

③　中共中央文献研究室编：《习近平关于全面依法治国论述摘编》，中央文献出版社 2015 年版，第 34 页。

④　中共中央文献研究室编：《习近平关于全面依法治国论述摘编》，中央文献出版社 2015 年版，第 35 页。

国家兴；处理得不好，则法治衰、党衰、国家衰。"① 简而言之，党的领导和依法治国的关系是事关全面依法治国的方向和政治保证的根本性问题。全面推进依法治国，方向要正确，政治保证要坚强。古人说，有道以统之，法虽少，足以化矣；无道以行之，法虽众，足以乱矣。党的领导就是全面推进依法治国的正确方向和政治保证，就是统领和总揽全面依法治国的"道"。

中国特色社会主义法治与政治的关系，决定了我们的法治同西方资本主义法治的本质区别。我们坚持中国特色社会主义法治道路，本质上是中国特色社会主义道路在法治领域的具体体现。我们发展中国特色社会主义法治理论，本质上是中国特色社会主义理论体系在法治问题上的理论成果。我们建设中国特色社会主义法治体系，本质上是中国特色社会主义制度的法律表现形式。

（二）依法治国与深化改革

历史经验表明，把改革和法治紧密结合起来，既是改革的需要，也是法治的需要。习近平总书记指出："我国历史上的历次变法，都是改革和法治紧密结合，变旧法、立新法，从战国时期商鞅变法、宋代王安石变法到明代张居正变法，莫不如此。"② 党的十八大以来，全面依法治国实践贯穿着改革与法治这条主线。改革和法治的关系是全面深化改革和全面依法治国辩证关系的集中体现。

习近平总书记强调，"改革与法治如鸟之两翼、车之两轮"③。"我们要着力处理好改革和法治的关系"④ "必须坚持改革和法治相统一、相促

---

① 中共中央文献研究室编：《习近平关于全面依法治国论述摘编》，中央文献出版社 2015 年版，第 33 页。
② 习近平：《论坚持全面依法治国》，中央文献出版社 2020 年版，第 38 页。
③ 中共中央文献研究室编：《习近平关于全面依法治国论述摘编》，中央文献出版社 2015 年版，第 14 页。
④ 习近平：《论坚持全面依法治国》，中央文献出版社 2020 年版，第 37 页。

突　破

进"①。整体而言，法治与改革在目标与功能上互为一体、相互促进。同时，法治与改革也存在不少差异性。很大程度上，改革是破，法治是立。改革更强调创新性和突破性、不大受条条框框的约束，法治更强调规范性和稳定性、要求依法办事和依法决策。当前，我国改革进入攻坚期和深水区。法治和改革的关系也面临诸多新难题，需要纠正一些认识上的误区。有一种观点认为，"改革就是要冲破法律的禁区，现在法律的条条框框妨碍和迟滞了改革，改革要上路、法律要让路"。这种观点容易导致以改革之名行违法乱纪之实。还有一种观点认为，"法律就是要保持稳定性、权威性、适当的滞后性，法律很难引领改革"②。这种观点在某种程度上忽视和减损了法治对改革的引领、保障作用。

党的二十届三中全会继续强调要"做到改革和法治相统一"，这就要求我们要努力在法治下推进改革，在改革中完善法治。首先，在整个改革过程中，要高度重视运用法治思维和法治方式，发挥法治的引领和推动作用，确保在法治轨道上推进改革。做到凡属重大改革都要于法有据，务必坚持改革决策与立法决策相统一，改革和法治同步推进。对不适应改革要求的法律法规，要及时修改和废止，不能让一些过时的法律条款成为改革的"绊马索"。只有保证立法的科学性、系统性、可操作性，才能更好地发挥法治对改革的引领作用。在这个意义上，"科学立法是处理改革和法治关系的重要环节"③。

其次，我们也要充分认识到改革是法治完善的强大动力和必由之路。对于行之有效、比较成熟的改革举措和经验，可以通过立法将其上升为法律规定、推动我国法律体系更加完备。具体到法治领域改革，涉及立法、执法、司法、守法等领域的突出矛盾和问题解决。"许多都是涉及利益关

---

① 《中共中央关于深化党和国家机构改革的决定》，人民出版社 2018 年版，第 19 页。
② 习近平：《论坚持全面依法治国》，中央文献出版社 2020 年版，第 38 页。
③ 习近平：《论坚持全面依法治国》，中央文献出版社 2020 年版，第 37 页。

系和权力格局调整的'硬骨头'。"① 这些法治领域的深层次改革既是全面深化改革的重要内容，同样也是完善中国特色社会主义法治体系的基本途径。

（三）依法治国与经济高质量发展

自改革开放以来，关于经济与法治关系问题的讨论一直经久不衰、伴随始终。现实中，有人认为两者之间是一种对立、掣肘的关系，甚至提出"经济要上、法治要让"，"经济发展是硬道理、硬道理就可以不讲道理"。也有人认为两者虽非对立，但经济建设是我们工作的首要目标和中心任务，而法治只是实现经济发展的一种工具而已。这些观念直接导致了实践当中的法治虚无主义。党的十八届五中全会提出，"加快建设法治经济和法治社会，把经济社会发展纳入法治轨道"。这足以表明，"法治"与"经济"本质上并不冲突，而是相辅相成、互相促进的。换言之，法治是新时代推动经济高质量发展的基本原则、路径和方法。

法治是生产力，而且是最持久、最稳定、最富效率的生产力。习近平总书记专门就提高党领导经济工作法治化水平指出，社会主义市场经济本质上是法治经济，经济秩序混乱多源于有法不依、违法不究，因此必须坚持法治思维、增强法治观念，依法调控和治理经济。2019 年，在中央全面依法治国委员会第二次会议上，习近平总书记更是一语中的地指出：法治是最好的营商环境。这个论断深刻揭示了法治与市场经济之间的关系。即，法治是发展社会主义市场经济的内在要求。法治能够依法平等保护各类市场主体产权和权益，能够规范政府和市场的边界、打造公平公正的市场竞争环境，并且通过保护产权的方式推动和促进生产力。

当前，高质量发展是全面建设社会主义现代化国家的首要任务。贯彻

---

① 习近平：《论坚持全面依法治国》，中央文献出版社 2020 年版，第 117 页。

新发展理念，实现经济从高速增长转向高质量发展，必须坚持以法治为引领。对于中国而言，在一个拥有深厚的农耕经济传统的文明古国，在长期实行计划经济的世界上最大的社会主义国家，也是发展极端不平衡、不充分的最大的发展中国家，坚持以法治思维和法治方式建立现代市场经济体系、推动经济高质量发展，就要求我们更加善于运用法治思维凝聚改革共识、巩固经济体制改革的成果，更加善于以法治方式规范各种市场主体及其行为、处理各种错综复杂的市场关系，依法平等保护各种所有制经济产权，对侵犯各种所有制经济产权和合法利益的行为实行同责同罪同罚，统筹经济调控和加强市场监管、稳妥应对经济社会发展过程中的各种困难与风险，加强产权的司法保护，防止和纠正利用行政、刑事手段干预经济纠纷，健全依法甄别纠正涉企冤错案件机制。

（四）依法治国与以德治国

法治与德治相结合是我国古代治国理政的一条重要经验。早在两千多年前，中国儒家就提出"德主刑辅""明德慎罚""以德去刑"的主张。习近平总书记指出，"法律是准绳，任何时候都必须遵循；道德是基石，任何时候都不可忽视"[①]；"法律是成文的道德，道德是内心的法律，法律和道德都具有规范社会行为、维护社会秩序的作用"[②]。为此，治理国家、治理社会必须一手抓法治、一手抓德治，既重视发挥法律的规范作用，又重视发挥道德的教化作用，把自律和他律紧密结合起来，实现法律和道德相辅相成、法治和德治相得益彰。

"法律是成文的道德"主要是指，道德是法律的基础，也是法治的价值渊源。只有那些合乎道德、具有深厚道德基础的法律才能为更多人自觉遵行。换言之，法律只有在总体上体现社会伦理道德要求，才能实现更好

---

① 习近平：《论坚持全面依法治国》，中央文献出版社 2020 年版，第 165 页。
② 习近平：《论坚持全面依法治国》，中央文献出版社 2020 年版，第 109 页。

规范和调整社会关系和社会行为的目标，才能获得社会成员的内心认同和自觉服从。"道德是内心的法律"强调的是，法律是道德的保障，只有在一个尊奉法治权威的社会，社会道德的底线才能得以守护。与法律的国家意志性和强制性相比，道德主要通过传统习惯、社会舆论和内心自律来获得实现，是一种自我的"软约束"。

在国家和社会治理过程中，法治和德治都是必不可少的重要手段，扮演着不同角色、发挥不同的功能。法律规定的是社会成员行为和社会秩序的"底线"，通常仅仅对人的外部行为进行规范和约束。道德几乎作用于一切社会领域，不仅作用于人们的外部行为更影响人们的内心。因此，"法治和德治不可分离、不可偏废，国家治理需要法律和道德协同发力"①。在法律难以规范的领域，道德可以发挥作用；对于道德无力约束的行为，法律可以进行强制性的惩戒。在全面依法治国的过程中，我们强调法治和德治两手抓、两手都要硬，既强化法律对道德建设的保障作用，又强化道德对法治的支撑作用，以法治体现道德、以道德滋养法治，实现法治和德治相辅相成、相得益彰。

（五）依法治国与依规治党

坚持依法治国与依规治党有机统一，是习近平法治思想的原创性贡献之一。习近平总书记指出："我们党要履行好执政兴国的重大历史使命、赢得具有许多新的历史特点的伟大斗争胜利、实现党和国家的长治久安，必须坚持依法治国与制度治党、依规治党统筹推进、一体建设。"② 党的十九大报告要求"依法治国和依规治党有机统一""加快形成覆盖党的领导和党的建设各方面的党内法规制度体系"。全面推进依法治国，必须努力形成国家法律法规和党内法规制度相辅相成、相互促进、相互保障的格局。

---

① 习近平：《论坚持全面依法治国》，中央文献出版社 2020 年版，第 165 页。
② 习近平：《论坚持全面依法治国》，中央文献出版社 2020 年版，第 169 页。

突　破

依法治国和依规治党各有侧重又功能互补。依法治国着重解决依据宪法法律治国理政的问题，依规治党着重解决依据党内法规管党治党的问题。依法治国首先要从严治党。中国共产党是世界上最大的执政党，是领导人口最多的执政党，要掌好权、执好政必然要求"打铁还需自身硬"。治国必先治党，治党务必从严。依规治党深入党心，依法治国才能深入民心。就从严治党与依法治国的关系而言，依规治党是依法治国的前提条件与有力保障。依规治党的能力、水平与成效制约着整个依法治国的历史进程。只有处理好依法治国和依规治党的关系，才能促进党的制度优势和国家制度优势相互转化、形成合力，不断提高党依法治国、依法执政和依规治党的能力和水平。

依法治国和依规治党有机统一，必须健全党内法规同国家法律衔接协调机制，厘清党内法规和国家法律的边界，发挥依法治国和依规治党的互补性作用，确保党既依据宪法法律治国理政，又依据党内法规管党治党。党内法规与国家法律的衔接和协调，要坚持立改废释并举，与时俱进做好党内法规制定和修订工作，提高党内法规质量。在制定和修改党内法规的同时，注意对照国家法律的相关规定，及时调整与国家法律不统一及不适应形势发展要求的党内法规，及时废止与国家法律不统一及滞后实践发展的党内法规。还要加大党内法规和国家法律的解释力度，推动党内法规和国家法律的全面准确理解和适用；健全党内法规和国家法律备案审查制度，维护党内法规与国家法律两个制度体系的互补性、协同性和权威性。

五、实践方略：全面推进国家各方面工作法治化

进入新时代，依法治国在中国式现代化过程中发挥了显著的优势。社会主义法治国家深入推进，全面依法治国总体格局基本形成，中国特色社会主义法治体系加快建设，司法体制改革取得重大进展，社会公平正义保

障更为坚实，法治中国建设开创新局面。但是，与全面建设社会主义现代化强国的目标相比，法治领域还存在诸多不适应、不匹配、不相称的问题。

譬如，有的法律法规未能全面反映国家权力运行和国家治理的客观规律，针对性、可操作性、实效性不强；有法不依、执法不严、违法不究现象比较严重，执法司法不公和腐败问题屡禁不止；部分社会成员法治意识淡薄、依法维权意识不强；作为国家治理的主要主体，即具体行使党的执政权和国家立法权、行政权、监察权、司法权的一些领导干部，知法犯法、以言代法、以权压法、徇私枉法现象依然存在。面对现实中的这些突出问题，唯有全面推进依法治国，才能规范各种国家权力运行，才能公平调整各种利益关系，才能有效化解各种社会矛盾和冲突，才能从源头上消除社会纠纷产生的源头。而这就意味着国家治理的一场"深刻革命"。

着眼全面推进国家各方面工作法治化的目标任务，党的二十大报告从完善社会主义法律体系、依法行政、公正司法、法治社会建设四个方面对未来五年全面依法治国的总体要求和工作重点进行明确要求和科学部署。党的二十届三中全会继续从进一步推动全面深化改革的高度，对完善中国特色社会主义法治体系的各项改革进行具体部署。

（一）深化立法领域改革，完善以宪法为核心的中国特色社会主义法律体系

法律是治国之重器，良法是善治之前提。法律是治国理政最大最重要的规矩。这意味着新时代立法工作将依托党委领导、人大主导、政府依托、各方参与的立法工作格局，坚持科学立法、民主立法、依法立法的要求，统筹立改废释纂，进一步提高立法质量，以良法促进发展和保障善治。

突　破

1. 健全保证宪法全面实施制度体系，更好发挥宪法在治国理政中的重要作用

宪法是中国共产党治国安邦的总章程，是全面依法治国的总依据，具有最高法律效力和法律权威。全面贯彻实施宪法是全面依法治国、推进法治中国建设的首要任务和基础性工作。党的二十大报告强调，坚持依法治国首先要坚持依宪治国，坚持依法执政首先要依宪执政，坚持宪法确定的中国共产党领导地位不动摇，坚持宪法确定的人民民主专政的国体和人民代表大会制度的政体不动摇，更好发挥宪法在治国理政中的重要作用。为加强宪法实施和监督，要进一步完善和加强中国特色备案审查制度。党的二十届三中全会要求继续完善合宪性审查、备案审查制度，并且首次提出"建立宪法实施情况报告制度"，进一步完善保证宪法全面实施的制度体系。

2. 推进科学立法、民主立法、依法立法

科学立法，即要求在立法过程中做到从实际出发、实事求是，以科学的方法准确反映法律所调整的社会关系的本质及其内在规律，要求所立之法符合经济社会发展的客观需求，真正管用、能解决问题，增强法律法规的及时性、系统性、针对性、有效性。民主立法，即恪守以民为本、立法为民理念，使每一项立法都符合人民利益、反映人民意志、得到人民拥护。依法立法，即立法的合法性要求，其核心在于以宪法为依据，要求各级立法主体的立法权限、立法内容和立法程序均有法可依、依法进行。

3. 加强重点领域、新兴领域、涉外领域立法

大数据、人工智能、区块链、人类基因编辑在给社会生产和人类生活带来了结构性、革命性变化的同时，对立法工作也提出全面而深刻的要求。针对新兴领域的立法风险点、空白区，我国及时出台网络安全法、电子商务法、数据安全法、生物安全法、个人信息保护法、期货和衍生品法等重要法律，及时回应新兴领域快速发展的立法需求。法治是国家核心竞争力的重要内容。要加快形成系统完备的涉外法律法规体系，提升涉外执法司法效能，统筹推进国内法治和涉外法治，更好维护国家主权、安全、发展利益。

（二）深入推进依法行政

《法治政府建设实施纲要（2021—2025 年)》明确指出："法治政府建设是全面依法治国的重点任务和主体工程，是推进国家治理体系和治理能力现代化的重要支撑。"党的二十大报告强调"扎实推进依法行政"，为新时代法治政府建设提供了根本遵循，要全面突破。

1. 推进政府机构、职能、权限、程序、责任法定化

党的十八大以来，转变政府职能取得重大进展和明显成效，进一步厘清了政府和市场、政府和社会的关系，推动有效市场和有为政府更好结合。全面建设法治政府，首先就要求政府职能的科学定位，推进机构、职能、权限、程序、责任法定化，用法治给行政权力定规矩、划界限，坚持法定职责必须为、法无授权不可为，统筹配置行政执法职能和执法资源，最大限度减少不必要的执法事项，不断提高行政效率和社会公信力。

2. 全面推进严格规范公正文明执法

行政执法是行政机关全面履行政府职能、管理经济社会事务的主要方式。其特点是工作面广、工作量大，一头连着各级政府，一头连着人民群众，直接关系到人民群众对党和政府的信任、对法治的信心。严格规范公正文明是行政执法工作的生命线，也是有机联系的整体。严格是执法的基本要求，规范是执法行为的准则，公正是执法价值取向，文明是执法职业素养，要准确把握、不能顾此失彼。只有严格执法，才能让违法者敬法畏法。但严格执法绝不是暴力执法、过激执法。要转变执法理念、规范执法方式、增强执法素养，让执法既有力度又有温度。

3. 加大关系群众切身利益的重点领域执法力度

扎实推进依法行政的目标在于努力让人民群众在每个执法行动中都看到风清气正、从每项执法决定中都能感受到公平正义。食品药品、公共卫生、自然资源、生态环境、安全生产、交通运输、城市管理、劳动教育等重点领域，与人民群众生产生活息息相关，如果执法不严、违法不究，就会严重损害人民群众的切身利益，甚至危害生命安全。因此，要切实强化这些重点领域的执法，就一些人民群众反映强烈的突出问题开展集中专项整治。进一步充实基层执法力量，完善基层综合执法体制机制，提升行政执法能力水平和基层治理效能。

（三）健全公正执法司法体制机制，严格公正司法

公正是司法的灵魂，也是法治的生命线。公正司法是维护社会公平正义的最后一道防线。所谓公正司法，就是受到侵害的权利一定会得到保护和救济，违法犯罪活动一定要受到制裁和惩罚。司法公正对社会公正具有重要引领作用，司法不公对社会公正具有致命的破坏作用。

1. 深化司法体制综合配套改革，加快建设公正高效权威的社会主义司法制度

司法体制改革是政治体制改革的重要组成部分，对推进国家治理现代化具有重要意义。其目的是健全监察机关、公安机关、检察机关、审判机关、司法行政机关各司其职，监察权、侦查权、检察权、审判权、执行权相互配合、相互制约的体制机制。还要进一步深化审判权和执行权分离改革，健全国家执行机制，完善执法司法救济保护制度，完善国家赔偿制度，深化和规范司法公开。

2. 努力让人民群众在每一个司法案件中感受到公平正义

全面依法治国最广泛、最深厚的基础是人民，必须坚持努力让人民群众在每一起司法案件中都感受到公平正义，绝不能让不公正的审判伤害人

民群众感情、损害人民群众利益。如果不努力让人民群众在每一个司法案件中都感受到公平正义，人民群众就不会相信政法机关，从而也不会相信党和政府。这就要求我们坚持司法为民，改进司法工作作风。司法机关要及时回应社会关切，以事实为依据、以法律为准绳，通过公正司法不仅给当事人带来法律上的正义，还要打开当事人的"心结"，真正实现政治效果、法律效果、社会效果的有机统一。

3. 强化对司法活动的制约监督，促进司法公正

推进公正司法，要求强化对司法活动的制约监督，规范司法权力运行，确保执法司法各环节全过程在有效制约监督下运行，全面准确落实司法责任制。这是建立权责统一、权责明晰、权力制约的司法权运行机制的关键，也是深化司法体制改革的核心。唯此，才能真正做到"让审理者裁判，让裁判者负责"，实行办案质量终身负责制和错案责任倒查问责制，确保案件处理经得起法律和历史检验，从而大大提高司法办案质量和效率，充分发挥司法改革整体效能。

（四）加快法治社会建设

法治社会是构筑法治国家的基础，法治社会建设是实现国家治理体系和治理能力现代化的重要组成部分。2020 年，中共中央印发了《法治社会建设实施纲要（2020—2025 年)》，对法治社会建设进行全面工作部署。党的二十大报告再次提出加快建设法治社会的要求，意义重大、任务艰巨。

1. 弘扬社会主义法治精神，传承中华优秀传统法律文化

中华法系是在我国特定历史条件下形成的，显示了中华民族的伟大创造力和中华法制文明的深厚底蕴，凝聚了中华民族的精神和智慧。中华优秀传统法律文化为社会主义法治精神提供了有益的精神资源，是新时代法治社会建设的底蕴和根基。在推进法治社会建设的过程中，应坚持古为今用、推陈出新，把法治中国建设与中华优秀传统法律文化精华贯通起来、同人民群众日用而不觉的共同价值观念融通起来。

2. 增强全民法治观念，推动全民守法

全民守法是法治社会的基础工程。全民守法，即任何组织和个人都必须在宪法和法律范围内活动，任何公民、社会组织和国家机关都要以宪法和法律为行为准则，依照宪法和法律行使权利或权力、履行义务或职责。这就要求坚持把全民普法和守法作为依法治国的长期基础性工作。改进法治宣传教育，提升普法工作的针对性和实效性。把法治教育纳入国民教育体系，完善以实践为导向的法学院校教育培养机制。培育全社会办事依法、遇事找法、解决问题用法、化解矛盾靠法的法治环境，引导全体人民做社会主义法治的忠实崇尚者、自觉遵守者、坚定捍卫者。

3. 全面提升社会治理法治化水平

社会治理法治化是法治社会建设的应有之义。社会治理法治化，主要通过党委领导、政府负责、社会协同、公众参与、法治保障的社会治理体制实现。这就要求我们坚持运用法治思维和法治方式解决各种社会矛盾和问题，健全覆盖城乡的公共法律服务体系，深化律师制度、公证体制、仲裁制度、调解制度、司法鉴定管理体制改革，完善调解、信访、仲裁、诉讼、行政裁决、行政复议等社会矛盾纠纷多元预防调处化解综合机制，解决好群众最关心最直接最现实的利益问题。

中国式现代化既契合中国实际、体现了社会主义建设规律，也体现了人类社会现代化发展和法治建设的规律。党的二十大报告指出，"中国式现代化为人类实现现代化提供了新的选择，中国共产党和中国人民为解决人类面临的共同问题提供了更多更好的中国智慧、中国方案和中国力量"。这些论述对于我国法治建设的深刻启示是，世界上并不存在一个普适性的共通的法治发展模式。不是简单照搬西方国家某种问题答案或复制某种法治经验就能够建成法治中国。人类法治文明的多样性，决定了法治文明交流互鉴的内在必然性，而多种法治文明之间的借鉴又使各国法治现代化的进程充满生机和活力。习近平总书记指出："文明因交流而多彩，文明因互鉴而丰富。文明交流互鉴，是推动人类文明进步和世界和平发展的重要动力。"① 法治文明是世界文明交流的一个重要领域，习近平总书记要求"就法治问题开展交流，相互借鉴，共同提高"②。

中国共产党在领导中国人民成功走出中国式现代化道路的进程中，坚持高举全面依法治国的大旗，在破除"西方中心主义"法治观的基础上，始终做到"以我为主"，坚持不懈把中国式法治现代化之路推向前进，创造了人类法治文明的新形态，拓展了广大发展中国家走向法治现代化的新路径。这不仅对 14 多亿中国人民的幸福生活和中华民族伟大复兴具有重大的法治保障意义，更为世界上那些法治落后国家加快法治建设、实现依法治国贡献了中国方案与中国智慧。中国式法治现代化的成功实践，既深刻改变着中国，也深刻影响着世界。新时代全面依法治国的实践，在人类法治现代化进程和人类法治文明发展史上，正在并且不断书写崭新篇章！

---

① 习近平：《论坚持推动构建人类命运共同体》，中央文献出版社 2018 年版，第 76 页。
② 习近平：《论坚持推动构建人类命运共同体》，中央文献出版社 2018 年版，第 237 页。

建设社会主义文化强国

张　军

中共中央党校（国家行政学院）文史教研部主任，二级教授，国家教材委员会历史学科专家委员会委员。主要研究领域为中国共产党的文化理论与意识形态等，涉及领域有新儒学、马克思主义史学理论、民族理论与政策，以及当代文化建设问题等。担任中央党校（国家行政学院）创新工程"习近平文化思想研究"项目组首席专家。主持、参与"新儒学与中国共产党意识形态建构""中国特色社会主义核心价值观研究"等多项中央委托课题或国家社科基金课题。在中央和省部级刊物上发表学术论文百余篇。出版《新时代的文化建设》《汉魏晋军府制度研究》《中古储君制度研究》《宋元时期的知识阶层》《学步集》《张军讲稿》等多部著作。

观点提要

★ 党的十八大以来，习近平总书记站在实现中华民族伟大复兴的战略和历史高度，不断深化对新时代中国特色社会主义文化建设规律的认识，提出一系列新思想新观点新理念，形成了主旨鲜明、系统完备、逻辑严密、意蕴深邃的科学思想理论体系。习近平文化思想博大精深、内涵丰富，是习近平新时代中国特色社会主义思想的重要组成部分，是党的文化理论创新的最新成果，是 21 世纪马克思主义文化理论的表现形态。

★ 西方的政治家和学者无法解释中国的成功，因为他们依据的各种各样的理论模式，都是基于西方的实践概括出来的。基于西方的实践概括出来的理论模式当然无法解释中国的成功。如果我们的做法很成功，却不能从成功的做法中概括出成功的说法，这是我们自身的问题。为此，我们一定要建立中国特色社会主义政治经济学、中国特色的哲学社会科学，立足成功实践提炼出成功的说法，彻底解决"挨骂"的问题。

★ 要注重塑造我国的国家形象，重点展示中国历史底蕴深厚、各民族多元一体、文化多样和谐的文明大国形象，政治清明、经济发展、文化繁荣、社会稳定、人民团结、山河秀美的东方大国形象，坚持和平发展、促进共同发展、维护国际公平正义、为人类作出贡献的负责任大国形象，对外更加开放、更加具有亲和力、充满希望、充满活力的社会主义大国形象。

★ 中国共产党是中国传统社会儒家士大夫大同理念的现代继承人。在中国传统社会，儒家士大夫追求的是大同社会，中国共产党追求的则是共产主义社会。大同社会也好，共产主义社会也好，都是对人类社会最美好的政治理念的表达。在对人类社会最美好的政治理念、对这个"道"的追求上，我们一脉相承，中国共产党就是这样一个道统的担当者、传承者、延续者。

★ 中国的崛起绝不仅仅是一个民族国家的硬实力的崛起，也是社会主义意识形态的崛起，是中华文明的崛起。中国的崛起是有着多重面相的，绝对是一个历史大事件，将深刻改变 1500 年以来以西方为中心的世界文明的基本格局。在这样的历史阶段，一定要增强中华文明的传播力影响力，要让世界人民了解正在崛起的中国秉持着何种价值追求，要让美西方的民众知道中国共产党是一个什么样的政党，中国特色社会主义是一个什么样的社会主义，中华文明是一个什么样的文明，务必加深他们对我们的基本认知。

党的十八大以来，习近平总书记站在实现中华民族伟大复兴的战略和历史高度，不断深化对新时代中国特色社会主义文化建设规律的认识，提出一系列新思想新观点新理念，形成了主旨鲜明、系统完备、逻辑严密、意蕴深邃的科学思想理论体系。习近平文化思想博大精深、内涵丰富，是习近平新时代中国特色社会主义思想的重要组成部分，是党的文化理论创新的最新成果，是 21 世纪马克思主义文化理论的表现形态，为我们不断推进文化自信自强、铸就社会主义文化新辉煌、增强实现中华民族伟大复兴的精神力量提供了根本遵循。

一、习近平文化思想是新时代社会主义文化繁荣兴盛的旗帜和灵魂

习近平文化思想是有着鲜明的问题意识的，就是针对我们现在所处的世情国情党情而提出来的。当今世界正经历百年未有之大变局，是人类社会的大发展大变革大调整时期，随着全面深化改革的不断深入，我国正经历广泛而深刻的社会变革，各种思想文化相互交织、相互激荡，中国特色社会主义文化建设面临重要的发展机遇，也必须应对一系列风险挑战。

（一）世情：文化多样性与国际话语权的争夺

当今世界到底是个什么样的世界？如果从文化发展的角度加以概括，那么当今世界最基本的文化特征是什么？亨廷顿认为，当今的世界主要是由七八个文明体所构成的，国家与国家之间的冲突、民族与民族之间的冲

突主要是由于文明的差异所引起的。所以，文化多样性的存在就是当今世界最根本的文化特征。当下，中华民族正在走向伟大复兴。在这样的历史阶段，对于中华民族而言，构成较大挑战的问题就是国际话语权的争夺。谈到国际话语权的争夺，习近平总书记的两篇重要讲话曾有深刻论述，一篇是 2013 年的"8·19"讲话，另一篇是 2021 年的"5·31"讲话。习近平总书记之所以强调国际话语权的问题，主要针对的就是我们现在面临的"挨骂"问题。

2015 年 12 月 11 日，在全国党校工作会议上，习近平总书记曾经用三个"挨"概括中国共产党一定要解决的三大问题。习近平总书记深刻指出，"落后就要挨打，贫穷就要挨饿，失语就要挨骂。形象地讲，长期以来，我们党带领人民就是要不断解决'挨打'、'挨饿'、'挨骂'这三大问题。经过几代人不懈奋斗，前两个问题基本得到解决，但'挨骂'问题还没有得到根本解决。争取国际话语权是我们必须解决好的一个重大问题"[①]。党的十八大以来，我们的国防建设、军队建设、强军建设取得了非凡的成就，"挨打"的问题现在彻底解决。这个世界上没有哪个民族、哪个国家再敢像以前那样随随便便欺负中华民族了。"挨饿"的问题我们现在也彻底解决了。在 2021 年的"七一"讲话中，习近平总书记向全世界庄严宣告，我们全面建成了小康社会。全面建成小康社会就是意味着中华民族在五千年的文明史上彻底告别饥饿。这在人类文明史上都是具有里程碑意义的重大发展成就。在未来一段历史时期真正困扰我们的，是最后一个"挨"——挨骂的问题。谈到挨骂的问题，我们可以看到这样的现象，一方面，改革开放 40 余年，中国共产党创造了两大奇迹，即经济快速发展的奇迹和社会长期稳定的奇迹；另一方面，为什么我们却有理说不出，我们的道理说了之后也传不开？为什么无论中国共产党做对了什么，但是放

---

① 习近平：《在全国党校工作会议上的讲话》，人民出版社 2016 年版，第 20 页。

突　破

眼国际社会，总有骂我们的声音？因此，"中国共产党为什么能，中国特色社会主义为什么好，马克思主义为什么行"这个根本性的道理我们一定要讲清楚。

西方的政治家和学者无法解释中国的成功，他们解释不了中国的成功情有可原、无可厚非，因为他们所依据的各种各样的理论模式，都是基于西方的实践概括出来的。基于西方的实践概括出来的理论模式当然无法解释中国的成功。如果我们的做法很成功，却不能从成功的做法中概括出成功的说法，这是我们自身的问题。为此，我们一定要建立中国特色社会主义政治经济学、中国特色的哲学社会科学，立足成功实践提炼出成功的说法，彻底解决"挨骂"的问题。

目前，国际上关于中国各种各样的负面舆论报道有哪些呢？我们收集分类，认为大体上可以分六种。首先是所谓的"中国掠夺论"。谈到"中国掠夺论"，早在 20 世纪八九十年代就已经甚嚣尘上了，其核心观点是中国的发展掠夺了世界的能源。这纯属老生常谈，不足为奇。最近这些年，对我们构成比较大的影响的一种言论是所谓的"中国搭便车论"。它的核心观点是中国改革开放 40 年所取得的成就，并没有对人类文明作出什么突出贡献，中国只不过是搭了西方资本主义快速发展的快车。我们要高度关注这种言论，其试图从文明的角度去泯灭、抹杀改革开放 40 年中国取得的根本性成就对人类文明所具有的重大意义。明白了这个道理，也就明白为什么我们要提出中国式现代化新道路，为什么要提出中国式现代化创造了人类文明新形态。这些新提法的确都是有针对性的。除此之外，还有所谓"中国威胁论""中国崩溃论""中国崛起论""中国不负责任论"，等等。

"落后就要挨打，贫穷就要挨饿，失语就要挨骂"。伴随我国综合国力不断提升，中国的发展得到了国际社会前所未有的关注。我们在道路、理论、制度、文化等方面，具有许多值得他国借鉴与参考的经验。但与此同时，我们也不得不面对如此一个现实，即中国在世界上的形象很大程度上仍是"他塑"而非"自塑",在国际上有时还处于有理说不出、说了传不开的境地。

也就是说,我们的文化形象在很大程度上是别人给我们塑造出来的,而不是我们自己塑造出来的,这就是我们现在面临的最大问题。我们的文化形象就像哈哈镜里折射出来的,是被丑化、妖魔化、被扭曲的形象,并不是我们的真实形象。这就导致了我们有理说不出、道理说了之后也传不开。最根本的还是存在"三差"的问题,即信息流进流出的"逆差"、中国真实形象和西方主观印象的"反差"、软实力和硬实力的"落差"。这里有个核心词——"软实力"。"软实力"概念是美国著名战略学家约瑟夫·奈提出来的。约瑟夫·奈有一本著作《硬实力与软实力》。什么叫作硬实力?政治、经济、军事、科技等,这就是硬实力。什么叫作软实力?意识形态、价值观、道德准则、文化感召力等,这就是软实力。我国的硬实力居于世界何等位置,大家心知肚明,我们现在就是位居世界第二,居二望一。虽然在个别领域我国还存在着被别人"卡脖子"的技术,但我们相信,通过建立新型的举国体制,集全党之力、全民族之力、全国之力,我们一定会彻底解决这些问题,一定会成为世界第一。这是大势所趋、历史必然。

但是,我国的文化软实力在世界上排在多少位呢?我们对世界上各种各样的智库关于文化软实力的排名进行了梳理,有的是捧杀我们,说我们是世界第四;有的是棒杀我们,将我们排在60名之后。尤其是疫情期间,无论中国防疫控疫做得多么好,但是放眼全世界,骂我们的声音总是存在的。这期间的我国文化软实力排名,估计好不到哪里去。总之,不管如何,可以确认的是,我国文化软实力排名还远远匹配不上硬实力排名。

习近平总书记强调:"古往今来,任何一个大国的发展进程,既是经济总量、军事力量等硬实力提高的进程,也是价值观念、思想文化等软实力提高的进程。……体现一个国家综合实力最核心的、最高层的,还是文化软实力。"我们一定要提高文化软实力，一定要塑造好中国的文化形象。塑造成什么样的形象呢，习近平总书记也给出过清晰的勾勒。他说："要注重塑造我国的国家形象，重点展示中国历史底蕴深厚、各民族多元一体、文化多样和谐的文明大国形象，政治清明、经济发展、文化繁荣、社会稳定、人民团结、山河秀美的东方大国形象，坚持和平发展、促进共同发展、维护国际公平正义、为人类作出贡献的负责任大国形象，对外更加开放、更加具有亲和力、充满希望、充满活力的社会主义大国形象。"①

新时代十年，我们在这方面取得了长足的进步、根本性的成就，也折射出中国共产党文化理论的鲜明问题意识。质言之，习近平文化思想就是针对这样的世情而提出的。

（二）国情：文化自信与民族复兴

目前中国最大的国情是什么呢，就是中华民族正在走向伟大复兴。然而，自改革开放以来，一度困扰我们的最大的文化问题是什么呢，就是文化上不自信的问题，文化自卑的问题。"文化自信"这个概念现在大家都比较熟悉了，它是"四个自信"中的重要内容。

文化自信对于中华民族而言到底有多重要，习近平总书记指出，坚持文化自信，是事关国运兴衰、事关文化安全、事关民族精神独立性的大问题。如何理解习近平总书记如此重要的政治判断、理论判断呢？一定要把习近平总书记的这段话放到1840年以来中华民族的文化命运变迁史中来加以深刻理解。

中华民族是什么时候进入近代社会的？是1840年，标志性的事件是鸦片战争。鸦片战争又是在怎样的时代背景下爆发的呢？我们知道，西方社会在走出了长达一千多年黑暗的中世纪之后，进行了文艺复兴、宗教改

---

① 中共中央文献研究室编：《习近平关于社会主义文化建设论述摘编》，人民出版社 2017 年版，第 202 页。

革、启蒙运动、科技革命，奠定了西方社会关乎现代性的系列价值观。尤其是英国工业革命的爆发，意味着工业资本来到了这个世界上。资本一旦来到这个世界上，就开始按照自身的逻辑和意志重塑世界基本的政治和经济的新格局。这个运动，我们称为资本主义运动，其内在的逻辑是资本的逻辑，其内在的意志是资本的意志。这不是以哪个人、哪个民族、哪个国家、哪个政党的意志为转移的，而是资本的力量。资本的力量自然就要求把全世界所有的生产资料都纳入资本主义的生产链条中，它绝对不允许一个像中国这样的天朝上国，自外于全球化运动。我们的国门如果不主动打开，西方先发现代化国家就一定会用坚船利炮把它打开，一定要把中国变成他们的能源供给地和商品的倾销地。这就是世界大势，浩浩汤汤，不可阻遏。

鸦片战争的爆发的确有它的时代必然性，早晚会有这样一场战争。鸦片战争的爆发对中华民族意味着什么？意味着东西方两种文明的交流碰撞。这种文明的交流、交融、交锋迫使当时很多政治家和知识分子睁开眼睛看世界。当他们睁开眼睛看世界的时候，面对两种文明，首先一定要从价值观的角度给出一个判断，两种文明孰优孰劣。当时给出的价值判断是，我们自己的五千多年的古老文明还是好的，但在物质层面上、科学技术层面上比不过西方文明。于是，给出了这样的指导原则：以中学为体，西学为用。在中体西用的指导原则下，学西方、赶西方。迄今为止整整180年。这180年我们可以把它分为三个阶段，即从"望尘莫及"到"望其项背"，再到"并驾齐驱"。从学习的内容上也是经历了三个阶段，学技术、学制度，继而学文化。学习西方的科学技术，是指在中体西用的指导原则下进行了洋务运动。洋务运动到底成不成功？说句实话，回顾这段历史，我们不得不感慨中华民族的确是一个善于学习的民族。大家想一想，当时中国社会是一个什么样的社会？是一个封建社会、一个农业社会。但是在这样的历史大前提下，清朝通过短短二三十年的洋务运动，就建立了

突 破

强大的北洋水师。不过我们现在都具备这样的常识，现代化运动是有其非常丰富的维度的，不能仅把物的现代化等同于现代化本身，因为还有更为复杂的制度的现代化及更为根本的人的现代化。明白了这个道理，我们也就明白，为什么甲午海战，北洋水师会灰飞烟灭。看到这段历史，每个中国人都会感到剜心之痛。

1840年以来，中华民族不知受了多少欺负、挨了多少打，但真正把中华民族打疼了、打懵了的战争，甲午海战则是第一次。因为我们怎么也不相信，一个天朝上国为何打不过一个蕞尔小国，一个大陆国家打不过一个岛国，曾经的宗主国打不过自己的藩属国。我们在文化心理上都没办法接受这样的现实。于是，当时中国的政治家和知识分子开始研究日本，进行中日对比。一对比才发现，我们仅仅是在物质层面上学西方、赶西方，而日本不是。中国有洋务运动，日本则有明治维新，但人家不止于此，他们还仿效英国的君主立宪制，建立了现代意义上的政治体制，而且在文化身份上喊出了"脱亚入欧"的口号。我们都熟悉福泽谕吉的《文明论概略》这部书，人家在这方面早早就做好了思想准备、理论准备。于是，中华民族开始幡然转向，向日本学习，向日本派遣了大量的留学生，并通过日本来了解世界思潮大势，亦借此来了解科学社会主义和马克思主义。当时的晚清政府决定也要进行政治体制改革，为此，向主要资本主义国家派遣了五位大臣，前去考察其政治体制，但是历史并没有给清王朝足够的时间，清王朝就崩溃了。

中华民国建立后，我们深入学习西方的政治体制，并在中央政府层面，走马灯似的把西方的各种政治制度轮换了一个遍、试验了一个遍，但是依然没有使中华民族走向繁荣昌盛，标志性的事件是第一次世界大战，中国作为战胜国却遭受到了战败国的待遇。这一事件再一次深深地挫伤了中华民族敏感的自尊心。于是人们开始反思，我们学习西方的科学技术没有走向繁荣昌盛，学习西方的政治体制也没有走向繁荣昌盛，这到底是什么阻碍了我们？想来想去，觉得是中国的文化有问题，于是五四新文化运动爆发。五四新文化运动爆发后，各种各样的文化思潮在神州大地上纷纷出现。其中有一种文化思潮在当时的影响力非常之大，这就是"全盘西化论"。"全盘西化论"影响所及，当时各种各样的极端性的文化政策都出台了，比如全面废止中医、全面废除方块字并改成拼音字母，等等。

回顾这段历史，我们都能够深切地感受到，100年前的此时此刻是中华民族在文化上最不自信的时候。100年后的今天，习近平总书记提出了文化自信，并且说文化自信关乎国运兴衰、关乎文化安全、关乎中华民族的精神独立性。的的确确，我们学西方、赶西方，当我们的硬实力与西方并驾齐驱的时候，每位中华儿女、每个中国共产党人都应该深切地认识到，正在崛起的中华民族的脖子上不能长着一个西方的脑袋。所以，真正强起来一定要有文化支撑，经济总量无论是世界第二还是世界第一，未必就能够巩固住我们的政权，经济发展了，但精神失落了，这样的国家能够称为强大吗？在党的十九大报告中，习近平总书记一再强调，"文化是一个国家、一个民族的灵魂。文化兴国运兴，文化强民族强。没有高度的文化自信，没有文化的繁荣兴盛，就没有中华民族的伟大复兴"[1]。党的二十大报告中亦是如此强调。新时代十余年，我们的文化自信得到了极大的增强，取得了根本性的发展成就。质言之，习近平文化思想体现的问题意识就是针对这样的国情有感而发的。

（三）党情：价值多元与意识形态斗争

现在最大的党情，就是中国共产党已经走过了辉煌百年。在辉煌百年的历程中，中国共产党创造了非凡的成就，尤其是改革开放40余年，我们

---

[1]　习近平：《决胜全面建成小康社会　夺取新时代中国特色社会主义伟大胜利——在中国共产党第十九次全国代表大会上的报告》，人民出版社2017年版，第41页。

突　破

创造了"两大奇迹",即经济快速发展的奇迹和社会长期稳定的奇迹。但是我们也不讳言,改革开放40余年,我们一方面创造了非凡的成就;另一方面就党自身建设而言,多多少少也出现了一些问题。所以党的十八大以来,以习近平同志为核心的党中央全面从严治党。现在来看,我们对习近平总书记全面从严治党的方略看得就更为清楚了,首先从党员领导干部的作风入手,进而严肃党内的政治生活、净化党内的政治生态,之后习近平总书记提出,我们一定要建设健康良好的党内政治文化。党内政治文化建设是深化全面从严治党的治本之举。改革开放40余年,我们虽然取得了非凡的成就,但同时也应该看到,中国共产党执政的文化生态已然发生了翻天覆地的变化。社会多样化发展使人们思想多元化、复杂性的特征越来越明显,这必然增加党内统一思想的难度,而我们党是一个大党,统一思想历来不易。

习近平总书记说,改革开放这些年,党自身出现的问题,归根结底还是价值观的问题。"观念没有善恶、行为没有底线、什么违反党纪国法的事情都敢干,什么缺德的勾当都敢做,没有国家观念、集体观念、家庭观念,不讲对错,不问是非,不知美丑,不辨香臭,浑浑噩噩,穷奢极欲。现在社会上出现的种种问题病根都在这里。这方面的问题如果得不到有效解决,改革开放和社会主义现代化建设就难以顺利推进。"① 明乎此,我们也就明白为什么党的十八大以来,习近平总书记一再强调中国共产党人革命理想高于天、理想信念一定要补钙,为什么强调一定要以伟大建党精神来引领和构建中国共产党的精神谱系。

党内的政治文化建设和政治生活、政治生态之间到底是什么关系呢?我们认为,三者之间相系相维、相辅相成,但党内的政治文化建设更具有根本性。我们现在身处在一个怎样的时代?一方面是新时代,另一方面当

① 习近平:《在文艺工作座谈会上的讲话》,人民出版社2015年版,第22—23页。

今世界正经历百年未有之大变局。党的二十大报告对百年未有之大变局的根本性特征有着极为深刻的概括，即世界之变、时代之变、历史之变正在以前所未有的方式展开。这就意味着，在这个时代国内外各种不确定的因素日益浮现，中国共产党在各个领域都面临非同寻常的挑战。但是，党的二十大报告也明确指出，从现在开始，中国共产党的中心任务就是团结带领全国各族人民全面建成社会主义现代化强国、实现第二个百年奋斗目标，以中国式现代化全面推进中华民族伟大复兴。在这样的时间节点上，我们都会深切地感受到，一方面中国共产党面临的形势极为复杂，另一方面中国共产党担负着光荣的任务和使命。所以，习近平文化思想也是针对这样的党情而提出的，其问题意识也恰恰体现在这里。

二、文化自信自强是实现中华民族伟大复兴的强大精神力量

党的十八大之前，在党的文献中"文化自信"概念就已经屡见不鲜，但那个时候"文化自信"只是一个普通的概念。直到党的十八大之后，习近平总书记才赋予了文化自信以理论意义，文化自信成为"四个自信"中的重要内容。文化自信在"四个自信"中到底基于何等位置，发挥着什么样的作用呢？最初，习近平总书记用了"六个更"来概括，即"文化自信，是更基础、更广泛、更深厚的自信，是更基本、更深沉、更持久的力量"。2021 年，党的十九届六中全会通过的第三个历史决议，习近平总书记把"六个更"改为了"三个更""三个最"，他说，"文化自信是更基础、更广泛、更深厚的自信，是一个国家、一个民族发展中最基本、最深沉、最持久的力量"①。一字之差、一字之别，代表着我们党在这方面的理论认识有所升华。大家都熟悉习近平同志在任浙江省委书记时的著作《之

---

① 《中共中央关于党的百年奋斗重大成就和历史经验的决议》，人民出版社 2021 年版，第 44 页。

突　破

江新语》，其中他说过这样的话，"政治是骨骼，经济是血肉，文化是灵魂"。一时之强弱在力，千古之胜负在理。文化自信是习近平文化思想的前提和总纲。文化自信写入党章变成了全党的意志。

文化自信到底应该自信什么？我们应该怎么做才能做到文化自信？现在学术界、思想界、理论界给文化自信下了这样的定义，即文化自信是指一个国家、一个民族、一个政党对自身文化价值的充分肯定，对自身文化生命力的坚定信念，对自身文化影响力的坚定信心。只有做到这三个方面的自信，才能说真正做到了文化自信。所以，文化自信究其实质，是对中华文化的自信，是对文化创新力的自信，是对文化普遍意义的自信。这里我们强调文化普遍意义是有针对性的，针对的就是所谓西方的"普适价值"。

为什么习近平总书记说文化自信是更基础、更广泛、更深厚的自信，是最基本、最深沉、最持久的力量？我们应该如何理解这"三个更""三个最"？笔者觉得可以从两个方面来理解。

（一）文化自信支撑起了中国道路自信

谈到中国道路，我们应放眼世界来看待，这世界上哪条道路在意识形态领域、文化领域、价值观领域对中国道路构成最根本性的挑战呢？当然是所谓的西方自由民主制道路。谈到西方自由民主制道路，大家都比较熟悉两个学者的著名观点。一个是亨廷顿，他是美国著名的政治学家，著述等身，其代表作是《文明的冲突与世界秩序的重建》。他提出了"文明冲突论"，影响很大。另一个是他的学生弗朗西斯·福山，他提出了"历史终结论"。这两个理论观点深刻影响了国际关系长达几十年。这里，重点谈一谈弗朗西斯·福山。弗朗西斯·福山作为一名学者，年龄并不是很大，但成名很早。1989 年春，他在西方一个著名的学术刊物上发表了一篇长篇学术论文。在这篇论文中他抛出了这样的观点：当今的世界存在着两条道路之争，一条是以苏联为首的社会主义道路，另一条是以美国为首的西方自由民主制道路。这两条道路之争的最后结果是，以美国为首的西方自由民主制道路一定胜出，以苏联为首的社会主义道路一定失败。其具体结论就是，历史将终结于所谓的西方自由民主制，西方自由民主制将是人类社会最后的意识形态。在这样的意识形态下生活的所谓的小资产阶级、小市民阶级、小布尔乔亚，将是人类社会最后的人的形态。这样的结论稍作概括，就是他这本著作的名字——《历史的终结与最后的人》。1989 年上半年，弗朗西斯·福山抛出了这样的观点；下半年，柏林墙倒塌、东欧剧变。1991 年 12 月 25 日西方的圣诞节这一天，苏联解体，东欧剧变结束。弗朗西斯·福山在西方的政治思想学界一夜之间就仿佛取得了一种类似"先知"的地位，西方的一些人认为，他怎么像一个预言家，准确地预测了世界政治经济格局发生的大变化、大趋势。但是，就是在弗朗西斯·福山作出了如此重要的政治判断、理论判断之后，中国特色社会主义道路茁壮成长、健康成长，一直到今天。最近几年，弗朗西斯·福山鉴于中国道路的成功，开始对他以往的学术观点作了一些重大修正，现在他首先强调国家能力建设，其次是法治，最后才是所谓的民主制。

习近平总书记深刻指出，放眼世界，意识形态领域的基本格局依然是西强东弱、敌强我弱、敌攻我守，我们现在依然处于战略防御期，但是就未来的可见的一段历史时期而言，历史发展的趋势是东升西降，我们现在正处在由量变到质变的关键性的时间节点上。目前，西方的自由民主制在意识形态领域依然对我们构成最本质性的、最根本性的挑战。

除此之外，世界上还有朝鲜、越南、老挝、古巴等几个国家跟我们一样在进行着社会主义道路的探索。他们在理论和实践的探索方面也各具特点。东南亚的越南学习我们最为彻底。我们叫改革开放，他们叫革新开放。这几个国家，一方面学习研究我们，另一方面结合自己独特的历史和国情也在进行着理论创新。一些理论成果引起了我们的关注，比如越南对社会主义民主理论的探索。还有古巴，明确表态可以学习借鉴中国道路的经验，但也没法照搬。他们认为中国是一个大国，在世界层面上可以纵横捭阖，有着广阔的战略空间，但与中国不同，古巴是一个小国，在进行社会主义道路探索的历程中还在经受着美国对他们所进行的史上最为严厉的经济封锁，中国道路对于他们而言，学也学不来。

这几个国家学习研究中国改革开放的经验，结合各自独特的历史和国情进行理论创新，理论成果各有特色。但这些理论成果在对"什么是社会主义、怎样建设社会主义"这个根本问题的理解上，与我们中国特色社会主义理论体系相较而言也有很大不同。习近平总书记深刻指出，中国特色社会主义道路从哪里来？是在对中华民族五千多年悠久文明的传承中走出来的，具有深厚的历史渊源和广泛的现实基础。所以，我们认为，文化自信支撑起了中国道路自信。

（二）文化自信支撑起了中国共产党的执政合法性

什么叫作"合法性"？"合法性"就是正当性，"合法性"的基础就是同意。为什么中国共产党一党执政并且长期执政？长期以来，我们一直认为，这是一个不言自明、不辩自明的理论话题。2015 年 9 月，"中国共产党与世界对话会"在北京召开。在大会召开期间，王岐山代表党中央接见了多位国外前政要和知名学者。在接见外方代表时，王岐山主动谈到了中国共产党执政的合法性问题，王岐山说，中国共产党的合法性源自历史，是人心向背所决定的，是人民的选择。从此以后，这个话题成为学术界、思想界、理论界研究的一个理论热点话题。

经过这些年的研究，我们认为，中国共产党执政的合法性资源应该包含两个方面：第一，历史合法性。第二，绩效合法性。绩效合法性容易理解，就是改革开放 40 余年，中国共产党带领全国人民创造了"两个奇迹"，也可以说中国共产党向中华民族交了一份合格的经济发展的答卷。但我们也要深刻认识到，一方面中国通过全面深化改革，正在加速崛起，融入世界的广度、深度、强度前所未有；另一方面美西方等主要资本主义国家又对正在崛起的中国极限施压、极力打压，脱钩断链，垒筑小院高墙，无所不用其极。当今时代是一个文明交流互鉴、日益多元化的时代、民智大开的时代。在这样的时代背景下，为什么中国共产党一党执政并且长期执政，我们一定要用文化的力量、思想的力量、价值的力量、道义的力量、信仰的力量把这个问题讲清楚。因为在这个时代，我们不讲，别人就会替我们讲，而别人所说的绝对不是我们想听到的。所以，我们一定要增强中国共产党执政的道义合法性的充分论证。

这里重点谈一谈历史合法性。历史合法性在中国共产党执政的合法性资源中最为充沛。但是历史合法性有它的特质，它要求每个中国共产党人一定要像呵护自己的眼睛、呵护自己的生命一样去呵护它，因为你一旦不呵护它，它是可以流失的。在这方面我们是有前车之鉴的，即苏联亡党亡国的历史。苏联亡党亡国当然有其根本原因，但是其亡党亡国最大的历史表征就是苏联共产党执政的历史合法性流失殆尽。是什么造成了苏联共产党执政的历史合法性流失殆尽呢？是历史虚无主义。历史虚无主义在苏联的最突出表现，就是妖魔化他们的党和国家领导人。

面对苏联亡党亡国的历史，习近平总书记曾感慨地说，苏联解体前，在所谓"公开性""民主化"的口号下，苏共放弃了民主集中制原则，允许党员公开发表与组织决议不同的意见，实行所谓各级党组织自治原则，一些苏共党员甚至领导层成员成了否定苏共历史、否定社会主义的急先锋，成了传播西方意识形态的大喇叭，苏共党内从思想混乱演变到组织混乱。最后，这样一个有着九十多年历史、连续执政七十多年的大党老党就轰然倒塌了。人们曾经提出一个问题，苏共早年在有二十万名党员时能够夺取政权，在有二百万名党员时能够打败法西斯侵略者，而在有近二千万名党员时却丢失了政权、丢失了自己，这是为什么？① 而亡党亡国之时没有一个苏联共产党员挺身而出，所以他感慨"竟无一人是男儿"。

我们一定要深刻地认识到，中国共产党带领中华民族所进行的伟大社会变革，不是简单延续我国历史文化的母版，不是简单套用马克思主义经典作家所设想的模板，不是其他国家社会主义实践的再版，也不是国外现代化发展的翻版，我们不可能找到现成的教科书。正是基于此，我们提出中国式现代化，提出我们创造了人类文明新形态。这些理论都是有强烈的问题意识和针对性的。也正是在这样的实践基础上，党中央明确要求全党一定要更加自觉地增强道路自信、理论自信、制度自信、文化自信，我们既不走封闭僵化的老路，也不走改旗易帜的邪路，一定要保持政治定力，坚持实干兴邦，始终坚持和发展中国特色社会主义。所以我们认为，文化自信支撑起了中国共产党执政的合法性。

三、在文化强国建设中铸就社会主义文化的新辉煌

社会主义文化强国有着丰富的内涵，包含了五个方面的内容：第一，建设具有强大凝聚力和引领力的社会主义意识形态；第二，广泛践行社会主义核心价值观；第三，提高全社会文明程度；第四，繁荣发展文化事业和文化产业；第五，增强中华文明传播力和影响力。

（一）建设具有强大凝聚力和引领力的社会主义意识形态

进入新时代，以习近平同志为核心的党中央从全局和战略高度，对宣传思想文化工作作出系统谋划和部署，推动新时代宣传思想文化事业取得历史性成就，意识形态领域形势发生全局性、根本性转变。

---

① 中共中央文献研究室编：《十八大以来重要文献选编》（上），中央文献出版社2014年版，第134页。

经济工作是我们的中心工作，而意识形态工作是极端重要的工作。意识形态工作究竟重要到何种地步，习近平总书记深刻指出："一个政权的瓦解往往是从思想领域开始的，政治动荡、政权更迭可能在一夜之间发生，但思想演化是一个长期的过程，思想防线一旦被突破，其他防线根本守不住。我们一定要把意识形态工作的领导权、管理权、话语权牢牢掌握在手中，任何时候都不能旁落，否则就要犯无可挽回的历史性错误。"① 所以意识形态工作事关党的前途命运，事关国家长治久安，事关中华民族的凝聚力和向心力。总之，意识形态工作关乎党和国家的生死存亡。

做好意识形态工作，首先要坚持马克思主义在意识形态领域的指导地位。如果从制度建设层面上概括新时代十余年我们在意识形态领域所取得的重大成就，那就是确立了马克思主义在意识形态领域指导地位。2013 年在"8·19"讲话中，习近平总书记就曾经强调，"宣传思想工作就是要巩固马克思主义在意识形态领域的指导地位，巩固全党全国人民团结奋斗的共同思想基础"②。之所以强调要坚持马克思主义在意识形态领域的指导地位，是因为我们党在一段历史时期，在实际工作中、在有的领域中出现了各种各样的意识形态层面上的乱象，亦即马克思主义的"三化""三失"问题，就是指在实际工作中、在有的领域中，马克思主义被边缘化、空泛化、标签化；在学科中"失语"、在教材中"失踪"、在论坛上"失声"。马克思主义的"三化""三失"的问题一度非常严峻。党的十八大之后，党和国家针对这种状况采取了多种措施，治标治本，比如成立国家教材委员会就是一项强有力的措施。为什么成立国家教材委员会？就是因为所谓的"三化""三失"现象在教材编纂工作层面曾经一度凸显。经过这些年的工作，国家教材委对现在的大中小学生教材作了统一审定，又编写了大

---

① 中共中央文献研究室编：《习近平关于社会主义文化建设论述摘编》，中央文献出版社 2017 年版，第 21 页。

② 《习近平著作选读》第 1 卷，人民出版社 2023 年版，第 147 页。

量的教材，取得了很大的成绩。

还有一些问题也曾经比较突出，比如一些党员领导干部如何看待马克思主义的问题。马克思主义作为一套思想体系、学说体系、理论体系毕竟产生于一两百年之前，时至今日，这套思想体系、学说体系、理论体系的立场观点方法还能不能有效地应对今天的时代之问？对此，一些党员干部持有模糊性认识。习近平总书记在纪念马克思诞辰200周年大会上发表的重要讲话中再次深刻指出，我们现在所处的时代依然处于马克思所指明的那个时代，马克思主义依然占据着我们这个时代真理和道义的制高点；马克思主义是科学的理论、人民的理论、实践的理论，是不断发展的、开放的理论。马克思主义进入中国，既引发了中华文明深刻变革，也走过了一个逐步中国化的过程。这个过程笔者称为"双向互融"的过程。

"双向互融"的过程本身就是文明再造、再造文明。现在的中国就处在这样一个历史进程中。在这样的历史进程中，中国共产党应该发挥着什么作用？可借用中国古代哲学家张载的"横渠四句"加以概括：中国共产党就是要为天地立心、为生民立命、为往圣继绝学、为万世开太平。所以，新时代社会主义文化建设最基础、最根本的任务就是，重思中国文化，重构文化中国。在这样的问题意识下，我们就容易理解，为什么党的十八大以来在意识形态领域取得的最重大的理论创新就是聚焦在马克思主义和中华文明二者之间的关系问题上。

中国共产党就是要把马克思主义和五千年的中华文明融合起来，在融合的历史进程中，推进马克思主义的中国化，马克思主义一定要化到中华文明中。这样的观点在习近平总书记的讲话中比比皆是，如习近平总书记说，中国特色社会主义道路是在对中华民族5000多年悠久文明的传承中走出来的，具有深厚的历史渊源和广泛的现实基础。沿着这样的思路，我们自然就容易理解为什么习近平总书记在2021年"七一"讲话中提出了"两个结合"。习近平总书记强调，中国共产党要坚持把马克思主义基本原理同中国具体实际相结合、同中华优秀传统文化相结合。这"两个结合"的结果是什么呢？就是我们创造了中国式现代化新道路，创造了人类文明的新形态。所以，党的二十大报告最亮眼的理论创新之一，就是对中国式现代化理论的深刻阐释。

在2023年6月2日召开的文化传承发展座谈会上，习近平总书记指出，"只有全面深入了解中华文明的历史，才能更有效地推动中华优秀传统文化创造性转化、创新性发展，更有力地推进中国特色社会主义文化建设，建设中华民族现代文明"①。并对中华文明的五大特性即连续性、创新性、统一性、包容性、和平性作了精辟的概括，在此基础上进一步指出："在五千多年中华文明深厚基础上开辟和发展中国特色社会主义，把马克思主义基本原理同中国具体实际、同中华优秀传统文化相结合是必由之路。这是我们在探索中国特色社会主义道路中得出的规律性认识。""如果没有中华五千年文明，哪里有什么中国特色？如果不是中国特色，哪有我们今天这么成功的中国特色社会主义道路？只有立足波澜壮阔的中华五千多年文明史，才能真正理解中国道路的历史必然、文化内涵与独特优势。""历史正反两方面的经验证明，'两个结合'是我们取得成功的最大法宝。"②

如何理解习近平总书记如此重要的政治判断和理论判断呢？我们概括为两点：第一，习近平总书记的这些重要论述意味着中国共产党一定要将百年党史融入5000多年的文明史中，这充分体现中国共产党的文化自觉；第二，中国共产党的意识形态建构一定要以马克思主义为本，以中华优秀传统文化为根。邓小平曾经很形象地讲过三句话：第一句，"老祖宗不能丢"。中国共产党在文化层面上就是有两个"老祖宗"，中国共产党人信仰的是马克思主义，马克思主义当然是我们的老祖宗，但我们也不能忘记中

---

① 习近平：《在文化传承发展座谈会上的讲话》，《求是》2023年第17期。
② 习近平：《在文化传承发展座谈会上的讲话》，《求是》2023年第17期。

突 破

国共产党人首先是中国人,所以中华优秀传统文化也是"我们的老祖宗",两个"老祖宗"都不能丢。第二句,一定要"搞清楚"。一方面,一定要搞清楚什么是真正的马克思主义;另一方面,一定要搞清楚什么是真正的中华优秀传统文化。只有这两个方面都搞清楚了,我们才能真正做到文化自信。第三句,一定要"讲新话"。习近平新时代中国特色社会主义思想就是"讲新话",它最根本的价值指向就是推动马克思主义的中国化,推动马克思主义和中华文明水乳交融地结合在一起。这本身就是文明再造、再造文明,我们现在正处在这样的历史进程中。

在这样的历史进程中,中国共产党应该发挥什么样的文化使命,又应该有着怎样的文明定位?可以概括为三点:第一,中国共产党是世界上独一无二的五千多年没有中断文明的守护者。这五千多年的古老文明是"亘古亘今,亦新亦旧,周虽旧邦,其命维新者也";这五千多年的古老文明是延绵不绝、老树发新枝、依然活着的古老文明。面对这五千多年的古老文明,中国共产党一定要守护好、呵护好,并在守护好、呵护好的基础上继承好、弘扬好。第二,中国共产党是中国传统社会儒家士大夫大同理念的现代继承人。在中国传统社会,儒家士大夫追求的是大同社会,中国共产党追求的则是共产主义社会。大同社会也好,共产主义社会也好,都是对人类社会最美好的政治理念的表达。在对人类社会最美好的政治理念、对这个"道"的追求上,我们一脉相承,中国共产党就是这样一个道统的担当者、传承者、延续者。第三,中国共产党是致力于让走入困境的人类文明迎来转机的探索者。疫情期间,反观西方主要资本主义国家在疫情中的表现,真可谓给我们上了一堂生动的资本主义政治大课。我们现在可以更加平视西方,更加充分地认识到西方的政治文明有它内在的深层次的结构性危机。所以,当人类历史进入这样的转折点时,中国共产党就是致力于让走入困境的人类文明迎来转机的探索者。

明白了这样的文明定位,我们就更容易理解习近平总书记为什么谈

"三个意味着"，为什么说我们一定要为广大发展中国家提供全新的选择，一定要为人类问题的解决贡献中国方案、中国智慧，一定要构筑中国精神、中国价值、中国力量，一定要讲好中国故事。习近平总书记的问题意识恰恰就体现在这里。

（二）广泛践行社会主义核心价值观

全面建设社会主义现代化国家、全面推进中华民族伟大复兴，需要全社会方方面面同心干，需要全国各族人民心往一处想、劲往一处使。社会主义核心价值观是凝聚人心、汇聚民力的强大力量，是当代中国精神的集中体现，凝结着全体人民共同的价值追求。我们要在全社会大力弘扬和践行社会主义核心价值观，使其像空气一样无处不在、无时不有，成为我们生而为中国人的独特精神支撑，成为百姓日用而不觉的行为准则。党的十八大以来，以习近平同志为核心的党中央高度重视社会主义文化强国建设，深刻认识到中国共产党人所担负的历史使命与文化使命，积极培育、大力践行社会主义核心价值观，要求弘扬以伟大建党精神为源头的中国共产党人精神谱系，用好红色资源，深入开展社会主义核心价值观宣传教育，深化爱国主义、集体主义、社会主义教育，持续抓好党史、新中国史、改革开放史、社会主义发展史宣传教育，引导人民知史爱党、知史爱国，不断坚定中国特色社会主义共同理想，坚定"四个自信"，在思想上精神上紧紧团结在一起，用富有时代气息的中国精神凝聚中国力量。

2016年11月30日，在中国文联十大、中国作协九大开幕式上的讲话中，习近平总书记强调："社会主义核心价值观是当代中国精神的集中体现，是凝聚中国力量的思想道德基础。"在党的十九大报告中习近平总书记指出："社会主义核心价值观是当代中国精神的集中体现，凝聚着全体人民共同的价值追求。"因此对于新时代培育和践行社会主义核心价值观，要以培养担当民族复兴大任的时代新人为着眼点，一定要强化教育引导、实践养成、制度保障，把核心价值观融入社会发展各方面，转化为人们的情感认同和行为习惯。要充分发挥核心价值观引领作用，把核心价值观建设贯穿国民教育全过程，融入精神文明创建各方面，渗透精神文化产品创作生产传播各环节。要善于运用法律弘扬核心价值观，把核心价值观的要求充分体现到法治实践中，用法治的力量引领正确价值判断、树立正义道德天平。要深入挖掘中华优秀传统文化蕴含的思想观念、人文精神、道德规范，结合时代要求继承创新，让中华文化展现出永久魅力和时代风采。

社会主义核心价值观建设不仅是一个理论问题，也是一个实践问题。我们建设文化强国，唯有站在国家战略的高度，充分认识核心价值观建设的重要性、必要性、紧迫性，才会对它真正重视起来。就国家层面而言，核心价值观建设的重心，就是争夺价值制高点，是有关民族赖以维系的精神纽带、有关国家的统一意志和共同行动的重大课题。只有占据价值制高点，中国共产党作为执政党才有合法性，才有号召力，才能在变革中不迷失方向，才能把中国带向光明；只有占据价值制高点，我们才能在全球性的文明对话中获得话语权，才能在当今世界的深刻变革中掌握主动，才能为中华民族伟大复兴提供正当性，才能为人类文明的未来发展提供建设性的新蓝图。价值观的背后是核心利益。从国家的根本利益出发，向人类的根本利益提升，是建设核心价值体系、争夺价值制高点的必由之路。在国际国内深刻变革交融共振的今天，这项工作已刻不容缓。党的十八大以来，我们分类别分层次，在不同层面上构建了不同的价值观，比如就党的自身建设而言，提出中国共产党人的价值观；就民族和国家而言，提出社会主义核心价值观；就世界而言，提出全人类共同价值，这都体现了新时代中国共产党在不同领域一以贯之的价值追求。

从当前中国面临的内外形势看，核心价值体系建设缓不得；但从价值建设的规律看，核心价值体系建设又急不得。价值的理论说服力，来自理论深度。当下有关价值建设的讨论，人们各执一端，重要原因之一就是目前的理论深度不够。要把我们正在做的事情及真实意图用简单语言说清楚，并说得有力量，需要真正的理论思维和理论深度。推进核心价值体系建设，必须继续解放思想，有勇气打破一切条条框框，这样才能充分吸取人类文明的一切积极成果，创造性地展开理论探索，真正站到当今时代、当今世界的价值制高点上。

习近平总书记特别强调："培育和弘扬社会主义核心价值观必须立足中华优秀传统文化。牢固的核心价值观，都有其固有的根本。抛弃传统、丢掉根本，就等于割断了自己的精神命脉。"① 的确，博大精深的中华优秀传统文化是我们在世界文化激荡中站稳脚跟的根基，中华文化源远流长，积淀着中华民族最深层的精神追求，代表着中华民族独特的精神标识，为中华民族生生不息、发展壮大提供了丰厚滋养。从延安时期开始，毛泽东要求，共产党作为"指导一个伟大的革命运动的政党"，要想获得革命的最后成功，共产党及其指导思想必须要彻底中国化，在民族历史面前"我们还是小学生"。实践证明，中国化的马克思主义，顺应了历史潮流，赢得了民心。改革开放40多年后的今天，面对错综复杂的国内外环境，我们积极建构社会主义核心价值观，就是因为它承载着中华民族的精神追求。正如习近平总书记所言："我们提倡的社会主义核心价值观，就充分体现了对中华优秀传统文化的传承和升华。"② 因此，用五千年文化的历史智慧与厚重底蕴，作为涵养社会主义核心价值观的根基，以此凝聚改革共识，实现中华民族伟大复兴。

要使社会主义核心价值体系深入人心，最根本的还是要靠教育。教育的形式多种多样，比如"把社会主义核心价值体系融入国民教育、精神文

---

① 习近平：《论党的宣传思想工作》，中央文献出版社 2020 年版，第 54—55 页。
② 中共中央文献研究室编：《十八大以来重要文献选编》（中），中央文献出版社 2016 年版，第 5 页。

明建设和党的建设全过程"，是强调集中教育，强调教育的主渠道。使社会主义核心价值体系"体现到精神文化产品创作生产传播各方面"，是强调日常教育，它要覆盖文化的创造、生产和传播各方面，要覆盖所有人群和所有时段，其中传媒特别是新媒体的作用显得尤为重要。把社会主义核心价值体系"贯穿改革开放和社会主义现代化建设各领域"，则是决定教育成败的关键。从价值教育的有效性来说，身教重于言传，实践重于理论，"做法"是传播"说法"的最佳途径。"说法"要立起来，不但要说得有理，更关键要说到做到。价值问题本质是实践问题。推进社会主义核心价值体系建设力度，关键要加大实践力度。虽然还有很多理论问题要进一步深入探讨，但价值观建设的出发点和归宿是确定的，即国家的利益、人民的利益。这是根本立足点，是我们党始终坚持的价值之魂，也是价值制高点的实质内核。把社会主义核心价值体系贯穿改革开放和社会主义现代化建设各领域，要求一切制度和政策在设计上、执行上都要符合我们提倡的核心价值观。制度的安排和运行，是我们每时每刻都置身其中的社会环境，其中所透露出来的价值指向都能切身感受到，它的说服力比空洞的说教强大一百倍。政府的一举一动，都宣示着其主导的价值观，而法律制度在现代社会中的地位尤其引人注目。制度的安排和运行都由人操作，因而操作者的价值取向，就是社会主义核心价值体系建设成败的关键因素。所以，习近平总书记指出，推进国家治理体系和治理能力现代化，要大力培育和弘扬社会主义核心价值体系和核心价值观，加快构建充分反映中国特色、民族特性、时代特征的价值体系。推进社会主义核心价值观建设，不仅是宣传部门和文化部门的事，更是全党乃至全民的大事，特别是领导干部，必须做践行社会主义核心价值观的先锋模范。

（三）提高全社会文明程度

提高全社会文明程度，是文化建设的发展标准，文化建设也是提高社会文明程度的主要途径。二者之间是共生共存的关系。这样的一种辩证关系，使文化建设的进展成就能够直接表明社会主义的发展程度，也决定了推动社会文明程度不断得到新提升，达到新高度，是全面建设社会主义现代化国家的重要目标要求和重要保证，也是建设社会主义文化强国的重大任务。党的二十大报告把提高社会文明程度单独作为一个重要方面提出，的确是有着重大政治意义的。

首先，社会文明程度是国家经济社会整体发展水平的重要标志。恩格斯曾经深刻指出，"文明是什么？文明就是社会的素质"。人类社会各个时期、各个领域，不同群体的文明都体现为社会文明。所以，文化建设是提高社会文明程度的主要途径，提高社会文明程度是文化建设的发展标准。党的十九大明确，将社会文明程度作为我国到 2035 年基本实现社会主义现代化在文化建设方面的重要指标和任务，提出"社会文明程度达到新的高度，国家文化软实力显著提高，中华文化影响更加广泛深入"。党的十九届五中全会不仅再次重申了这一点，指出到 2035 年我国"国民素质和社会文明程度"要"达到新高度"，而且还特别将"社会文明程度得到新提高"作为了"十四五"时期我国经济社会发展的主要目标之一。在党的十九届五中全会审议通过的《中共中央关于制定国民经济和社会发展第十四个五年规划和二○三五年远景目标的建议》中，专门用一个部分对文化建设进行部署，将"提高社会文明程度"作为文化建设三个方面重点任务之一，并对"提高社会文明程度"作出了非常清晰明确具体的安排。第一，首要任务是"深入开展习近平新时代中国特色社会主义思想学习教育，推进马克思主义理论研究和建设工程"。第二，"提高社会文明程度"的根本则在于"理想信念教育"上，因此"要推动理想信念教育常态化制度化，加强党史、新中国史、改革开放史、社会主义发展史教育，加强爱国主义、集体主义、社会主义教育，弘扬党和人民在各个历史时期奋斗中形成的伟大精神"。第三，重点工作在于，推进公民道德建设，实施文明创建

突　破

工程，拓展新时代文明实践中心建设。健全志愿服务体系，广泛开展志愿服务关爱行动。弘扬诚信文化，推进诚信建设。提倡艰苦奋斗、勤俭节约，开展以劳动创造幸福为主题的宣传教育。加强家庭、家教、家风建设。加强网络文明建设，发展积极健康的网络文化。可以看到，"提高社会文明程度"涉及指导思想、理想信念、道德建设、文明创建工程、群众性精神文明创建活动、文明实践中心建设、志愿者服务、诚信问题、艰苦奋斗勤俭节约的问题、家庭建设问题、网络文明建设等问题；从思想到行为，从社会到个人，从载体、途径、平台到内容，涉及日常社会生活中非常具体的方面，跟每个人的日常生活紧密相关。

其次，提高社会文明程度需要抓小抓细抓实，久久为功、持之以恒。在新时代新征程上，我们要把提高全社会文明程度作为一项重大任务，坚持重在建设、以利为本，坚持久久为功、持之以恒，抓好社会主义精神文明建设，努力推动形成适应新时代要求的思想观念、精神面貌、文明风尚、行为规范，为全国各族人民不断前进提供坚强的思想保证、强大的精神力量、丰润的道德滋养。

我们认为提高社会文明程度，应该做到以下几个方面。

第一，加强道德建设。"国无德不兴，人无德不立。"我们要重视道德的教化作用，深入实施公民道德建设工程，要弘扬中华优秀传统美德，深入挖掘充分运用中华优秀传统文化中的道德教化资源，要推动明大德、守功德、严私德，全面提高人民道德水准和文明素养，要健全家庭、学校、政府、社会相结合的思想道德教育体系，把立德树人贯穿学校教育全过程。

第二，培育文明风尚。衡量社会文明高低，要看文明风尚、精神风貌、人文氛围；要把开展群众性的精神文明创建活动，作为提升国民素质和社会文明程度的有效途径；要大力加强农村精神文明建设；要在全社会弘扬劳动精神、奋斗精神、奉献精神、创造精神、勤俭节约精神，培育时代新风新貌；要完善资源服务制度和工作体系，弘扬诚信文化，健全诚信建设长效机制。

第三，要注重榜样的力量。榜样的力量是无穷的。党的二十大报告明确要求，一定要广泛开展先进模范学习宣传活动，弘扬道德模范高尚品格，营造崇尚英雄、学习英雄、捍卫英雄、关爱英雄的浓厚氛围。要发挥党和国家功勋荣誉制度引领典型示范作用，推动全社会见贤思齐，崇尚英雄争做先锋，把榜样力量感化为亿万群众的生动实践。党的十八大以来，我们建设健全功勋荣誉制度，中华民族的精神大厦也有了四梁八柱。党和国家功勋荣誉表彰制度体系已经建设完成，这深刻改变了我们社会文明程度的提升进程。

总之，"提高社会文明程度"需要以"文化思维"用"以文化人"的文化方式去进行。需要大力加强思想创造，需要"回归生活""回归常识""回归人性"，落脚到日常生活中建设和提高社会文明。需要培养塑造一大批有文化自觉、文化精神的文化使命担当者。需要党和政府积极有为，需要社会各个方面发挥积极的作用，把整个国家、社会各个方面的力量充分调动起来。

（四）繁荣发展文化事业和文化产业

文化事业和文化产业是建设社会主义文化强国的双轮驱动。文化事业也好、文化产业也好，都是改革开放以来以市场为取向的一系列深层次的改革在文化领域的一种体现。改革开放的前20年，我们在文化事业、文化产业方面作了深入探索。在此基础上，2002年党的十六大提出，要进行文化体制改革，进一步发展文化生产力，一方面发展文化事业，另一方面发展文化产业。党的十八大之前，我们曾一度宣布文化体制改革基本完成，为此还举行了表彰大会。党的十八大之后，我们深入学习习近平文化思想，一定会认识到习近平总书记关于文化体制改革又有了很多新的思想，

突　破

比如要进一步深化文化体制改革，文化体制改革无论怎么改，最根本的还是要抓内容生产等。

抓内容生产就必然涉及社会主义文艺问题。众所周知，中国共产党的历代领导人都高度重视社会主义文艺问题。文艺是民族精神的火炬，是时代前进的号角，最能代表一个民族的风貌，最能引领一个时代的风气。文艺事业是党和人民事业的重要组成部分。我们党历来高度重视文艺工作，在革命、建设、改革各个时期，充分运用文艺引领时代风尚、鼓舞人民前进、推动社会进步。实现中华民族伟大复兴，离不开中华文化繁荣兴盛，离不开文艺事业繁荣发展。毛泽东说，社会主义文艺就有一个为什么人的问题；邓小平说，我们的文艺属于人民；江泽民说，在人民的历史创造中进行艺术的创造，在人民的进步中造就艺术的进步；胡锦涛说，只有把人民放在心中最高位置，永远同人民在一起，坚持以人民为中心的创造导向，艺术之树才能长青。习近平总书记在 2014 年 10 月 15 日的文艺工作座谈会上指出："优秀文艺作品反映着一个国家、一个民族的文化创造能力和水平。"在我国，"人民的需要是文艺存在的根本价值所在。能不能搞出优秀作品，最根本的决定于是否能为人民抒写、为人民抒情、为人民抒怀"。与此同时，必须认识到"中国精神是社会主义文艺的灵魂"，始终坚持"党的领导是社会主义文艺发展的根本保证"[①]。这就要求文艺工作者解决好"为了谁、依靠谁、我是谁"这个根本问题，把以人民为中心作为文艺创作的最高准则，自觉在深入生活、扎根人民中进行无愧于时代的文艺创造；发扬学术民主、艺术民主，提升文艺原创力，推动文艺创新；造就一大批德艺双馨名家大师，培育一大批高水平创作人才。从而为实现"两个一百年"奋斗目标、实现中华民族伟大复兴的中国梦提供强大的价值引导力、文化凝聚力、精神推动力。

[①]　习近平：《在文艺工作座谈会上的讲话》，人民出版社 2015 年版，第 27 页。

改革开放 40 余年，中国共产党执政的文化生态发生了重大变化。这个变化从文化的表现形态来看，具体体现为大众文化的正式兴起。什么叫作大众文化？通俗地讲，大众文化就是老百姓的文化，就是自下而上兴起的文化。大众文化可以解构崇高、解构理想、解构一切高大上的东西。大众文化特性之一就是推崇娱乐至死。所以有的学者把大众文化概括为"现代性的酸"，"能够溶蚀掉一切"。大众文化的兴起，在某种程度上深刻影响了我们的主流价值观。所以，如何利用好大众文化讲好中国故事、中国共产党的故事，是我们必须学会的执政本领。

21 世纪，世界大国之间的竞逐再也不像 19 世纪和 20 世纪那样，仅仅竞逐于政治、经济、军事、科技这样的硬实力，21 世纪世界大国之间的竞逐还有文化软实力。文化软实力争夺的是什么呢？是人心。在这方面，我们一定要奋起而追之，一定要讲好中国故事。习近平总书记说，"引导我国人民树立和坚持正确的历史观、民族观、国家观、文化观，增强做中国人的骨气和底气"[1]。为什么习近平总书记要求全党必须学"五史"，就是因为历史认同是一切认同的基础。没有了历史认同，还谈什么文化认同、价值认同，更遑论什么政治认同呢？这是一个基本规律，也是一个铁律。

关于如何发展文化事业和文化产业，习近平总书记发表了一系列的重要论述，需要我们认真学习领会。有一些重要的理论问题也需要我们进一步加以思考。

第一，如何进一步激发全民族文化创新创造活力。从党的十六大以来，文化体制改革迄今已经进行了 20 余年，我们现在也明确提出，到 2035 年一定要建成社会主义文化强国。在这个阶段，要强调文化生产的市场化、产业化，追求文化产品的经济效益。但我国是一个社会主义国家，也要追求文化产品的社会效益。如何真正做到二者的统筹兼顾，并实现社

---

① 中共中央文献研究室编：《习近平关于社会主义文化建设论述摘编》，人民出版社 2017 年版，第 35 页。

会效益和经济效益二者共赢？这是我们进一步推动文化体制改革、激发全民族文化创新创造活力必须考量的大问题。

第二，我们现在这个时代是大众文化日益勃兴的时代，一方面是文化的大众化，另一方面是中国共产党的意识形态担负着以文化人、以文化大众的功能。二者之间如何平衡？另外，现在我们提出了"中国式现代化"，但在中国式现代化的视域下，如何区分文化领域的"西方化"、"美国化"与"现代化"，如何维护我们的文化安全？

第三，现在这个时代是一个"微时代"。在这样一个微信时代、微博时代、抖音时代、快手时代，每个人都拿着麦克风，每个人都能发出自己独特声音。这是一个众声喧哗的时代。在这样时代背景下，每个个体的文化诉求和身处在这样一个大时代的中国共产党应该担负着什么样的文化使命，二者之间应该如何对接？这都是我们现在需要重点研究的文化强国建设中的热点和难点问题。

（五）增强中华文明的传播力影响力

党的二十大报告文化部分最后一个标题是"增强中华文明的传播力影响力"。为什么在这样的时间节点上，我们提出"增强中华文明的传播力影响力"？这是因为，中国的崛起绝对不只是简简单单一个民族国家的硬实力的崛起，同时也是社会主义意识形态的崛起、中华文明的崛起。中国的崛起是有着多重面相的，绝对是一个历史大事件，将深刻改变1500年以来以西方为中心的世界文明的基本格局。明乎此，我们也就明白美西方为何对正在崛起的中国极限施压、极力打压了，也就明白为何习近平总书记一再强调中华民族伟大复兴绝对不会是一帆风顺的，随时会有惊涛骇浪，我们要时刻做好斗争的准备。在这样的历史阶段，增强中华文明的传播力影响力就是要让世界人民了解正在崛起的中国有着怎么的价值追求，要让美西方的民众知道中国共产党是一个什么样的政党，中国特色社会主义是一个什么样的社会主义，中华文明是一个什么样的文明。一定要增强他们对我们的基本了解。

基于此，党的十八大以来，习近平总书记提出了"文明交流互鉴"的重大论断，这是中国共产党在百年辉煌历程中第一次向全世界表明自己的文明观到底是什么。它的提出本身就是重大的理论创新。对文明交流互鉴，习近平总书记是这样加以深刻阐释的，"文明是多彩的，人类文明因多样才有交流互鉴的价值"；"文明是平等的，人类文明因平等才有交流互鉴的前提，文明没有高低优劣之分"；"文明是包容的，人类文明因包容才有交流互鉴的动力，海纳百川有容乃大"。正如我们在政治领域、经济领域主张多边主义一样，在文化领域我们主张多元主义，针对的就是所谓的文化帝国主义、文化西化主义、文化民族主义。所以习近平总书记说，我们中华民族"要尊重世界文明多样性，以文明交流超越文明隔阂、文明互鉴超越文明冲突、文明共存超越文明优越"①。

如何落实好文明交流互鉴思想，要求我们做好两个方面的工作：第一，推动构建人类命运共同体；第二，一定要讲好中国故事，提升国际话语权。如何讲好中国故事，提升国际话语权？习近平总书记在 2013 年 8 月 19 日的讲话中强调："要着力推进国际传播能力建设，创新对外宣传方式，加强话语体系建设，着力打造融通中外的新概念新范畴新表述，讲好中国故事，传播好中国声音，增强在国际上的话语权。"② 这段话言简意赅，语重心长，需要我们仔细去体悟这字里行间所蕴含的丰富的政治意义和理论意义。

做好宣传思想工作，一定要区分内宣和外宣。虽然现在内宣可以影响外宣，外宣也可以影响内宣，但是我们一定要区分党内党外、国内国外，

---

① 习近平：《决胜全面建成小康社会 夺取新时代中国特色社会主义伟大胜利——在中国共产党第十九次全国代表大会上的报告》，人民出版社 2017 年版，第 59 页。

② 中共中央文献研究室编：《习近平关于社会主义文化建设论述摘编》，中央文献出版社 2017 年版，第 197—198 页。

突 破

一定要根据不同的政治语境去构建不同的话语体系，不能用一种话语体系包打天下。在这方面，我们是有前车之鉴的，苏联共产党意识形态话语的高度僵化就是前车之鉴。一种话语体系即使蕴含丰富的政治意义和理论意义，但这样的政治意义和理论意义会在长期的高频率的运转中流失殆尽，变成一套虚话、假话、空话、套话。一套虚话、假话、空话、套话再加以高频率地重复，就会把老百姓说烦了、说厌了、说腻了，最后人心都说恨了。所以，新时代新形势要求我们做好宣传思想文化工作，一定要区分党内党外、国内国外，根据不同的政治语境去构建多重话语体系。在此基础上，再去构建融通中外的新概念新范畴新表述，让我们的话语能够在西方民众的心窝窝中产生价值共振，只有产生价值共振才能产生文化认同，才能形成文化软实力，才能增强我们的文化影响力。

另外，我们要充分认识到新闻舆论领域也是意识形态斗争的主战场。疫情期间，西方攻击我们手段千变万化，但是聚焦的点从来未变，就聚焦在我们的政党制度上。在这样的时代背景下，增强中华文明的传播力影响力也注定会伴随斗争，伴随惊涛骇浪。对此，我们一定要增强阵地意识，一定要当战士不当绅士，全党必须准确进行具有许多新的历史特点的伟大斗争。

传播力决定了影响力，增强传播力应该做到以下几点：第一，一定要坚持把讲好中国故事、传播好中国声音作为加强我国国际传播能力的重要任务。第二，一定要把加强习近平新时代中国特色社会主义思想对外宣介作为重中之重，生动丰富展现习近平总书记的人格魅力和领袖形象。第三，一定要加强对中国共产党的宣传阐释。第四，一定要掌握国际传播的规律，提高传播艺术，推进中国故事和中国声音的全球化表达、区域化表达、分众化表达，增强国际传播的亲和力和实效力。

结 语

文明兴则国运兴，文化强则民族强。党的十八大以来，以习近平同志为核心的党中央从全局和战略高度，对建设社会主义文化强国作出系统谋划和部署，推动新时代中国特色社会主义文化事业取得历史性成就。党的二十大报告文化部分对此进行了高度的概括，意义极为深远。

第一，在新时代新起点上担负新的文化使命，坚持党的文化领导权是事关党和国家前途命运的大事。我们要深刻地认识到，中国共产党跟西方所有的政党是不一样的。西方所有的政党都是利益型的政党，其背后都有资本力量的操纵，都有利益集团的把控。中国共产党不是一个利益型的政党，而是一个使命型的政党。中国共产党绝不允许任何资本力量操纵自己，中国共产党没有自己特殊的政党利益，人民的利益就是中国共产党的利益。在这样的时代背景下，中国共产党一定要加强党的思想建设。思想建党有两大功能：对内增强党的凝聚力和认同感，对外增强党的文化魅力和意识形态魅力。这就是文化领导权问题。坚持党的文化领导权，根本目标是要从思想、精神、文化上坚持党的执政地位、夯实党的执政基础。

中国共产党的一部百年党史不就是文化领导权的历史吗？回顾往昔，20世纪40年代，当时的穷山沟沟延安竟然能够成为当时中国的道德高地、理想高地、价值高地、文化高地，那么多知识分子都愿意到延安，这是怎样的文化吸引力？延安时期的中国共产党领导人，哪一个不是"掌上千秋史，胸中百万兵"，有着非凡的文化气象？毛泽东的一首《沁园春·雪》赢得了多少人心！所以谈到文化自信，我们放眼世界，有哪个民族、哪个国家、哪个政党比中华民族、比中华人民共和国、比中国共产党更有资格谈文化自信？我们的身后站着尧舜禹汤文武周公孔孟，站着马恩列斯，中国共产党人怕什么？在中国加速崛起的时代背景下，中国共产党一定要牢牢掌控住文化领导权。

第二，新时代社会主义文化发展实践体现了文化强国建设的中国逻辑。改革开放40余年，我们每个人都能深切地感受到中国共产党的做法非

突　破

常成功，我们创造了两个奇迹，即经济快速发展的奇迹和社会长期稳定的奇迹。但是，与极为成功的"做法"相比，一段时期我们的"说法"还不太给力。西方的一些政治家和媒体趁机攻击我们，认为西方国家才是现代性知识体系的生产者，中国只是一个成功的消费者。中国改革开放40余年所取得的成功，并没有从文明的角度对人类文明作出任何突出贡献，中国的成功只不过是搭了西方资本主义快速发展的快车。这种言论试图从文明的角度去泯灭、抹杀我们改革开放40余年所取得的重大成就对于人类文明而言所具有的重大意义。所以，意识形态之争归根结底还是学术之争。我们一定要用学术讲政治，一定要加快构建中国特色、中国风格、中国气派的学科体系学术体系话语体系，一定要从我们成功的"做法"中概括出成功的"说法"，从我们成功的实践中概括出成熟的理论。

为此，习近平总书记深刻指出，"我们有本事做好中国的事情，难道还没有本事讲好中国故事吗？我们应该有这个信心，我们不仅要做，而且要让人知道我们做了什么；要让全国人民知道党和政府为人民做了什么、还要做什么；也要让世界知道中国人民为人类文明进步作出了什么贡献，还要作出什么贡献"[1]。当代中国正经历着历史上最为广泛而深刻的社会变革，也正在进行着人类历史上最为宏大而独特的实践创新。这种前无古人的伟大实践，必将给理论创造、学术繁荣提供强大动力和广阔空间。这是一个需要理论而且一定能够产生理论的时代，也是一个需要思想而且一定能够产生思想的时代，我们不能辜负了这个时代！

我们一定要真真切切地认识到，中国共产党带领中华民族已经走出了一条与西方不一样的、但同样很成功的现代化之路，我们创造了人类文明新形态。中国人民不仅将为人类贡献新的发展模式、发展道路，而且将把自己在文化创新创造中取得的成果奉献给世界。我们认为，新时代中国共

---

[1]　中共中央文献研究室编：《习近平关于社会主义文化建设论述摘编》，中央文献出版社2017年版，第209页。

产党的文化理论创新意味着中国共产党已然拥有了健全的文明观、历史观、人性观、生活观，也意味着新时代的中国共产党一定能够做到：大其心，容天下之物；虚其心，受天下之善；平其心，论天下之事；潜其心，观天下之理；定其心，应天下之变。中国共产党一定会成为一个意识形态大党，我们的社会主义文化强国也一定能够建成！

深入推进马克思主义基本原理同中华优秀传统文化相结合

乔清举

作者简介

中共中央党校（国家行政学院）社会和生态文明教研部副主任，二级教授。担任中国延安精神研究会副会长，北京市哲学会副会长，多次获得中国社会科学院"金岳霖学术奖"、凤凰网岳麓书院敦实基金会"全球华人国学研究成果奖"等奖项。对习近平生态文明思想、中华优秀传统文化（国学）、中国传统生态哲学、阳明心学等有深入研究。主持国家社科基金重大项目等十余项。在《中国社会科学》《哲学研究》等国内外刊物发表中、英、日、韩语种论文170余篇；出版《河流的文化生命》《儒家生态文化》《儒家生态思想通论》《儒家生态观》《儒家生态哲学史》《生态文明与生态文化建设》等专著十余部。

观点提要

★ 提出"第二个结合"、强调"两个结合"是习近平总书记对党的理论建设的原创性贡献，体现了习近平新时代中国特色社会主义思想的鲜明特色，丰富了这一思想的内涵，开辟了马克思主义中国化时代化新境界，形成马克思主义中国化新的飞跃。文化传统也是国情，可谓"文化国情"，是更为深沉和内在的国情。文化传统对社会结构、社会进程具有塑造作用。"第二个结合"的实质是以中国特色社会主义现代化进程为舞台的两个理论体系的对接，是以创造人类文明新形态为目的的一个文明——中华文明的赓续。

★ "两个结合"相对独立而又相互联系，领域不同而又交织融合，特点各异而又本质一致，形成辩证统一关系。"第一个结合"为"第二个结合"奠定了逻辑前提，"第一个结合"必然发展到"第二个结合"。"第二个结合"本质上推进和深化了"第一个结合"，把"结合"提高到了一个新阶段新高度。"两个结合"适应我们党所处的不同历史阶段和担负的不同任务而与时俱进守正创新，共同构成我们党理论创新方法论的重要内容。新时代中国特色社会主义建设的深入展开，表现在实践上，是基于马克思主义基本原理同中国具体实际相结合而持续推进的社会发展过程；表现在理论上，则是"第一个结合"所包含的内在逻辑的不断展开过程。

★ "第二个结合"作为又一次的思想解放，是历史观、文化观和文明观的解放，具有人类文明意义。"第二个结合"摆脱他塑的历史文化文明观，确立自塑的历史文化文明观，对自己的历史文化与文明秉持科学、客观、礼敬、敬畏的态度，在认识上实现从包袱到财富、从与现实割裂到接续、从现代化的阻力到动力、从以批判为主到以弘扬为主、从自卑到自信的根本转变，树立历史自信、文化自信和文明自信，进行创造性转化与创新性发展；把优秀传统文化作为中华民族伟大复兴的精神力量，将其中具有永恒生命力的内容作为价值性、结构性、建构性元素，建设性地运用于中国特色社会主义现代化进程，塑造中国式现代化，推动中华民族文明更新，赋予中国特色社会主义制度更加旺盛的生命力；进一步确立中华民族的文化主体性、中国共产党的文化主体性；再次确立中华民族、中华文明的世界地位。

★"第二个结合"明确了中国共产党对于中华民族的历史责任、文化责任，对于中华道统的坚定承担、对于中华文明的终极关怀，明确了中国共产党作为中华优秀传统文化继承与弘扬、创造性转化与创新性发展的主体地位。中国共产党是一个使命型、任务型政党，也是一个文明型政党。习近平新时代中国特色社会主义思想把历史与现实、中国与世界、中华文明与人类文明联系起来，是时代的核心与灵魂，"是当代中国马克思主义、二十一世纪马克思主义，是中华文化和中国精神的时代精华"。在这一思想指导下，未来中华文明不仅是中国的，也是世界的；不仅是时代的，也是永恒的；中国必将再次为人类文明发展作出杰出贡献。

党的十八大以来，以习近平同志为核心的党中央以前所未有的历史主动性，推进马克思主义基本原理同中国具体实际相结合、同中华优秀传统文化相结合，创立了习近平新时代中国特色社会主义思想。在2023年6月2日召开的文化传承发展座谈会上及在6月30日主持中央政治局集体学习时，习近平总书记对"两个结合"，尤其是"第二个结合"进行了全面系统深入的阐述。他指出："在五千多年中华文明深厚基础上开辟和发展中国特色社会主义，把马克思主义基本原理同中国具体实际、同中华优秀传统文化相结合是必由之路。这是我们在探索中国特色社会主义道路中得出的规律性认识。"[①]"'两个结合'是我们取得成功的最大法宝。"[②]"用马克思主义激活中华优秀传统文化中富有生命力的优秀因子并赋予新的时代内涵，将中华民族的伟大精神和丰富智慧更深层次地注入马克思主义，有效地把马克思主义思想精髓同中华优秀传统文化精华贯通起来"，"马克思主义中国化时代化这个重大命题本身就决定，我们决不能抛弃马克思主义这

---

① 习近平：《在文化传承发展座谈会上的讲话》，《求是》2023年第17期。
② 习近平：《在文化传承发展座谈会上的讲话》，《求是》2023年第17期。

个魂脉，决不能抛弃中华优秀传统文化这个根脉。坚守好这个魂和根，是理论创新的基础和前提"①。

提出"第二个结合"、强调"两个结合"是习近平总书记对党的理论建设的原创性贡献，体现了习近平新时代中国特色社会主义思想的鲜明特色，丰富了这一思想的内涵，开辟了马克思主义中国化时代化新境界，形成马克思主义中国化新的飞跃。习近平总书记关于"两个结合"，尤其是"第二个结合"的重要论述是我们深入理解习近平新时代中国特色社会主义思想，推动中华文明实现旧邦新命，创造人类文明新形态的指南。

一、深入理解"第二个结合"的思想解放意义

习近平总书记指出："'第二个结合'是又一次的思想解放。"② 理解这一重大命题的深刻意义的坐标是党的历史。在党的历史上，能够称作思想解放的理论探索和认识统一有两次，一次是延安整风，一次是真理标准问题大讨论。延安整风破除了教条主义、主观主义、宗派主义，确立了实事求是的思想路线。党的六届七中全会通过《关于若干历史问题的决议》，确立以"马克思列宁主义的普遍真理和中国革命的具体实践相结合"的毛泽东思想为全党指导思想③，确立毛泽东为全党领导核心，指导新民主主义革命取得胜利。真理标准问题大讨论破除了"两个凡是"的"左"的路线，重新确立了"实践是检验真理的唯一标准"的马克思主义真理观，确立了"解放思想、实事求是"的思想路线，指导中国进入了改革开放，建设中国特色社会主义的新时期。

新时代中国特色社会主义建设实践的深入展开，本质上也是马克思主

---

① 习近平：《开辟马克思主义中国化时代化新境界》，《求是》2023 年第 20 期。
② 习近平：《在文化传承发展座谈会上的讲话》，《求是》2023 年第 17 期。
③ 《〈关于若干历史问题的决议〉〈关于建国以来党的若干历史问题的决议〉》，中共党史出版社 2010 年版，第 2 页。

突　破

义基本原理同中国具体实际相结合（"第一个结合"）所包含的内在逻辑的不断展开及基于此种逻辑的社会发展持续推进的过程。社会是由经济、政治、文化等构成的立体动态的结构。革命、建设和改革实践的深入进展已经触及了社会的更为深层的结构——文化。文化传统也是国情，可谓"文化国情"，是更为深沉和内在的国情。文化传统对社会结构、社会进程具有塑造作用。自信是基于思维自觉和自主的自我认知和自我肯定。坚定"四个自信"，就必须建立对道路理论制度文化的自我认知。中国特色社会主义与中华传统文明的关系如何？中国特色社会主义"特色"为何？来自何处？去向何方？中国式现代化、中国特色社会主义在人类文明格局上位置如何？生命力如何？中国的发展已经到了对这些涉及全局性、根本性、战略性问题进行深入思考并完善解决，从而在国际竞争中挺立于世界民族之林，推动人类文明进步的阶段。在新时代，马克思主义基本原理同中华优秀传统文化相结合（"第二个结合"）具备了提出的社会条件。2021年7月1日，在庆祝中国共产党成立100周年大会上，习近平总书记发表重要讲话，指出："坚持把马克思主义基本原理同中国具体实际相结合、同中华优秀传统文化相结合，用马克思主义观察时代、把握时代、引领时代，继续发展当代中国马克思主义、21世纪马克思主义！"①

　　"第二个结合"的提出，是马克思主义进一步中国化的需要，是中华文化创造性转化和创新性发展的需要，是推进中国式现代化、实现中华文明现代赓续的需要，是创造人类文明新形态的需要，是回答中国之问、世界之问、人民之问、时代之问的需要。坚持"两个结合"，尤其是进一步推进中华优秀传统文化与中国特色社会主义制度的相互成就，开辟马克思主义中国化时代化新篇章，是对这些问题的系统回应。"第二个结合"是新时代的产物，与"第一个结合"的不同在于，我们更加主动地从建设的

---

① 《习近平著作选读》第2卷，人民出版社2023年版，第483页。

意义上运用优秀传统文化或传统文化中具有永恒生命力的内容塑造现代社会、赓续中华文明，赋予中国特色社会主义制度更加旺盛的生命力。

我们对自己的历史、文化和文明的认识在一定程度上是他塑的，而不是自塑的；对一些重要历史事件的叙事方式尚未完全摆脱西方话语霸权的影响，需要进行认真细致的甄别。"第二个结合"作为思想解放，其内涵包括而不限于破除对中国历史、文化、文明的偏颇认识，破除错误的历史观、错误的中华文化观、错误的中华文明观。对自己的历史、文化与文明，我们应秉持科学、客观、礼敬、敬畏的态度，进行创造性转化与创新性发展。在近代以来中国历史的每一个重大变革时期，优秀传统文化都发挥了积极的建构性作用。

二、中华优秀传统文化是近现代中国社会转型的建构性和支撑性力量

（一）中华优秀传统文化是近现代中国社会转型的建构性力量

传统是人们在与自然、他人及其他国家或族群交往的过程中形成的具有一定稳定性的思维方式、行为模式和文化、文明表达系统。优秀传统文化通过柔性的地理、群体、风俗和精神边界把一定群体的人们确立为一个具有文化同一性的社会共同体或文明体，成为其中具有超越性的生命力和维系力。在文明体发生重大变故或转折时期，传统发挥维系文明体的同一性的作用，所以具有"保守"的特性；但它同时又是文明体适应时代变化而自我更新的力量源泉，所以具有"变革"的特性。

自古以来，中华优秀传统文化一直是中国社会的精神性和价值性力量，塑造、建构和支撑了中华文明的灿烂辉煌与日新又新。在近代以来古今中西碰撞与冲突的历史进程中，经济军事积贫积弱的中国不仅没有灭亡，反而在磨难中凤凰涅槃地走上了社会主义道路，实现了旧邦新命的历

史转型。这一切之所以能够发生，其原因正在于文化传统的深沉力量发挥了支撑作用。从洋务运动到戊戌变法，从五四运动到新中国成立，从"一边倒"地学习苏联模式到改革开放，我们在现代化模式的选择上经历了西方化、资本主义现代化、苏联式社会主义现代化、中国特色社会主义等特点迥异的不同阶段。贯穿这些阶段始终并支撑着这些阶段不断地适应新形势而做出命运抉择的自我更新的力量，则来自深厚的自强不息的优秀文化传统。现代史上对于中国传统文化最常见的批评是，它没有衍生出现代化，使中国近代遭受种种挫败，对此我们应辩证地看待。首先，诚如毛泽东所指出的，若能按照自身历史演进，中国最终也会走上现代化道路，但西方列强的侵略打断了中国自我演化的历史进程。其次，就整个人类历史来说，资本主义在何时何地以何种方式产生是一个具体事件，有一定偶然性。整个世界也仅仅是英国、荷兰等西欧国家内生地出现了资本主义，而其他绝大部分地区都没有原发地产生资本主义。历史发展的逻辑并不是也不会是每个民族都同步地原生出或进入资本主义，没有率先进入资本主义并不是一个民族的缺陷或耻辱，就如同其他民族没有做出四大发明也未必是一种缺陷或耻辱一样。事实上，人类文明是交流互鉴的，并不需要每个民族把人类文明的所有成果都重新发明一遍。在历史上，对于中国的四大发明，西方也直接接受。再次，若发达国家能够与落后国家平等地、和平地交往，落后国家也是能够走上现代化道路的。中外历史研究常常批评近代中国、批判清王朝闭关锁国，这固然有一定的道理，但公正地说，在评价近代中西交往史以及列强与落后民族交往方面，合乎道义的立场是谴责侵略而不是批评被侵略者物质文明落后和国力衰弱。"先生老是侵略学生。"① 近代的社会现实促使中国选择一条超越和克服资本主义、帝国主义的现代化道路，社会主义回应了先进的中国人对符合道义的公正平等的现代化道路

---

① 《毛泽东选集》第4卷，人民出版社1991年版，第1470页。

的期盼，自康有为以来引起人们重视的大同、"天下为公"的传统资源为我们选择这条道路提供了内在的文化定向和支撑。十月革命一声炮响，给我们送来了强有力的马克思列宁主义思想武器，一大批具有家国天下情怀的马克思主义者取代旧民主主义力量登上历史舞台，把马克思主义基本原理同中国革命的具体实际相结合（"第一个结合"），为新民主主义革命、社会主义革命的成功提供了现实性力量。可以说，中国走上社会主义道路是内在的文化传统和外在的历史条件交互作用的结果，文化传统为社会转型提供了助力。

（二）中华优秀传统文化与马克思主义的契合为马克思主义传入中国准备了理论思维通道

习近平总书记指出："'结合'的前提是彼此契合。马克思主义和中华优秀传统文化来源不同，但彼此存在高度的契合性。相互契合才能有机结合。"[①] 就像河水通过现有渠道会流淌得更快一样，在马克思主义传入中国的过程中，中国传统文化中与马克思主义相似的思维方式和文化要素起了渠道作用，二者的契合在客观上推动了马克思主义在中国的快速传播和普遍接受。

两种理论的世界性视野是契合的。马克思主义是一种普遍的世界性理论。资本主义产生以后，人类进入"世界历史"阶段，阶级关系空前地简化为超越国家和民族的无产阶级和资产阶级的矛盾。《共产党宣言》指出："工人没有祖国。"[②] 马克思主义不是为了解决英国、法国或德国的问题而提出的，而是立足世界，为了解决作为人类历史的一个阶段的资本主义的问题而提出来的，这是它的"世界性"视野和作为"普遍真理""普遍原理""基本原理"的本质所在。

---

① 习近平：《在文化传承发展座谈会上的讲话》，《求是》2023 年第 17 期。
② 《马克思恩格斯选集》第 1 卷，人民出版社 1995 年版，第 291 页。

突　破

中华文化也是一种世界性理论，具体表现为"天下观"。历史上中国是一个以"四海之内皆兄弟"的仁爱理念为原则组成的文明共同体。不同地域按照文明、文化程度的高低而不是种族和血缘的差异构成一个中心——外围——边缘的层圈式天下结构。层圈线是文明的等高线，不同等高线区域共同组成"天下""宅兹中国"。周天子居住的华夏地区是天下的地理中心、文化中心、文明的制高点，诸侯政权合法性的源头。文明传播的方向是从高到低、由内向外，原则是"用夏变夷"，而非"用夷变夏"。[①]"变"不是种族屠杀抢占土地，而是以德"感"人、以文"化"人。"远人不服，则修文德以来之；既来之，则安之。"[②] 文明传播的结果是边缘族群不断融入中国，成为天下的一部分，共同形成"天下观""天下意识"。大一统原则高于华夷之辩。"《春秋》之义，内诸夏而外夷狄"[③]，又承认夷狄"进于中国则中国之"[④]。《春秋公羊传·成公十有五年》说："《春秋》内其国而外诸夏，内诸夏而外夷狄。"对此，何休自设问答说："王者欲一乎天下，曷为以外内之辞言之？言自近者始也。"[⑤] "自近者始"，指王者政教施化有一个由近到远的顺序。在这种文明观下，天下不是固定不变的政治建制，而是大一统的文化理念和文明追求；"中国"概念本身就是一种文明统一的团结力量。

中国传统哲学在经历夏商和殷周之际变革之后，在周初即重视普遍的"德"，具有天下性、世界性视野。它建构的是超越部族的普遍性理论、"天下观"。《大学》"三纲领""八条目"的修养原则，最终落脚于"平天下"。"天下"是"世界"，其地域范围是开放的，不限于"中国"。唯有

---

①　（宋）朱熹：《孟子·滕文公上》，中华书局1983年版，第260页。

②　（宋）朱熹：《论语·季氏》，中华书局1983年版，第170页。

③　江统：《徙戎论》，载房玄龄等：《晋书·江统传》第5册，中华书局1974年版，第1529页。

④　（唐）韩愈：《原道》，载严昌校点《韩愈集》，岳麓书社1996年版，第147页。

⑤　（清）阮元刻、（唐）徐彦疏：《十三经注疏·春秋公羊传》（下），中华书局1980年版，第2297页。

如此，中国文化才能在历史上超出中国，成为东亚、东南亚部分地区的共同话语，主导了千余年的东亚文明秩序。

两种理论的进步历史观是契合的。马克思主义是一种历史进步理论、进步史观，其设想的历史阶段是原始、奴隶、封建、资本主义、共产主义（社会主义是共产主义的过渡阶段）社会。中国传统历史观中有尚古与进步两种思维。在近代以前总体上是尚古思维占统治地位，言必称三代；但在解释《春秋》的"公羊学"传统中，也有体现进步史观的"三世说"。其说认为，最为遥远的"所传闻世"是"据乱世"，次远的"所闻世"是"升平世"，最近的"所见世"是"太平世"，① 这就把历史描述为了一个进步过程。近代康有为推动戊戌变法，即以"公羊三世说"为理论依据，认为"太平世"即《礼记·礼运》所说的"大同"，是民主时代。公羊三世说的广泛流行为马克思主义历史进步论的传入提供了理论通道。当时的马克思主义者认为，大同理想与共产主义是相通的。1925 年，郭沫若发表《马克斯进文庙》，借孔子之口说"共产主义"即"天下为公"的"大同"理想："你这个理想社会和我的大同世界竟是不谋而合"②；又借马克思之口批评了当时社会上流行的所谓马克思主义是外来的，不符合中国国情的论调："我不想在两千年前，在远远的东方，已经有了你这样的一个老同志！你我的见解完全是一致的，怎么有人曾说我的思想和你的不合，和你们中国的国情不合，不能施行于中国呢？"③

两种理论的主体观是契合的。马克思和恩格斯在《共产党宣言》中指出，资本主义时代阶级关系分裂为直接对立的资产阶级和无产阶级两个阵营；推翻资产阶级的统治，建立无产阶级政权，符合最广大工人阶级的利益。从马克思主义在中国的传播史来看，李大钊的《庶民的胜利》《布尔

① （清）阮元刻、（唐）徐彦疏：《十三经注疏·春秋公羊传》（下），中华书局 1980 年版，第 2353 页。
② 郭沫若：《郭沫若全集》（文学编）第 10 卷，人民出版社 1985 年版，第 165 页。
③ 郭沫若：《郭沫若全集》（文学编）第 10 卷，人民出版社 1985 年版，第 167—168 页。

什维主义的胜利》欢呼第一次世界大战的胜利是"庶民的胜利""资本主义失败，劳工主义战胜"；号召为在中国实现"劳工世界"而奋斗。① 从《共产党宣言》的无产阶级夺取政权到《布尔什维主义的胜利》的建立劳工世界，无不体现着维护大多数人民意愿和权利的思想。这种人民主体观的思想与传统社会中"民惟邦本，本固邦宁"②"民为贵、社稷次之，君为轻"③ 的民本论是契合的。传统民本意识为马克思主义传入提供了价值观通道。

三、中华优秀传统文化是中华民族伟大复兴的精神力量

（一）中华优秀传统文化是中国特色社会主义制度生命力的重要源泉

中华民族是一个由多族群构成的文明统一体。历史上以朝代更迭的形式形成的地域、族群和文化的自然融合，塑造出多元一体的中华民族，充实、丰富和提升了中华文明的格局、特征和内涵。"周虽旧邦，其命惟新"是文明的更新。④ 因革损益、变化日新，厚德载物、自强不息，明德亲民、止于至善构成了中华文明嬗变转型、不断自我提升的内在精神动力，这种动力的更深层的思维模式则是"一阴一阳之谓道"的辩证法思想。上下五千年文明史表明，传统并非一套僵化和固定的套子，而是时刻和社会处于相互适应的过程之中。传统的人和人的传统始终处于形成和发展中；传统塑造国情，当代接续历史。传统文化是重要的国情，中国特色社会主义的"特色"在一定意义上是文化传统的映照。"如果没有中

---

① 参见《李大钊全集》第 2 卷，人民出版社 2013 年版，第 357—368 页。
② （清）阮元刻、唐孔颖达疏：《十三经注疏·尚书》上，中华书局 1980 年版，第 156 页。
③ （宋）朱熹：《孟子·尽心下》，中华书局 1983 年版，第 367 页。
④ （清）阮元刻、唐孔颖达疏：《十三经注疏·诗经》（上），中华书局 1980 年版，第 503 页。

华五千年文明，哪里有什么中国特色？如果不是中国特色，哪有我们今天这么成功的中国特色社会主义道路？"① 中华优秀传统文化的博厚、悠久和高明熔铸于当代中国，它的生命力充实中国特色社会主义制度的生命力，它的道义性和可信度增强中国特色社会主义制度令人心悦诚服的国际话语权，传统文化的人文内涵奠定"四个自信"的人文基础。中华民族伟大复兴也必定是中国文化的伟大复兴，而文化复兴也必将进一步助力民族的复兴。

中华优秀传统文化是中国式现代化的支撑性力量。对于当代中国的发展，美西方大多数媒体人士刻意歪曲。照他们中一些人的观点，中国早就该停滞甚至崩溃了；而照另一些人的观点，中国的发展形成了对世界的威胁。可是，就在相互矛盾的崩溃论和威胁论吵吵嚷嚷的几十年当中，中国和平地实现了经济社会的飞跃，创造了经济快速发展和社会长期稳定两大奇迹。这表明，中国的发展，道路是正确的，制度是合理的，理论是成功的；而在这三者的深层，是文化传统对社会发展的支撑作用。社会发展亦如水流，顺着原有渠道总是更为通畅。现代化进程以什么模式展开，离不开文化的定向、塑造和促进作用。中华优秀传统文化是中国现代化进程中隐微而不可见的支撑性参数，如"通财之义"的观念就提供着国家财政主渠道银行和金融机构所主导的资金流动之外的又一条资金流转渠道。这一渠道甚至更重要，因为它更为直接地维系着人们的日常生活，在教育、医疗、养老、住房等日常生活的各个层面发挥了积极作用。对世界各国现代化进程进行抽象，可以得到一些普遍性因素，这就是通常所说的"现代性"，如民主、法治、自由、平等、公正、正义等，这些全人类共同价值在不同的文化背景中有不同的实现形式。现代性不等于西方性，尤其不等于西方当下的一些做法。中国将以自己的方式展开现代性，并

---

① 习近平：《在文化传承发展座谈会上的讲话》，《求是》2023 年第 17 期。

突　破

基于自己的文化传统实现全人类共同价值。不了解中国的文化传统，就很难深入地理解这种现代性的展开和实现形式。传统的福利思想、乡贤意识、家风家训、乡规民约、社会自治等文化要素都是推动现代化进程的有利因素。

当前，我们应该更为自觉地发挥文化传统的作用，完善社会治理结构，塑造现代化模式，使之为中国特色社会主义现代化进一步提供文化支撑力量。具体言之，要有一个从包袱到财富的认识转变，无比珍视前人创造的各类有形和无形的文化文明成果；把这些成果化为支撑现代化进程的财富。要有一个从割裂到接续的认识转变，强调历史的连续性、文化的连续性、文明的连续性；强调中华文明的一以贯之的道统，从中华文明的连续性出发探索中国式现代化。要有一个从阻力到动力的认识转变，客观认识并积极发挥中华优秀传统文化推动和促进现代化进程的作用。要有一个从批判为主到弘扬为主的认识转变，"把跨越时空、超越国度、富有永恒魅力、具有当代价值的优秀文化精神弘扬起来"。"把马克思主义思想精髓同中华优秀传统文化精华贯通起来、同人民群众日用而不觉的共同价值观念融通起来，不断赋予科学理论鲜明的中国特色，不断夯实马克思主义中国化时代化的历史基础和群众基础，让马克思主义在中国牢牢扎根。"① 要有一个从自卑到自信的态度转变，树立对于自己的历史、文化和文明的自信。"文化是一个国家、一个民族的灵魂。历史和现实都表明，一个抛弃或背叛了自己历史文化的民族，不仅不可能发展起来，而且很可能上演一幕幕历史悲剧。文化自信，是更基础、更广泛、更深厚的自信，是更基本、更深沉、更持久的力量。坚定文化自信，是事关国运兴衰、事关文化安全、事关民族精神独立性的大问题。"②

---

① 《习近平著作选读》第 1 卷，人民出版社 2023 年版，第 15 页。
② 《习近平著作选读》第 1 卷，人民出版社 2023 年版，第 15 页。

（二）中华优秀传统文化是中国式现代化的塑造力量

习近平总书记指出："'结合'打开了创新空间。""'第二个结合'让我们掌握了思想和文化主动，并有力地作用于道路、理论和制度。""'第二个结合'是又一次的思想解放让我们能够在更广阔的文化空间中，充分运用中华优秀传统文化的宝贵资源，探索面向未来的理论和制度创新。"①中华优秀传统文化蕴含着解决人类问题的智慧，也为马克思主义中国化时代化提供了丰富的理论资源，为新时代党的理论创新提供了不竭的智慧源泉。党的十八大以来，我们不再把传统看作"死"的、过去的东西，作为他者去对视，而是更加自觉地把中华优秀传统文化作为中华文明智慧的结晶，作为具有生命力的精神传统；从文明赓续角度出发，把中国特色社会主义作为中华文明的当代发展。对于传统，不再是作零件性的、材料性的、词汇性的吸收，而是作为结构性、支撑性、价值性、建设性要素进行系统吸收。这样的吸收之所以可能，是因为传统文化在人类存在的基本结构如人与自然、人与社会和国家、国家与国家之间的关系等方面的理念，经过现代性的充实，仍然具有生命力，能够为当今人类提供精神指导。

未来中国式现代化怎么走，仍需从"文化国情"出发，更加主动、更加自觉地从文化传统中寻求答案。中国式现代化是从中国文化传统的根上生发出来的，是马克思主义、中国传统文化与现代性三者的辩证统一。以人与自然的关系而论，中国式现代化是人与自然和谐共生的现代化，社会主义生态文明是马克思主义生态观与中国传统生态理念以社会现代化进程为中介的辩证统一。天人合一、道法自然、民胞物与、爱人及物、参赞化育、万物一体，这些农业时代形成的人与自然和谐思想，在中国特色社会主义新时代通过赋予工业化、现代化的内涵，得到创造性转化和创新性发

---

① 习近平：《在文化传承发展座谈会上的讲话》，《求是》2023年第17期。

展，可以成为中国式现代化的结构性观念，发挥塑造中国现代化模式的作用。人与自然和谐的观念经历了中华文明数千年的考验，具有无可置疑的生命力。用这些经历过时间考验的理念来规定的现代化，不仅具有生命力，而且也更加具有人类性。生态文明是无可置疑的全人类共同价值。在政治方面，"民惟邦本"的民本思想正在转化为以人民为中心的全过程人民民主，超越了形式主义民主的局限性。在国家形态方面，大一统理念体现为多民族团结统一的国家，消除了民族国家理念先天带有的纷争隐患。在财富分配方面，"不患寡而患不均"的观念发展为共同富裕思想，避免了两极分化的社会矛盾。在社会理想方面，"天下大同"的理念转化和发展为"中华民族伟大复兴的中国梦"。在国际关系上，"协和万邦""为万世开太平"的思想转化和发展为和平发展、合作共赢、构建人类命运共同体的倡议。总之，中华优秀传统文化在适应现代化的创造性转化和创新性发展过程中，正在成为新时代中国特色社会主义思想的主要来源，创造着人类文明新形态。

（三）推进"第二个结合"，实现中华文明的旧邦新命

在新时代，马克思主义基本原理同中华优秀传统文化相结合，实质是以中国特色社会主义现代化进程为舞台的两个理论主体的对接，是以创造人类文明新形态为目的的一个文明——中华文明的赓续。"我们的社会主义为什么不一样？为什么能够生机勃勃、充满活力？关键就在于中国特色。中国特色的关键就在于'两个结合'。中国特色社会主义道路首先是社会主义，这是从马克思主义那里来的；同时，中国文化中朴素的社会主义元素也提供了中国接受马克思主义的文化基础。"① 马克思主义基本原理同中华优秀传统文化的结合，表现在现代化进程的各个方面，并以这一进

① 习近平：《在文化传承发展座谈会上的讲话》，《求是》2023 年第 17 期。

程为依托，融合为一个人类文明新形态——新时代中国特色社会主义及其思想形态——新时代中国特色社会主义思想。"第二个结合"是用中华文化、中华文明充实和引导中国式现代化，明确新时代中国特色社会主义与中华文明的同一性、连续性，实现中华文明的自我更新。"结合筑牢了道路根基。"① "第二个结合让中国特色社会主义道路有了更加宏阔深远的历史纵深，拓展了中国特色社会主义道路的文化根基。……中国式现代化赋予中华文明以现代力量，中华文明赋予中国式现代化以深厚底蕴。"②

"第二个结合"从马克思主义角度讲，是继续深入推进中国化，更加具有中国的时代特点和文化特点；从中华优秀传统文化讲，是中华文明生命力的"激活"，中华文明机体的复活。社会主义现代化赋予传统概念命题以现代性内涵，使之成为当代中国哲学命题。人类文明新形态的理念已经形成并持续发挥影响人类思想、确定社会发展方向的作用。

"第二个结合"标注了中国共产党的道路自觉与自信。"每个国家和民族的历史传统、文化积淀、基本国情不同，其发展道路必然有着自己的特色"③，"独特的文化传统，独特的历史命运，独特的基本国情，注定了我们必然要走适合自己特点的发展道路"④。新时代中国特色社会主义作为成功的中国式现代化道路，作为人类文明新形态，不是历史文化母版的简单延续，不是经典作家理论模板的教条套用，不是他国社会主义实践的重复再版，不是国外现代化进程的原样翻版，而是人类现代化模式的新版，中华民族的"旧邦新命"。这种新形态，其本质不是外在地拿一个新的文明形态来置换社会主义，而是原有社会主义的自我改革与革命；也不是外在地拿一个什么新的文明形态来置换中华文明，而是中华文明固有生命力的焕发，是同一个中华文明向现代的延伸发展，是中华文明的当代形态。只

---

① 习近平：《在文化传承发展座谈会上的讲话》，《求是》2023 年第 17 期。
② 习近平：《在文化传承发展座谈会上的讲话》，《求是》2023 年第 17 期。
③ 《习近平谈治国理政》第 1 卷，外文出版社 2018 年版，第 155 页。
④ 《习近平谈治国理政》第 1 卷，外文出版社 2018 年版，第 156 页。

有一个中华文明，今天和过去、古代和现代是辩证统一的。

四、"两个结合"鲜明体现中国共产党的文化主体性

习近平总书记指出，"两个结合"的"结果是互相成就"，"造就了一个有机统一的新的文化生命体。……让马克思主义成为中国的，中华优秀传统文化成为现代的，让经由'结合'而形成的新文化成为中国式现代化的文化形态"①。这个新的文化生命体的核心，就是新时代中国特色社会主义思想。"结合巩固了文化主体性。"② 文化主体性的内涵是多维度的。相对于传统，它是现代的；相对于西方话语体系，它是中国道理与中国理论；相对于传统马克思主义，它是中国特色的；相对于教条主义，它是与时俱进的。主体性"表明我们党对中国道路、理论、制度的认识达到了新高度，表明我们党的历史自信、文化自信达到了新高度，表明我们党在传承中华优秀传统文化中推进文化创新的自觉性达到了新高度"③。文化主体性是通过中国革命、建设、改革实践建立的，是通过文化创造建立的，是通过"两个结合"建立的。文化主体性让文化自信有了依托，文化自信来自文化主体性；主体性让中华民族在新时代获得了更加充实的精神自主。

"第二个结合"明确了中国共产党对中华民族的历史责任、对中华道统的坚定承担及对中华文明的终极关怀，明确了中国共产党是中华优秀传统文化继承与弘扬、创造性转化与创新性发展的主体。中国共产党是肩负实现中华民族伟大复兴、中华文明伟大复兴，再次确立中华民族世界地位、中华文明世界地位的文明使命型政党。文化复兴、文明自信是中国共产党长期执政的道统支撑和文明保障。开辟马克思主义中国化时代化新境

① 习近平：《在文化传承发展座谈会上的讲话》，《求是》2023 年第 17 期。
② 习近平：《在文化传承发展座谈会上的讲话》，《求是》2023 年第 17 期。
③ 习近平：《在文化传承发展座谈会上的讲话》，《求是》2023 年第 17 期。

界的重大任务，是当代中国共产党人的庄严历史责任。中华优秀传统文化是我党创新理论的根，我们推进马克思主义中国化时代化的根本途径是"两个结合"。

习近平新时代中国特色社会主义思想把历史和现实联系起来，把中国和世界联系起来，把中华文明和人类文明联系起来，"是当代中国马克思主义、二十一世纪马克思主义，是中华文化和中国精神的时代精华"。在这一思想指导下，未来中华文明不仅是中国的，也是世界的；不仅是时代的，也是永恒的。中国必将再次为人类文明发展作出杰出贡献。这是中华文明作为人类文明类型的义不容辞的世界责任，也是中国共产党人对于人类发展的文明责任。

促进人与自然和谐共生

李宏伟

作者简介

　　中共中央党校（国家行政学院）社会和生态文明教研部生态文明建设教研室主任，教授，博士生导师，国家社科基金重大项目首席专家、中央党校创新工程首席专家。主要研究方向为生态文明制度、生态产品价值实现机制、党领导生态文明建设的基本经验。在中央党校为主体班讲授的"习近平生态文明思想""生态文明建设的制度体系"课程均获中组部"好课程"推荐。发表论文100余篇；内参22篇，其中8篇获得中央领导批示，4篇被省部级领导批示，并被相关部门在制定政策时采纳。出版专著4部，合著4部。

观点提要

　　★ 过去十年我国的生态环境保护取得了举世瞩目的成就，但我们必须保持清醒的头脑，当前我国的生态文明建设仍处于压力叠加、负重前行的关键期，生态文明建设仍然面临巨大压力与挑战。生态环境保护结构性、根源性、趋势性压力总体上尚未根本缓解。

★ 人与自然和谐共生是中国式现代化的重要特征。人与自然和谐共生的理念在继承马克思主义生态思想的基础上，吸收了中华优秀传统文化中的生态智慧，超越了西方国家现代化进程中毫无节制地攫取自然资源、破坏生态环境的发展模式。

★ 尊重自然、顺应自然、保护自然，是全面建设社会主义现代化国家的内在要求。人与自然是生命共同体，要坚定不移走生产发展、生活富裕、生态良好的文明发展道路，实现中华民族永续发展。通过人与自然和谐共生的理念宣教，深化生态文明体制改革，以及人与自然和谐共生的战略推动，促进人与自然和谐共生。

党的二十大报告提出中国式现代化是人与自然和谐共生的现代化，将促进人与自然和谐共生作为中国式现代化本质要求之一。党的二十届三中全会提出要聚焦建设美丽中国，促进人与自然和谐共生。大自然是人类赖以生存发展的基本条件。尊重自然、顺应自然、保护自然，是全面建设社会主义现代化国家的内在要求。促进人与自然和谐共生，深刻体现了新时代生态文明建设必须遵循的基本原则，是对马克思主义生态观的继承和创新，是对中华优秀传统生态文化的创造性转化、创新性发展，也是中国式现代化和人类文明新形态的重要内涵，对筑牢中华民族伟大复兴绿色根基、实现中华民族永续发展具有重大现实意义和深远历史意义。①

一、促进人与自然和谐共生的现实需要

过去十年，我国的生态环境保护取得了举世瞩目的成就，但我们必须

① 《党的二十大报告辅导读本》，人民出版社 2022 年版，第 456 页。

突　破

保持清醒的头脑，当前我国的生态文明建设仍处于压力叠加、负重前行的关键期，生态文明建设仍然面临巨大压力与挑战。

（一）现代化进程中的生态环境短板

我国现阶段仍是发展中国家，在工业化、城镇化进程中，全面绿色转型的基础依然薄弱，生态环境保护结构性、根源性、趋势性压力总体上尚未根本缓解。最突出的是"三个没有根本改变"，即以重化工为主的产业结构、以煤为主的能源结构和以公路货运为主的运输结构没有根本改变；污染排放和生态破坏的严峻形势没有根本改变；生态环境事件多发频发的高风险态势没有根本改变。当前，我国重点区域、重点行业污染问题仍没有得到根本解决，还需要在系统治理、源头治理上进一步发力。

经过十年的建设，生态环境治理体系有很大的提升，但离建设美丽中国目标、与发达国家相比还有较大差距。特别是生态环境监测体系还有待规范和统一，政策工具没有充分利用市场经济手段，公众参与生态文明建设还有很大空间，面源治理的科技支撑与需求还不适应，基层生态环境部门发现问题、监管执法和应急能力不足。

工业文明在给人类带来巨大财富的同时，也造成了全球范围的生态危机。当前中国正处于工业化的中后期，面对资源约束趋紧、环境污染严重、生态系统退化的严峻形势，习近平总书记特别强调，要清醒认识保护生态环境、治理环境污染的紧迫性和艰巨性，清醒认识加强生态文明建设的重要性和必要性。这"两个清醒认识"凸显了习近平总书记对我国生态环境问题强烈的忧患意识和责任意识。

（二）传统现代化亟须生态转型

生态危机并不是现代化所固有的，现代化的负面效应是由实现它的模式和手段所造成的。传统现代化和工业文明条件下人类中心主义的价值观、单纯追求经济增长的"资源—产品—废物"的线性发展模式及"大量生产—大量消费—大量废弃"的生活方式。资本主义现代化模式存在对人与自然的双重剥削。对人创造的价值的无偿占有，是对人的剥削；对自然的无偿使用，是对自然的剥削。对人的剥削是以对自然的剥削为中介得以实现，二者其实是同一个过程。没有工人的劳动当然产生不了剩余价值，但若"没有自然界，没有感性的外部世界，工人什么也不能创造"①。资本主义现代化是不可持续的高环境代价的现代化。中国式现代化模式是不重复资本主义国家走过的高环境代价的现代化。

2012 年 12 月，习近平总书记在广东考察工作时指出，要实现永续发展，必须抓好生态文明建设。我们建设现代化国家，走美欧老路是走不通的，再有几个地球也不够中国人消耗……走老路，去消耗资源，去污染环境，难以为继！习近平总书记指出，我们有 14 亿人口，要全面建设社会主义现代化，延续过去发达国家高耗能、高排放的老路是行不通的，必须转到绿色低碳的发展轨道上来，这是我国现代化的必由之路。我国是一个人均资源禀赋有限、生态环境条件较为薄弱、生态承载力较低的国家，这种生态国情决定了我们必须注重人与自然和谐共生，不能走资本主义国家走过的高环境代价的现代化道路。习近平生态文明思想是在预防性和前瞻性的意义上将生态目标嵌入现代化目标体系中，要求构建人与自然和谐共生的现代化建设新格局。②

（三）人民群众期盼享有更优美的生态环境

近年来，我国生态环境质量持续好转，出现了稳中向好趋势，但成效

---

① 《马克思恩格斯全集》第 42 卷，人民出版社 1979 年版，第 178 页。
② 王传发、陈学明：《马克思主义生态理论概论》，人民出版社 2020 年版，第 42 页。

并不稳固。生态文明建设正处于压力叠加、负重前行的关键期，已进入提供更多优质生态产品以满足人民日益增长的优美生态环境需要的攻坚期，也到了有条件有能力解决生态环境突出问题的窗口期。[①]

党的十九大报告提出，我国社会主要矛盾已经转化为人民日益增长的美好生活需要和不平衡不充分的发展之间的矛盾。在生态环境方面，过去老百姓是盼温饱，现在是盼环保；过去是求生存，现在是求生态。在全面进入小康社会以后，人民对优美生态环境的需要日益增长，因此必须坚持生态优先、推动高质量发展，进一步提升人民群众对美好生活的获得感、幸福感和安全感。"良好的生态环境是最公平的公共产品，是最普惠的民生福祉。对人的生存来说，金山银山固然重要，但绿水青山是人民幸福生活的重要内容，是金钱不能代替的。你挣到了钱，但空气、饮用水都不合格，哪有什么幸福可言。"[②]

党的二十大报告提出，人与自然和谐共生是中国式现代化的重要特征。这是以习近平同志为核心的党中央对中国特色社会主义生态文明建设的认识新突破，既是对实现什么样的现代化命题的全新思考，也是对实现什么样的现代化相关路径、方式、举措的系统布局。在更高层次上推动了人类现代化的道路选择和人类文明的发展。

二、促进人与自然和谐共生的理论意涵

人与自然和谐共生的理念在继承马克思主义生态思想的基础上，吸收了中华优秀传统文化中的生态智慧，超越了西方国家现代化进程中毫无节制地攫取自然资源、破坏生态环境的发展模式。

---

① 习近平：《论坚持人与自然和谐共生》，中央文献出版社 2022 年版，第6—7页。
② 习近平：《论坚持人与自然和谐共生》，中央文献出版社 2022 年版，第27页。

（一）促进人与自然和谐共生的理论来源

1. 马克思主义关于人与自然关系的思想是促进人与自然和谐共生的科学指南

人对自然界有着永恒的、多方面的依赖，自然界是人类生存和发展的前提和基础。马克思、恩格斯基于辩证的历史观，认为人类是自然界长期发展变化的产物，人是自然存在物，源于自然，又高于自然。人作为自然存在物，懂得如何看待人类本身。马克思、恩格斯将自然视为一种客观存在，自然既包括外部自然界，也包括人的内部自然，即包括人自身。人的一切，包括形体、肉、血和头脑等统统都是属于自然界，或者说统统都是自然界的组成部分。人只能存在于自然界之中，而不可能存在于自然界之外。"我们绝不像征服者统治异族人那样支配自然界，绝不像站在自然界之外的人似的去支配自然界——相反，我们连同我们的肉、血和头脑都是属于自然界和存在于自然界之中的。"① 马克思指出："自然界，就它自身不是人的身体而言，是人的无机的身体。人靠自然界生活。"② 正确理解人与自然关系，促进人与自然和谐共生是中国共产党人对马克思主义生态观的继承和发展。

2. 历史悠久的中华文明积淀了丰富的生态智慧

人与自然关系一直是我国古代先贤探讨的重要主题，包括儒、释、道在内的理论思想中都以不同方式表达着敬重万物的理念。

中华民族向来尊重自然、热爱自然，绵延五千多年的中华文明孕育着丰富的生态文化，积淀了丰富的生态智慧。《易经》中说，"观乎天文，以察时变；观乎人文，以化成天下"，"以财成天地之道，辅相天地之宜"。《老子》说："人法地，地法天，天法道，道法自然。"《孟子》说："不违农时，谷不胜食也；数罟不入洿池，鱼鳖不可胜食也；斧斤以时入山林，

---

① 《马克思恩格斯文集》第 9 卷，人民出版社 2009 年版，第 560 页。
② 《马克思恩格斯文集》第 1 卷，人民出版社 2009 年版，第 161 页。

材木不可胜用也。"这些观念都强调要把天、地、人统一起来，倡导天人合一，按照大自然规律活动，取之有时，用之有度，表达了先贤对人与自然关系的重要认识，为推进人与自然和谐共生提供了思想启迪。

3. 可持续发展是促进人与自然和谐共生的国际共识

人与自然和谐共生现代化体现了人类共同价值追求。现代化进程最早发轫于18世纪中期的西方国家。虽然现代化是人类经济社会综合发展的进程，但在很长的一段时间里，现代化的主要着力点是增加社会的物质财富、推动经济发展，忽略了对生态环境的保护，导致生态被大肆破坏、环境遭到严重污染。党的十八大以来，中国提出了新发展理念、中国社会主要矛盾变化、"绿水青山就是金山银山"、高质量发展、供给侧结构性改革、"五位一体"总体布局等一系列新的理念、论断及改革发展战略，这些新提法反映了中国现代化建设面临的深层问题和解决思路，其实质是对西方现代化道路的反思和对中国式现代化目标体系的系统设计。人与自然和谐共生的现代化体现出在现代化目标体系中生态、环境、资源等要素成为重要衡量指标，并且将这些要素融入整个现代化建设全局。因此，习近平总书记在庆祝中国共产党成立100周年大会上的讲话中强调，"坚持人与自然和谐共生，协同推进人民富裕、国家强盛、中国美丽"[①]。树立人类命运共同体和人与自然生命共同体这两个共同体理念，体现出以全人类发展和建设清洁美丽世界为目标的价值胸怀。自然是生命之母，只有一个地球在养育着整个生命体系，保护生态环境是世界各国面临的共同责任与共同挑战，人与自然和谐共生现代化建设具有非常深远广泛的世界意义。人与自然和谐共生的现代化，不仅是中国自身的目标，也是全世界的共同目标。人与自然和谐共生的现代化目标的提出，也意味着中国从过去的全球现代化进程的跟随者逐渐成为探索者和引领者，要积极参与和引领

---

① 习近平：《在庆祝中国共产党成立100周年大会上的讲话》，人民出版社2021年版，第14页。

全球人与自然和谐共生的现代化标准，实现共谋全球生态文明建设、走向可持续发展的未来。

"地球不是僵死的而是有生命力的，其中人不是自然的统治者，只是众多地球生物中的平等一员。每一种生物都有其自身的生态价值。""当一个事物有助于保护生物共同体的和谐、稳定和美丽的时候，它就是正确的，当它走向反面时，就是错误的。"①

（二）"人与自然和谐共生"理念的形成过程

习近平总书记在多个重要场合对"人与自然和谐共生"理念进行了系统论述。2016 年 1 月 18 日，在省部级主要领导干部学习贯彻党的十八届五中全会精神专题研讨班开班式上，习近平总书记强调，"人因自然而生，人与自然是一种共生关系，对自然的伤害最终会伤及人类自身"，并在发表《着力推进人与自然和谐共生》讲话时强调"绿色发展，就其要义来讲，是要解决好人与自然和谐共生问题"。党的十九大以来，人与自然和谐共生理念更加深入人心，党的十九大报告指出："我们要建设的现代化是人与自然和谐共生的现代化，既要创造更多物质财富和精神财富以满足人民日益增长的美好生活需要，也要提供更多优质生态产品以满足人民日益增长的优美生态环境需要。"② 这是我国首次明确提出建设人与自然和谐共生的现代化的目标方向，就现代化的"绿色属性"给予更加符合生态文明核心要义的界定。2018 年 5 月 18 日，在全国生态环境保护大会上，习近平总书记发表《推动我国生态文明建设迈上新台阶》的重要讲话，系统阐述了习近平生态文明思想，提出"坚持人与自然和谐共生"的原则。党的十九届五中全会进一步强调我国现代化是人与自然和谐共生的现代

---

① 〔美〕奥尔多·利奥波德：《沙乡年鉴》，吉林人民出版社 1997 年版，第 213 页。

② 习近平：《决胜全面建成小康社会 夺取新时代中国特色社会主义伟大胜利——在中国共产党第十九次全国代表大会上的报告》，人民出版社 2017 年版，第 50 页。

化，注重同步推进物质文明建设和生态文明建设。在 2021 年 4 月 22 日召开的领导人气候峰会上，习近平主席发表《共同构建人与自然生命共同体》的重要讲话，呼吁世界各国坚持人与自然和谐共生，坚持绿色发展，坚持系统治理，坚持以人为本，坚持多边主义，坚持共同但有区别的责任原则；共同为推进全球环境治理而努力。这次的讲话不仅对人与自然和谐共生的理念进行论述，更彰显了中国在全球环境治理中的大国担当。2021 年 4 月 30 日，在主持中央政治局第二十九次集体学习时，习近平总书记又强调，要保持战略定力，站在人与自然和谐共生的高度来谋划经济社会发展。党的十九届六中全会强调"坚持人与自然和谐共生"，"协同推进人民富裕、国家强盛、中国美丽"。党的二十大报告强调："中国式现代化是人与自然和谐共生的现代化。""要站在人与自然和谐共生的高度谋划发展。"人与自然和谐共生的现代化为其他发展中国家实现生态保护、绿色优先的现代化提供了示范，也为人类社会处理现代化历程中人与自然的关系提供了新的选择。建设人与自然和谐共生的现代化，是克服传统现代化模式条件下人与自然关系紧张局面的必然选择。不同于传统现代化，人与自然和谐共生的现代化是对征服自然的现代化模式的扬弃，是坚持生态优先、绿色发展的现代化，是真正可持续发展的现代化。

（三）人与自然和谐共生理念的主要观点

人与自然和谐共生是社会主义制度优越性的重要体现。人与自然和谐共生的现代化体现了社会主义现代化建设的重要特征，是我国立足新发展阶段、贯彻新发展理念、构建新发展格局、推动高质量发展的必然选择，也是中国特色社会主义制度优越性的重要体现。

1. 尊重自然、顺应自然、保护自然，是全面建设社会主义现代化国家的内在要求

传统的现代化进程，一方面，快速地提高了生产力，创造了巨大的物质财富，解决了物资匮乏的问题；另一方面，也带来了环境破坏等一系列新问题。习近平总书记反复强调过这一历史事实。2018 年 5 月 18 日，习近平总书记在全国生态环境保护大会上的讲话中指出，"人类进入工业文明时代以来，传统工业化迅猛发展，在创造巨大物质财富的同时也加速了对自然资源的攫取，打破了地球生态系统原有的循环和平衡，造成人与自然关系紧张。从上世纪 30 年代开始，一些西方国家相继发生多起环境公害事件，损失巨大，震惊世界，引发了人们对资本主义发展模式的深刻反思"①。以牺牲环境为代价的"先污染后治理"的现代化老路走不通了，必须实现从传统现代化模式向人与自然和谐共生现代化模式转型，必须寻找人与自然和谐共生的新型现代化道路。人与自然和谐共生的现代化道路，抛弃了现代工业文明时期形成的人与自然之间征服与被征服、利用与被利用、服从与被服从的人类中心主义思维方式和行为取向，是马克思主义生态观与新时代中国特色社会主义现代化建设实践有机结合的产物。② 社会主义发展生产力和社会主义从事生产的目的决定了社会主义条件下的人们改造自然界是在遵守自然界自身规律的前提下进行的，中国式现代化新道路兼顾了人类社会现代化进程对自然界的短期影响和长期影响，把自然的发展与社会主义自身的发展视为有机统一关系，是致力于探索一条实现环境保护与生产力发展共赢的现代化道路。党的二十大强调到 21 世纪中叶把我国建成富强民主文明和谐美丽的社会主义现代化强国，美丽是中国式现代化五个目标维度之一。2023 年 3 月 5 日，习近平总书记在参加十四届全国人大一次会议江苏代表团审议时强调，必须完整准确全面贯彻新发展理念，始终以创新、协调、绿色、开放、共享的内在统一来把握发展、衡量发展、推动发展。

---

① 习近平：《推动我国生态文明建设迈上新台阶》，《求是》2019 年第 3 期。
② 杨峻岭、吴潜涛：《马克思恩格斯人与自然关系思想及其当代价值》，《马克思主义研究》2020 年第 3 期。

突 破

2. 人与自然是生命共同体

"人与自然和谐共生"的本质是主动构建人与自然生命共同体，为美丽中国建设奠定本体基础。大自然是生命之根、文明之基，孕育了所有的生命和物种，更为人类的生存和发展提供了物质基础。人生活在山、水、林、湖、田、草、沙等构成的自然生态系统中，包括人类在内的生物圈就是一个生命共同体，人类的生存和发展都依赖这个共同体。

中国式现代化把人与自然和谐共生纳入现代化视野，倡导人与自然是生命共同体的价值理念，创新"资源—产品—再生资源"的循环经济发展模式，提倡为满足基本生活需要的高效低耗、节俭适度的生活方式，走生产发展、生活富裕、生态良好的文明发展道路。

一个良好的自然生态系统，是大自然亿万年间形成的，是一个复杂的系统。习近平总书记指出，如果种树的只管种树、治水的只管治水、护田的单纯护田，很容易顾此失彼，最终造成生态的系统性破坏。"如果破坏了山、砍光了林，也就破坏了水，山就变成了秃山，水就变成了洪水，泥沙俱下，地就变成了没有养分的不毛之地，水土流失、沟壑纵横。"[①]

在党的十八届三中全会上作关于《中共中央关于全面深化改革若干重大问题的决定》的说明时习近平总书记指出："我们要认识到，山水林田湖是一个生命共同体，人的命脉在田，田的命脉在水，水的命脉在山，山的命脉在土，土的命脉在树。"

2013 年 12 月 12 日，习近平总书记在中央城镇化工作会议上发表讲话时指出，"城市规划建设的每个细节都要考虑对自然的影响，更不要打破自然系统。为什么这么多城市缺水？一个重要原因是水泥地太多，把能够涵养水源的林地、草地、湖泊、湿地给占用了，切断了自然的水循环，雨水来了，只能当作污水排走，地下水越抽越少。解决城市缺水问题，必须

---

① 中共中央文献研究室编：《习近平关于社会主义生态文明建设论述摘编》，中央文献出版社 2017 年版，第 55—56 页。

顺应自然。比如，在提升城市排水系统时要优先考虑把有限的雨水留下来，优先考虑更多利用自然力量排水，建设自然积存、自然渗透、自然净化的'海绵城市'。许多城市提出生态城市口号，但思路是大树进城、开山造地、人造景观、填湖填海等。这不是建设生态文明，而是破坏自然生态"。①

3. 走"三生"共赢道路

党的二十大报告指出，要坚定不移走生产发展、生活富裕、生态良好的文明发展道路，实现中华民族永续发展。新时代"美好生活"包括生态环境水平，人民群众的期盼有一个从求生存到求生态，从盼温饱到盼环保的发展。经济不发展会失去民心，削弱执政基础；生态环境破坏同样会失去民心，削弱执政基础。习近平总书记强调：生态文明建设里面"有很大的政治"，"人心是最大的政治"，要"让良好生态环境成为人民生活的增长点"，"让人民群众喝上干净的水，呼吸上清洁的空气，吃上放心的食物"。目前，我国生态环境保护已"发生历史性、转折性、全局性变化"，成绩令人鼓舞！但生态承载力有限、生态环境压力仍然较大，生态环境状况尚未根本好转，实现现代化的生态环境基础较为脆弱。

"人与自然和谐共生的现代化"是一个有"质"的规定的现代化。"人与自然和谐共生"规定了这一现代化模式的生态性质、生态方向或生态成色。"绿色"是现代化的"质"。

"人与自然和谐共生的现代化"蕴含的生态观，凝结着我们党主动探索人类文明发展规律、共产党执政规律、中国特色社会主义现代化建设规律的宝贵智慧，反映了全党全国人民的共同心愿，是实现中华民族伟大复兴中国梦的根本途径。

---

① 中共中央文献研究室编：《十八大以来重要文献选编》（上），中央文献出版社 2014 年版，第 603 页。

突　破

三、促进人与自然和谐共生的三重维度

（一）理念：人与自然和谐共生的理念宣教

习近平总书记曾经指出，"理念是行动的先导，一定的发展实践都是由一定的发展理念来引领的"①，习近平总书记还进一步指出，"发展理念是战略性、纲领性、引领性的东西，是发展思路、发展方向、发展着力点的集中体现"②。党的二十大报告将新发展理念贯穿始终，在生态文明建设板块强调"推动绿色发展，促进人与自然和谐共生"，指导中国式现代化的发展进程与方向，回答了以什么样的理念开展生态文明建设的问题。绿色发展理念，是新发展理念的重要组成部分。

（二）制度：人与自然和谐共生的制度构建

党的十八大以来，我国生态文明制度建设进入了"快车道"，2015 年出台的《生态文明体制改革总体方案》明确了生态文明制度建设的原则，即"源头严防、过程严管、后果严惩"；提出要构建产权清晰、多元参与、激励与约束并重、系统完整的生态文明制度体系。出台了一系列重要法律法规和制度规范，建立了有效约束开发行为和促进绿色发展、循环发展、低碳发展的生态文明法律体系，同时发挥制度和法治的引导、规制功能，让制度成为刚性的约束和不可触碰的高压线。

2018 年，习近平总书记在全国生态环境保护大会上强调，要加快建立健全以治理体系和治理能力现代化为保障的生态文明制度体系，确保到 2035 年，生态环境领域国家治理体系和治理能力现代化基本实现，美丽中

---

① 《习近平谈治国理政》第 4 卷，外文出版社 2022 年版，第 167 页。
② 习近平：《论把握新发展阶段、贯彻新发展理念、构建新发展格局》，中央文献出版社 2021 年版，第 39 页。

170

国目标基本实现，到 21 世纪中叶，生态环境领域国家治理体系和治理能力现代化全面实现，建成美丽中国。2020 年 3 月，中共中央办公厅、国务院办公厅印发《关于构建现代环境治理体系的指导意见》，提出要坚持党的领导，建立科学合理的考核评价体系，把考核结果作为各级领导班子和领导干部奖惩和提拔使用的重要依据。与此同时，严格的考核问责制度，中央生态环境保护督察制度，领导干部自然资源资产离任审计制度等生态文明建设目标评价考核和责任追究制度等改革举措全面实施。

党的二十大报告提出，要健全现代环境治理体系，进一步指明了推动生态环境治理体系和治理能力现代化的方向。党的二十届三中全会提出要深化生态文明体制改革。通过完善生态文明基础体制，健全生态环境治理体系，健全绿色低碳发展机制，深入推进生态文明体制改革，协同推进降碳、减污、扩绿、增长，加快完善落实"绿水青山就是金山银山"理念的体制机制。

当前，亟须探索建立国家和地方协同发展和解决生态环境问题的新机制，强化绿色发展法律和政策保障，健全自然资源资产产权制度和法律法规，完善支持绿色发展的财税、金融、投资、价格政策和标准体系，全面实行排污许可制，健全排污权、碳排放权等资源环境要素市场化配置体系，推动形成绿色低碳的生产方式和生活方式。

（三）战略：人与自然和谐共生的战略推动

党的十八大以来，在生态文明建设的战略部署中，我国鼓励地方积极开展探索实践，包括设立多个国家生态文明试验区，鼓励先行先试，总结地方可推广、可复制的经验，上升为国家制度性安排。坚持系统治理与重点突破相结合。采取行政、经济、技术、法律手段相结合。同时，保障生态安全底线，并随生态价值提升而与时俱进。因为生态环境价值是随收入等条件提升而不断变化的，从而带来需求、消费偏好和手段的变化。适应管理上的转变，即从边缘化到主流化，从单项控制到综合、协同、系统控制，从末端治理到全过程控制，从政府管理到完善治理体系与提高治理能力，从关注国内生态环境需求到兼顾区域、全球环境问题。

中国高度重视生态环境保护，秉持"绿水青山就是金山银山"的理念，倡导人与自然和谐共生，坚持走绿色、低碳、可持续发展之路。与国际社会一道，为建设清洁美丽世界、推动构建人类命运共同体作出更大贡献。

作为负责任的大国，中国始终从推动构建人类命运共同体的责任担当出发，高度重视应对气候变化，发挥大国表率作用，以绿色发展理念引领和推动应对气候变化的国内行动。始终把坚持节约资源和保护环境作为基本国策，始终以"绿色发展、循环发展、低碳发展"理念指导应对气候变化的行动。

中国确立习近平生态文明思想，坚定不移贯彻新发展理念，坚持走绿色、低碳、循环、可持续发展道路，率先颁布《中国落实2030年可持续发展议程国别方案》，将2030年可持续发展议程与中国中长期发展规划相结合。生物多样性关乎地球家园安康，关乎人类可持续发展。2021年10月12日，习近平主席出席《生物多样性公约》第十五次缔约方大会领导人峰会并发表主旨讲话，深刻阐释保护生物多样性的重大意义，倡导"共同构建地球生命共同体"，向世界展现了我国保护生物多样性、加强全球环境治理的大国担当和决心。

"一带一路"是构建人类命运共同体的重要平台，绿色之路是构建人类命运共同体的天然构成，是对共建绿色地球家园的行动回应。在2018年9月举办的中非合作论坛北京峰会上，习近平主席指出，要"把'一带一路'建设成为和平之路、繁荣之路、开放之路、绿色之路、创新之路、文明之路"。2019年4月26日，习近平主席强调要坚持开放、绿色的理念，不搞封闭排他的小圈子，把绿色作为底色，推动绿色基础设施建设、绿色投资、绿色金融，保护好我们赖以生存的共同家园。

生态环境的整体改善不是一个国家或者一个地区可以独自完成的，应对气候变化，维护能源资源安全，是全球面临的共同挑战。中国将继续承担应尽的国际义务，同世界各国深入开展生态文明领域的交流合作，推动成果分享，携手共建生态良好的地球美好家园。[①] 2015 年 9 月，习近平主席在第七十届联合国大会一般性辩论时发表讲话："建设生态文明关乎人类未来。国际社会应该携手同行，共谋全球生态文明建设之路，牢固树立尊重自然、顺应自然、保护自然的意识，坚持走绿色、低碳、循环、可持续发展之路。"习近平主席认为，保护地球家园、促进可持续发展，需要全人类的共同努力。

面向未来，中国将进一步落实创新、协调、绿色、开放、共享的新发展理念，通过科技创新和体制机制创新，实施优化产业结构、构建低碳能源体系、发展绿色建筑和低碳交通、建立全国碳排放交易市场等一系列政策措施，形成人和自然和谐发展现代化建设新格局。

---

① 《习近平谈治国理政》，外文出版社 2014 年版，第 212 页。

深入学习党的历史的重要指引

李庆刚

作者简介

中共中央党校（国家行政学院）中共党史教研部副主任，教授，博士生导师，主要从事中共党史、新中国史研究。承担参与完成多项国家级、省部级课题。在《中共党史研究》《当代中国史研究》《党的文献》等专业刊物和《人民日报》《求是》《光明日报》《经济日报》等重要报刊发表论文共百余篇。出版《不忘初心：老一辈革命家的人格风范》《中国共产党的光荣传统》《中国革命时期开明士绅群体研究》等多部著作。

观点提要

★ 习近平总书记关于党的历史的重要论述，涉及为什么学习党史、党史学什么、怎样学党史问题，是习近平新时代中国特色社会主义思想的有机重要组成部分，既为我们深入学习总结党的历史提供了科学的历史观和方法论，也为我们借鉴运用历史经验和智慧，更好地以史为鉴、开创未来，推进党和国家各项事业健康发展，提供了正确的科学指引和有力的思想武器。

★ 党的历史是教科书，是必修课，是清醒剂，是营养剂。过去、现在、未来都是相通的。知史爱党，就能坚定历史自信；以史为鉴，才能更好开创未来。

★ 学习党的历史，不能兴之所至，信马由缰；也不能一叶障目，不见泰山。学习党的历史，要把握主题主线、主流本质；要传承红色基因，赓续红色血脉。

★ 学习党的历史，必须以马克思主义的唯物史观为指导；必须坚持历史思维，树立大历史观和正确党史观；必须旗帜鲜明反对历史虚无主义。

党的十八大以来，习近平总书记高度重视党的历史的学习教育宣传。在纪念毛泽东诞辰 120 周年、邓小平诞辰 110 周年、红军长征胜利 80 周年、五四运动 100 周年、中国人民抗日战争暨世界反法西斯战争胜利 75 周年、中国人民志愿军抗美援朝出国作战 70 周年等座谈会和大会上，在庆祝中国共产党成立 95 周年、中国人民解放军建军 90 周年、改革开放 40 周年、中华人民共和国成立 70 周年、中国共产党成立 100 周年等大会上，习近平总书记先后发表讲话，就党的历史作出一系列重要论述。

2021 年 2 月，习近平总书记在党史学习教育动员大会上发表重要讲话，对党史学习教育宣传提出明确要求，包括九个方面："一是我们党已经发展成为一个走过百年光辉历程、在最大的社会主义国家执政 70 多年、拥有 9100 多万党员的世界上最大的马克思主义执政党，中国共产党立志于中华民族千秋伟业，百年恰是风华正茂，要始终站在时代潮流最前列、站在攻坚克难最前沿、站在最广大人民之中，永远立于不败之地。二是历史是最好的老师，我们党的历史是中国近现代以来历史最为可歌可泣的篇章，历史在人民探索和奋斗中造就了中国共产党，我们党团结带领人民又造就了历史悠久的中华文明新的历史辉煌。一切向前走，都不能忘记走过的路，走得再远、走到再光辉的未来，也不能忘记走过的过去，不能忘记为什么出发。三是学习党的历史，是坚持和发展中国特色社会主义、把党和国家各项事业继续推向前进的必修课，这门功课不仅必修，而且必须修好。四是中国革命历史是最好的营养剂，重温这部伟大历史能够受到党的初心使命、性质宗旨、理想信念的生动教育，必须铭记光辉历史、传承红色基因。五是要学习党史、新中国史、改革开放史、社会主义发展史，广大党员要以学习党的历史为重点，做到知史爱党、知史爱国，在学习领悟中坚定理想信念，在奋发有为中践行初心使命。六是我们党的历史就是我们党与人民心心相印、与人民同甘共苦、与人民团结奋斗的历史，一定要一块过、一块干，始终保持同人民群众的血肉联系。七是全面宣传党的历史，充分发挥党的历史以史鉴今、资政育人的作用，是党和国家工作大局中一项十分重要的工作。八是回顾历史不是为了从成功中寻求慰藉，更不是为了躺在功劳簿上、为回避今天面临的困难和问题寻找借口，而是为了总结历史经验、把握历史规律，增强开拓前进的勇气和力量。九是要坚持用唯物史观来认识历史，坚持实事求是的思想路线，分清主流和支流，坚持真理，修正错误，发扬经验，吸取教训。"①

习近平总书记关于党的历史的重要论述，涉及为什么学习党史、党史学什么、怎样学党史问题，是习近平新时代中国特色社会主义思想的有机重要组成部分，既为我们深入学习总结党的历史提供了科学的历史观和方法论，也为我们借鉴运用历史经验和智慧，更好地以史为鉴、开创未来，推进党和国家各项事业健康发展，提供了正确的科学指引和有力的思想武器。

一、为什么要学习党的历史

以史为鉴，可以知兴替。1942 年 3 月，毛泽东在《如何研究中共党

---

① 习近平：《在党史学习教育动员大会上的讲话》，《求是》2021 年第 7 期。

史》一文中指出："如果不把党的历史搞清楚，不把党在历史上所走的路搞清楚，便不能把事情办得更好"，"要研究哪些是过去的成功和胜利，哪些是失败，前车之覆，后车之鉴。"① 2013 年 3 月，在中央党校建校 80 周年庆祝大会暨 2013 年春季学期开学典礼上的重要讲话中，习近平总书记指出，"要认真学习党史国史，知史爱党，知史爱国"，"因为历史是最好的教科书"②。2013 年 6 月在主持中央政治局第七次集体学习时，习近平总书记再次指出："历史是最好的教科书。"学习党史，"是我们坚持和发展中国特色社会主义、把党和国家各项事业继续推向前进的必修课。这门功课不仅必修，而且必须修好"③。同年 7 月，在西柏坡革命旧址，习近平总书记带头重温"两个务必"时指出，"每到井冈山、延安、西柏坡等革命圣地，都是一次精神上、思想上的洗礼。每来一次，都能受到一次党的性质和宗旨的生动教育，就更加坚定了我们的公仆意识和为民情怀"，"历史是最好的教科书。对我们共产党人来说，中国革命历史是最好的营养剂。多重温我们党领导人民进行革命的伟大历史，心中就会增加很多正能量"④。2014 年 7 月，在出席全民族抗战爆发 77 周年纪念活动上的讲话中，他强调，历史是最好的教科书，也是最好的清醒剂。2015 年 8 月，在致第二十二届国际历史科学大会的贺信中，习近平总书记指出："历史研究是一切社会科学的基础。"习近平总书记强调："重视历史、研究历史、借鉴历史，可以给人类带来很多了解昨天、把握今天、开创明天的智慧。所以说，历史是人类最好的老师。"⑤ 2021 年 2 月，在党史学习教育动员大会上的重要讲话中，习近平总书记再次强调指出，党的历史是必修课，不仅必修，而且必须修好；中国革命历史是最好的营养剂，重温这部伟大历史能

① 《毛泽东文集》第 2 卷，人民出版社 1993 年版，第 399 页。
② 习近平：《论中国共产党历史》，中央文献出版社 2021 年版，第 7 页。
③ 习近平：《论中国共产党历史》，中央文献出版社 2021 年版，第 15—16 页。
④ 习近平：《论中国共产党历史》，中央文献出版社 2021 年版，第 24 页。
⑤ 《习近平致第二十二届国际历史科学大会的贺信》，《人民日报》2015 年 8 月 24 日。

突 破

够受到党的初心使命、性质宗旨、理想信念的生动教育。习近平总书记指出："党的十八大以来，我到地方考察 70 余次，每到一个地方，我都要瞻仰对党具有重大历史意义的革命圣地、红色旧址、革命历史纪念场所，有的是专程去瞻仰革命旧址和纪念场所，主要的基本上都走到了。每到一地，我都是怀着崇敬之心，重温那一段段峥嵘岁月，回顾党一路走过的艰难历程，灵魂都受到一次震撼，精神都受到一次洗礼。我这样做的目的，就是要推动全党全国特别是广大青少年学习党史、铭记党史，勿忘昨天的苦难辉煌，无愧今天的使命担当，不负明天的伟大梦想，真正做到以史为鉴、开创未来，真正坚定历史自信。"①

总之，党的历史是教科书，是必修课，是清醒剂，是营养剂。过去、现在、未来都是相通的。只有了解过去，才能正确认识现在；只有正确认识了现在，才能科学把握未来。

（一）知史爱党，坚定历史自信

中国共产党自 1921 年成立以来，始终把为中国人民谋幸福、为中华民族谋复兴作为自己的初心使命，始终坚持共产主义理想和社会主义信念，团结带领全国各族人民为争取民族独立、人民解放和实现国家富强、人民幸福而不懈奋斗。

为了实现中华民族伟大复兴，中国共产党团结带领中国人民浴血奋战、百折不挠，创造了新民主主义革命的伟大成就；自力更生、发愤图强，创造了社会主义革命和建设的伟大成就；解放思想、锐意进取，创造了改革开放和社会主义现代化建设的伟大成就；自信自强、守正创新，统揽伟大斗争、伟大工程、伟大事业、伟大梦想，创造了新时代中国特色社会主义的伟大成就。一百年来，中国共产党团结带领中国人民，以"为有

---

① 习近平：《更好把握和运用党的百年奋斗历史经验》，《求是》2022 年第 13 期。

牺牲多壮志，敢教日月换新天"的大无畏气概，书写了中华民族几千年历史上最恢宏的史诗。这一百年来开辟的伟大道路、创造的伟大事业、取得的伟大成就，已经载入中华民族发展史册、人类文明发展史册。

知史爱党，历史认知是历史自信的重要基础。学习党的历史，自然会受到党的初心使命、性质宗旨、理想信念的生动教育，增强"四个自信"。中国特色社会主义道路、理论、制度和文化，都是随着党的历史发展而探索、建立起来和总结、提炼而来的，又经受住了历史实践的检验。重温党史，能够了解我们党所走的道路、所坚持的理论、所完善的制度、所弘扬的文化是在什么背景下、针对什么问题提出来的，能够了解党究竟解决了哪些中国实践中存在的问题。既然党既有问题导向，又有实践基础，自然就应充满自信，理想信念自然就坚定。习近平总书记指出："坚定理想信念，确实要从我们走过的道路上去体会和认识。""信仰信念任何时候都至关重要。对共产主义的信仰，对中国特色社会主义的信念，是共产党人的政治灵魂，是共产党人经受住任何考验的精神支柱。在新时代，坚定信仰信念，最重要的就是要坚定中国特色社会主义道路自信、理论自信、制度自信、文化自信。党的百年奋斗历程和伟大成就是我们增强'四个自信'最坚实的基础。"①

2021 年 11 月，在党的十九届六中全会第二次全体会议上的重要讲话中，习近平总书记在重申"四个自信"的同时，还鲜明地提出了"历史自信"这一概念并作出深刻阐释。习近平总书记强调，《中共中央关于党的百年奋斗重大成就和历史经验的决议》"既回顾了党百年恢宏壮丽的奋斗历程，又阐述了党为中国人民、中华民族、马克思主义、人类进步事业作出的卓越贡献"，"充分显示了我们党高度的历史自信，向党内外、国内外展示了一个百年大党的清醒和成熟"，"每一位中国共产党人都有理由为此

---

① 习近平：《在党史学习教育动员大会上的讲话》，《求是》2021 年第 7 期。

突　破

感到自豪"。习近平总书记指出："中国共产党人的历史自信，既是对奋斗成就的自信，也是对奋斗精神的自信。""学习和总结党的历史，就要从中增强道路自信、理论自信、制度自信、文化自信，咬定青山不放松，风雨无阻向前进。"

2021 年 12 月，习近平总书记在中央政治局民主生活会上指出："在新的赶考之路上，我们能否继续交出优异答卷，关键在于有没有坚定的历史自信。一百年来，我们党致力于为中国人民谋幸福、为中华民族谋复兴，致力于为人类谋进步、为世界谋大同，天下为公，人间正道，这是我们党具有历史自信的最大底气，是我们党在中国执政并长期执政的历史自信，也是我们党团结带领人民继续前进的历史自信。"习近平总书记强调指出："对历史进程的认识越全面，对历史规律的把握越深刻，党的历史智慧越丰富，对前途的掌握就越主动。"党中央在全党全社会开展党史总结、学习、教育、宣传，强调全党要学史明理、学史增信、学史崇德、学史力行，就是为了"增加历史自信、增进团结统一、增强斗争精神"；就是为了"教育广大党员、干部和全体人民特别是广大青年坚定历史自信、筑牢历史记忆，满怀信心地向前进"。

一代人有一代人的担当。"在新的赶考之路上""满怀信心地向前进"，既是民族复兴使命的召唤，也为党的历史所验证。早在 1949 年 3 月中国共产党从西柏坡"进京赶考"前夕，毛泽东在党的七届二中全会上就指出："务必使同志们继续地保持谦虚、谨慎、不骄、不躁的作风，务必使同志们继续地保持艰苦奋斗的作风。"习近平总书记多次强调，对毛泽东同志提出"两个务必"的深邃思想和战略考虑，我们要不断学习领会。2022 年 10 月，习近平总书记在党的二十大报告中向全党提出"三个务必"的新要求："全党同志务必不忘初心、牢记使命，务必谦虚谨慎、艰苦奋斗，务必敢于斗争、善于斗争，坚定历史自信，增强历史主动，谱写新时代中国特色社会主义更加绚丽的华章。"很显然，党的领袖都是在历史征程的关键时刻，向全党提出"务必"的要求。毛泽东郑重提出"两个务必"面对的是中国共产党即将赢得革命全面胜利，进而执掌国家政权的"大考"关头；习近平总书记发出"三个务必"的号召面临的是中国共产党成功实现第一个百年奋斗目标，意气风发迈上第二个百年奋斗目标新征程的时间节点。"三个务必"是对"两个务必"的继承、发展与创新，必将激励全党坚定历史自信，在新时代新征程上争取更大荣光。

（二）以史为鉴，更好开创未来

中国共产党历来高度注重总结历史经验。每到重要历史时刻和重大历史关头，党总是要回顾历史、总结经验，从历史中汲取继续前进的智慧和力量。习近平总书记指出："我们党一步步走过来，很重要的一条就是不断总结经验、提高本领。"①

在争取抗日战争最后胜利的关头，1945 年，党的六届七中全会通过了《关于若干历史问题的决议》，对建党以后特别是党的六届四中全会至遵义会议前这一段党的历史及其经验教训进行了总结，对若干重大历史问题作出了结论，使全党特别是党的高级干部对中国革命基本问题的认识达到了一致，增强了全党团结，为党的七大胜利召开创造了充分条件，有力促进了中国革命事业发展。1981 年，党的十一届六中全会通过了《关于建国以来党的若干历史问题的决议》，回顾了新中国成立以前党的历史，总结了社会主义革命和建设的历史经验，对一些重大事件和重要人物作出了评价，特别是正确评价了毛泽东同志和毛泽东思想，分清了是非，纠正了"左"、右两方面的错误观点，统一了全党思想，对推动党团结一致向前看、更好推进改革开放和社会主义现代化建设产生了重大影响。

以史为鉴是为了更好地走向未来。学习总结党的历史上的失误和教

① 习近平：《在党史学习教育动员大会上的讲话》，《求是》2021 年第 7 期。

突　破

训，有利于今后少走弯路。习近平同志在中央党校 2012 年秋季学期开学典礼上的讲话中指出："工作中的经验是财富，工作中的教训也是财富，关键在于是否善于总结。"学习党史，可以教会我们从正反两方面看待历史经验，增强认识和把握党的路线方针政策的深度，规避发展中可能发生的错误与风险，推动各项工作在正确的道路上不断前进。2013 年 6 月，在党的群众路线教育实践活动工作会议上的重要讲话中，习近平总书记特别提到了延安整风经验并明确指出："这次教育实践活动借鉴延安整风经验，明确提出'照镜子、正衣冠、洗洗澡、治治病'的总要求。这四句话、十二个字，概括起来就是要自我净化、自我完善、自我革新、自我提高。"①之后，习近平总书记多次要求广大党员干部"以整风精神开展批评和自我批评"。2014 年 10 月，在福建古田召开的全军政治工作会议上，习近平总书记重申古田会议确立的军队政治工作优良传统，强调党指挥枪的根本原则和制度，指引人民军队重整行装再出发。

在上述所引习近平总书记关于学习党史的要求中，习近平总书记明确指出："充分发挥党的历史以史鉴今、资政育人的作用，是党和国家工作大局中一项十分重要的工作。"② 2021 年，在中国共产党成立 100 周年的重要历史时刻，在中国共产党和人民胜利实现第一个百年奋斗目标、全面建成小康社会，正在向着全面建成社会主义现代化强国的第二个百年奋斗目标迈进的重大历史关头，7 月 1 日，习近平总书记在庆祝中国共产党成立 100 周年大会上发表的重要讲话中明确指出："初心易得，始终难守。以史为鉴，可以知兴替。我们要用历史映照现实、远观未来，从中国共产党的百年奋斗中看清楚过去我们为什么能够成功、弄明白未来我们怎样才能继续成功，从而在新的征程上更加坚定、更加自觉地牢记初心使命、开创美

---

① 中共中央文献研究室、中央党的群众路线教育实践活动领导小组办公室编：《习近平关于党的群众路线教育实践活动论述摘编》，党建读物出版社、中央文献出版社 2014 年版，第 29 页。
② 习近平：《在党史学习教育动员大会上的讲话》，《求是》2021 年第 7 期。

好未来。"

习近平总书记的"七一"重要讲话站在历史和全局的高度，从历史和现实、理论和实践的结合上，系统总结了我们党在百年奋斗中积累的宝贵经验，全面阐述了以史为鉴、开创未来必须坚持的方针原则和实践要求，深刻揭示了中国共产党过去为什么能够成功、未来怎样才能继续成功的根本所在——做到"九个必须"，即必须坚持中国共产党坚强领导，必须团结带领中国人民不断为美好生活而奋斗，必须继续推进马克思主义中国化，必须坚持和发展中国特色社会主义，必须加快国防和军队现代化，必须不断推动构建人类命运共同体，必须进行具有许多新的历史特点的伟大斗争，必须加强中华儿女大团结，必须不断推进党的建设新的伟大工程。

在此基础上，党的十九届六中全会通过了《中共中央关于党的百年奋斗重大成就和历史经验的决议》（以下简称《决议》）。该《决议》全面总结党的百年奋斗重大成就和历史经验，着重阐释党的十八大以来党和国家事业取得的历史性成就、发生的历史性变革，对实现第二个百年奋斗目标提出明确要求，体现了中国共产党重视和善于运用历史规律的高度政治自觉，体现了党牢记初心使命、继往开来的自信担当。该《决议》把党百年奋斗积累的宝贵历史经验总结为"十个坚持"：坚持党的领导，坚持人民至上，坚持理论创新，坚持独立自主，坚持中国道路，坚持胸怀天下，坚持开拓创新，坚持敢于斗争，坚持统一战线，坚持自我革命。"十个坚持"是经过长期实践积累的宝贵经验，是党和人民共同创造的精神财富，必须倍加珍惜、长期坚持，并在新时代实践中不断丰富和发展。

"九个必须"与"十个坚持"在精神实质、主要内容、逻辑关系等方面都是根本一致的。历史经验不仅是总结过去的深刻智慧，更是烛照未来的科学指引。习近平总书记指出："总结历史是为了使全党从历史进程中洞察历史发展规律和时代发展大势，提高认识水平和辨别能力，增强锚定既定奋斗目标、意气风发走向未来的勇气和力量，更加清醒、更加坚定地办好当前的事情。"① "看历史，就会看到前途。" 新的赶考之路上，我们要把党的历史经验作为正确判断形势、科学预见未来、把握历史主动的重要思想武器，作为想问题、作决策、办事情的重要遵循，作为判断重大政治是非的重要依据，坚定信心、勇毅前行，奋力谱写全面建设社会主义现代化国家崭新篇章。

二、从党的历史学什么

2013 年 3 月，在中央党校建校 80 周年庆祝大会暨 2013 年春季学期开学典礼上的讲话中，习近平总书记指出："要了解我们党和国家事业的来龙去脉，汲取我们党和国家的历史经验，正确了解党和国家历史上的重大事件和重要人物。这对正确认识党情、国情十分必要，对开创未来也十分必要。"② 这就决定了：学习党的历史，不能兴之所至，信马由缰；也不能一叶障目，不见泰山。学习党的历史，要把握主题主线、主流本质；要传承红色基因，赓续红色血脉。

（一）准确把握党的历史发展的主题主线、主流本质

准确把握党的历史发展的主题主线、主流本质，是学习党的历史的基本要求。2010 年，在全国党史工作会议上，习近平同志指出，近代以来，中国人民面临着争取民族独立、人民解放和实现国家繁荣富强、人民共同富裕这两大历史任务。我们党团结带领全国各族人民为实现这两大历史任务而不懈奋斗，这就是党的历史发展的主题和主线。习近平同志强调，党的历史就是我们党围绕这个主题和主线，领导人民进行新民主主义革命、进行社会主义革命和开展大规模社会主义建设、进行改革开放和社会主义

---

① 习近平：《以史为鉴、开创未来　埋头苦干、勇毅前行》，《求是》2022 年第 1 期。
② 习近平：《论中国共产党历史》，中央文献出版社 2021 年版，第 7 页。

现代化建设并取得伟大胜利的历史，是党把马克思主义基本原理同中国具体实际相结合，实现马克思主义中国化，形成、丰富、发展毛泽东思想和中国特色社会主义理论体系伟大成果的历史，是党自觉加强自身建设，保持和发展先进性，经受住各种风险考验而不断发展壮大的历史。这就是党的历史发展的主流和本质。

党的十八大以来，习近平总书记在党的历史发展的主题主线、主流本质的表述上进一步发展。在党的十九大报告中，习近平总书记指出，党诞生后，"中国人民谋求民族独立、人民解放和国家富强、人民幸福的斗争就有了主心骨"，间接谈到了主题主线问题。2021年在庆祝中国共产党成立100周年大会上的讲话中，习近平总书记进一步指出："一百年来，中国共产党团结带领中国人民进行的一切奋斗、一切牺牲、一切创造，归结起来就是一个主题：实现中华民族伟大复兴。"《中共中央关于党的百年奋斗重大成就和历史经验的决议》指出，党自1921年成立以来，始终把为中国人民谋幸福、为中华民族谋复兴作为自己的初心使命，"团结带领全国各族人民为争取民族独立、人民解放和实现国家富强、人民幸福而不懈奋斗"，"争取民族独立、人民解放和实现国家富强、人民幸福"，是党的历史的主题主线。关于党的历史的主流和本质，就是党的不懈奋斗史、不怕牺牲史、理论探索史、为民造福史、自身建设史。①

不懈奋斗史，就是100年来我们党团结带领人民为争取民族独立、人民解放和实现国家富强、人民幸福而不懈奋斗的历史；不怕牺牲史，就是100年来我们党为了国家富强、民族振兴、人民幸福而不怕牺牲的历史；理论探索史，就是100年来我们党把马克思主义基本原理同中国具体实际相结合、同中华优秀传统文化相结合，不断推进马克思主义中国化，进行理论探索的历史；为民造福史，就是100年来我们党坚持全心全意为人民

---

① 《"不忘初心、牢记使命"中国共产党历史展览在中国共产党历史展览馆开幕》，《人民日报》2021年6月19日。

突　破

服务的根本宗旨，始终不渝为民造福的历史；自身建设史，就是 100 年来我们党为了保持先进性和纯洁性，勇于推进自我革命，不断加强自身建设的历史。不懈奋斗史，始终激励全党矢志践行初心使命；不怕牺牲史，始终激励全党坚持理想信念；理论探索史，始终激励全党不断推进理论创新、进行理论创造；为民造福史，始终激励全党坚持光荣革命传统；自身建设史，始终激励全党坚持推进自我革命。

学习党史，只有准确把握党的历史发展的主题主线、主流本质，才会真正了解中国共产党在领导中国革命、建设和改革过程中所起的领导核心作用，真正了解我们选择社会主义道路的历史自觉，真正了解由于我们选择中国特色社会主义道路而展现出的中华民族伟大复兴的光明前景，真正了解中国共产党在革命、建设和改革不同历史时期领导人民在实现中华民族伟大复兴的征程中所取得的伟大成就，真正了解中国共产党在长期革命、建设和改革奋斗中形成的光荣传统、优良作风和宝贵经验，等等。

准确把握了党的历史发展的主题主线、主流本质，才能树立正确党史观，做到学史明理、学史增信、学史崇德、学史力行。比如，通过学习党的理论探索史，就会深刻认识到：思想就是力量。一个民族要走在时代前列，就一刻不能没有理论思维，一刻不能没有思想指引。在近代中国最危急的时刻，中国共产党人找到了马克思主义。一百多年来，中国共产党坚持解放思想和实事求是相统一、培元固本和守正创新相统一，不断开辟马克思主义新境界，产生了毛泽东思想、邓小平理论、"三个代表"重要思想、科学发展观，产生了习近平新时代中国特色社会主义思想，为党和人民事业发展提供了科学理论指导。中国共产党的历史，就是一部不断推进马克思主义中国化的历史，就是一部不断推进理论创新、进行理论创造的历史。习近平总书记在党的二十大报告中指出："马克思主义是我们立党立国、兴党兴国的根本指导思想。实践告诉我们，中国共产党为什么能，中国特色社会主义为什么好，归根到底是马克思主义行，是中国化时代化的马克思主义行。拥有马克思主义科学理论指导是我们党坚定信仰信念、把握历史主动的根本所在。"通过学习党的历史，就能从党的非凡历程中领会马克思主义是如何深刻改变中国、改变世界的，感悟马克思主义的真理力量和实践力量，深化对中国化马克思主义既一脉相承又与时俱进的理论品质的认识，真正做到学史明理，坚持不懈用党的创新理论最新成果武装头脑、指导实践、推动工作。

（二）学习以伟大建党精神为源头的中国共产党人的精神谱系

"人生天地间，长路有险夷。"世界上没有哪个党像中国共产党这样，遭遇过如此多的艰难险阻，经历过如此多的生死考验，付出过如此多的惨烈牺牲。一百多年来，在应对各种困难挑战中，中国共产党锤炼了不畏强敌、不惧风险、敢于斗争、勇于胜利的风骨和品质。这是我们党最鲜明的特质和特点。在一百年来的非凡奋斗历程中，一代又一代中国共产党人顽强拼搏、不懈奋斗，涌现出了一大批视死如归的革命烈士、一大批顽强奋斗的英雄人物、一大批忘我奉献的先进模范，形成了一系列伟大精神，构筑起了中国共产党人的精神谱系。中国共产党之所以历经百年而风华正茂、饱经磨难而生生不息，就是凭着那么一股革命加拼命的强大精神。学习党的历史，要学习以伟大建党精神为源头的中国共产党人的精神谱系。

历史川流不息，精神代代相传。习近平总书记高度重视弘扬光荣传统、赓续红色血脉。2005 年 6 月，时任浙江省委书记的习近平同志在《光明日报》上发表《弘扬"红船精神" 走在时代前列》的署名文章，首次提出并阐释了"红船精神"，并将其内涵概括为："开天辟地、敢为人先的首创精神，坚定理想、百折不挠的奋斗精神，立党为公、忠诚为民的奉献精神。"2017 年 10 月党的十九大闭幕不久，习近平总书记带领新一届中央政治局常委赴上海和浙江嘉兴瞻仰中共一大会址和南湖红船时，再次阐述

突　破

"红船精神"，强调要结合时代特点大力弘扬"红船精神"，让"红船精神"永放光芒。

2021 年，在党史学习教育动员大会上的重要讲话中，习近平总书记首次提出"中国共产党人的精神谱系"。习近平总书记指出，中国共产党人的精神谱系中，"这些宝贵精神财富跨越时空、历久弥新，集中体现了党的坚定信念、根本宗旨、优良作风，凝聚着中国共产党人艰苦奋斗、牺牲奉献、开拓进取的伟大品格，深深融入我们党、国家、民族、人民的血脉之中，为我们立党兴党强党提供了丰厚滋养"①。

中国共产党人的精神谱系的源头活水是什么？是伟大建党精神。在 2021 年庆祝中国共产党成立 100 周年大会上的重要讲话中，习近平总书记首次提出并阐述了伟大建党精神。习近平总书记指出："一百年前，中国共产党的先驱们创建了中国共产党，形成了坚持真理、坚守理想，践行初心、担当使命，不怕牺牲、英勇斗争，对党忠诚、不负人民的伟大建党精神，这是中国共产党的精神之源。"② 习近平总书记号召全党同志永远把伟大建党精神继承下去、发扬光大。

以习近平总书记的重要论述为指引，2021 年 9 月，中宣部公布梳理出来第一批纳入中国共产党人的精神谱系，共 46 个，分别是：建党精神、井冈山精神、苏区精神、长征精神、遵义会议精神、延安精神、抗战精神、红岩精神、西柏坡精神、照金精神、东北抗联精神、南泥湾精神、太行精神（吕梁精神）、大别山精神、沂蒙精神、老区精神、张思德精神，抗美援朝精神、"两弹一星"精神、雷锋精神、焦裕禄精神、大庆精神（铁人精神）、红旗渠精神、北大荒精神、塞罕坝精神、"两路"精神、老西藏精神（孔繁森精神）、西迁精神、王杰精神，改革开放精神、特区精神、抗

---

① 习近平：《在党史学习教育动员大会上的讲话》，《求是》2021 年第 7 期。
② 习近平：《在庆祝中国共产党成立 100 周年大会上的讲话》，《人民日报》2021 年 7 月 2 日。

洪精神、抗击"非典"精神、抗震救灾精神、载人航天精神、劳模精神（劳动精神、工匠精神）、青藏铁路精神、女排精神，脱贫攻坚精神、抗疫精神、"三牛"精神、科学家精神、企业家精神、探月精神、新时代北斗精神、丝路精神。这些精神，集中彰显了中华民族和中国人民长期以来形成的伟大创造精神、伟大奋斗精神、伟大团结精神、伟大梦想精神，彰显了一代又一代中国共产党人"为有牺牲多壮志，敢教日月换新天"的奋斗精神。

学习党的历史，就要弘扬传承学习中国共产党人的精神谱系中的伟大精神，习近平总书记以身作则，率先垂范。党的二十大闭幕不到一周，习近平总书记带领新一届中央政治局常委专程从北京前往陕西延安，瞻仰延安革命纪念地，重温革命战争时期党中央在延安的峥嵘岁月，缅怀老一辈革命家的丰功伟绩，宣示新一届中央领导集体赓续红色血脉、传承奋斗精神，在新的赶考之路上向历史和人民交出新的优异答卷的坚定信念。习近平总书记强调，要弘扬伟大建党精神，弘扬延安精神，坚定历史自信，增强历史主动，发扬斗争精神，为实现党的二十大提出的目标任务而团结奋斗。

三、怎样学党的历史

毛泽东在《如何研究中共党史》中指出："我们研究党史，必须是科学的，不是主观主义。"① 党史是科学，但不是一般的历史科学，而是政治性很强的与现实关联最为密切的历史科学。所以，研究党史需要把科学性与政治性、党性统一起来。2010 年在全国党史工作会议上，习近平同志明确指出："党史研究是一门研究中国共产党的历史、从中国共产党的活动

---

① 《毛泽东文集》第 2 卷，人民出版社 1993 年版，第 406 页。

突　破

揭示当代中国社会运动规律的科学，要坚持党性和科学性的统一。"① 他指出，党史学习和研究，必须以马克思主义为指导，必须坚持历史思维，必须树立大历史观和正确党史观，科学把握主题和主线、主流和本质。2021年2月在党史学习教育动员大会上的讲话中，习近平总书记强调指出："唯物史观是我们共产党人认识把握历史的根本方法。如果历史观错误，不仅达不到学习教育的目的，反倒会南辕北辙、走入误区。现在，一些错误倾向要引起警惕：有的夸大党史上的失误和曲折，肆意抹黑歪曲党的历史、攻击党的领导；有的将党史事件同现实问题刻意勾连、恶意炒作；有的不信正史信野史，将党史庸俗化、娱乐化，热衷传播八卦轶闻，对非法境外出版物津津乐道；等等。要坚持以我们党关于历史问题的两个决议和党中央有关精神为依据，准确把握党的历史发展的主题主线、主流本质，正确认识和科学评价党史上的重大事件、重要会议、重要人物。要实事求是看待党史上的一些重大问题，既不能因为成就而回避失误和曲折，也不能因为探索中的失误和曲折而否定成就。要旗帜鲜明反对历史虚无主义，加强思想引导和理论辨析，澄清对党史上一些重大历史问题的模糊认识和片面理解，更好正本清源、固本培元。"

（一）必须以马克思主义的唯物史观为指导

习近平总书记一贯强调以马克思主义为指导，重视历史唯物主义和辩证唯物主义的学习与运用，强调在党史学习和研究中坚持唯物史观，以正确的立场、观点、方法对待党史。

习近平总书记指出，在革命、建设、改革各个历史时期，我们党运用历史唯物主义，系统、具体、历史地分析中国社会运动及其发展规律，在认识世界和改造世界过程中不断把握规律、积极运用规律，推动党和人民

---

① 习近平：《在全国党史工作会议上的讲话（摘要）》（2010年7月21日），《中共党史研究》2010年第8期。

事业取得了一个又一个胜利。历史和现实都表明，只有坚持历史唯物主义，才能不断把对中国特色社会主义规律的认识提高到新的水平，不断开辟当代中国马克思主义发展新境界。① 运用辩证唯物主义和历史唯物主义研究党史，就是要坚持全面看待历史、注重历史的连续性和整体性、坚持实事求是原则。

全面看待历史，就是在党史研究中坚持一分为二，运用两点论和重点论相统一的认识方法。在此基础上，注意考察分析党史发展中的继承性和连续性，不能用形而上学的静止的、僵化的方法将其割裂开来。比如，新中国成立后党的历史，以1978年党的十一届三中全会为标志，分为改革开放前和改革开放后两个阶段。如果把改革开放前后两个历史阶段割裂开来、对立起来，或厚此薄彼，或以此非彼，都不是马克思主义的科学态度和方法。习近平总书记用发展的观点阐述了两个历史时期的辩证统一关系。习近平总书记指出，这两个历史时期在进行社会主义建设的思想指导、方针政策、实际工作上有很大差别，但"本质上都是我们党领导人民进行社会主义建设的实践探索"，是同一个过程的两个阶段。改革开放前的社会主义实践探索，为改革开放后的实践探索积累了重要的思想、物质、制度条件和正反两方面经验；改革开放后的中国特色社会主义实践，是对改革开放前实践探索在新的历史条件下的坚持、改革和发展，"不能用改革开放后的历史时期否定改革开放前的历史时期，也不能用改革开放前的历史时期否定改革开放后的历史时期"②。这一重要论述具有方法论的指导意义，是正确评价这两个历史时期关系的根本遵循。2014年4月，习近平主席在比利时发表演讲时指出："中华民族5000多年文明史，中国人民近代以来170多年斗争史，中国共产党90多年奋斗史，中华人民共和

---

① 《推动全党学习和掌握历史唯物主义　更好认识规律更加能动地推进工作》，《人民日报》2013年12月5日。

② 习近平：《论中国共产党历史》，中央文献出版社2021年版，第4页。

突　破

国 60 多年发展史，改革开放 30 多年来探索史，这些历史一脉相承，不可割裂。"① 只有坚持历史连续性，才能更好地看清历史发展的脉络和内在演进的逻辑，才能做到以史为镜。

（二）坚持历史思维，树立大历史观和正确党史观

习近平总书记关于党的历史重要论述的一个显著特点，就是十分重视并善于运用马克思主义的历史思维方式。2017 年 5 月，习近平总书记在中国政法大学考察时指出："养成了历史思维、辩证思维、系统思维、创新思维的习惯，终身受用。"②

历史思维就是"究天人之际，通古今之变"。这是中华民族历史研究的传统，也是人们认识历史现象的不竭动力。历史思维之重要，在于它是各门社会科学和自然科学发展的基础。凡学皆有其历史的发展过程。不理解一门学科历史的发展进程，就不可能懂得这门学科的现实价值，也不可能找到通向科学高峰的路径。马克思、恩格斯在《德意志意识形态》中说："我们仅仅知道一门唯一的科学，即历史科学。"③ 可以说，历史学是一切门类的科学离不开的基础科学，历史思维是一切门类的科学都离不开的、贯通过去现在和未来的基本思维。在致第二十二届国际历史科学大会的贺信中，习近平主席指出：人事有代谢，往来成古今。历史研究是一切社会科学的基础，承担着"究天人之际，通古今之变"的使命。世界的今天是从世界的昨天发展而来的。今天世界遇到的很多事情可以在历史上找到影子，历史上发生的很多事情也可以作为今天的镜鉴。④

党史作为一门政治性极强的学科，在学习和研究时更离不开历史思

---

① 习近平：《在布鲁日欧洲学院的演讲》，《人民日报》2014 年 4 月 2 日。
② 《立德树人德法兼修抓好法治人才培养　励志勤学刻苦磨炼促进青年成长进步》，《人民日报》2017 年 5 月 4 日。
③ 《马克思恩格斯选集》第 1 卷，人民出版社 1995 年版，第 66 页。
④ 《习近平致第二十二届国际历史科学大会的贺信》，《人民日报》2015 年 8 月 24 日。

维，必须坚持历史唯物主义基本原理，把党史上的重大事件、重要会议、重要人物置于百年历史乃至鸦片战争以后 180 余年的历史发展进程中进行思考，努力揭示其发展的内在逻辑和规律性。只有这样，才能树立大历史观，才能真正从历史长河、时代大潮、全球风云中分析演变机制、探究历史规律。2012 年 11 月，习近平总书记在参观《复兴之路》展览时，用"雄关漫道真如铁""人间正道是沧桑""长风破浪会有时"三句诗比喻中华民族的昨天、今天和明天，生动形象地描绘了近代以来中国社会波澜壮阔、沧桑巨变的历史图景和几代中国人寻梦、追梦、圆梦的艰辛历程，揭示了中华民族的历史命运及当代中国的发展趋势，确立了全党全国各族人民共同奋斗的理想目标。这就是马克思主义历史思维和大历史观的充分体现。

坚持历史思维，树立大历史观，习近平总书记关于党的历史诸多重要论述为我们作出了榜样。2013 年 1 月，习近平总书记在新进中央委员会的委员、候补委员学习贯彻党的十八大精神研讨班开班式上，从思想历史源头和实践历程上，深刻阐明了世界社会主义五百年发展的曲折历史。从空想社会主义何以产生和发展，马克思、恩格斯创立科学社会主义理论体系，列宁领导十月革命胜利并实践社会主义，苏联模式逐步形成，新中国成立后中国共产党对社会主义的探索和实践，一直追溯到党开创和发展中国特色社会主义，共计六个时间段。习近平总书记指出："我之所以要从世界社会主义思想的源头讲起，从中国特色社会主义的历史发展讲起，就是要说明，我们党在推进革命、建设、改革的进程中，是怎样经过反复比较和总结，历史地选择了马克思主义、选择了社会主义道路的；是怎样把马克思主义基本原理同中国实际和时代特征结合起来，独立自主走自己的路的；是怎样历经千辛万苦、付出各种代价，开创和发展了中国特色社会主义的。"[①] 2013 年 3 月，当选为国家主席的习近平同志在十二届全国人大

① 中共中央宣传部编：《习近平总书记系列重要讲话读本》，学习出版社、人民出版社 2014 年版，第 10 页。

突　破

闭幕会上的讲话中指出，中国特色社会主义道路，"这条道路来之不易，它是在改革开放30多年的伟大实践中走出来的，是在中华人民共和国成立60多年的持续探索中走出来的，是在对近代以来170多年中华民族发展历程的深刻总结中走出来的，是在对中华民族5000多年悠久文明的传承中走出来的，具有深厚的历史渊源和广泛的现实基础"[①]。理解这"四个走出来"，需要有一个宽广的视野，不仅要把中国特色社会主义道路放在我国发展的大历史观中去考察，还要从世界发展的大历史观中去看待。可以说，走中国特色社会主义道路，不仅是中国历史发展的必然要求，也顺应了世界文明发展的趋势。社会主义思想从提出到今天，整整走过了五百年，经历了从空想到科学、从理论到实践、从一国实践到多国发展的过程。中国特色社会主义道路的历史选择和成功实践，丰富和推动了世界社会主义思想的发展，对世界文明的发展作出了巨大贡献，具有重要的世界历史意义。这个思路就是科学的历史思维的典型体现。同时，通过回顾整个世界社会主义思想发展的历史，进一步认定中国特色社会主义的本质："中国特色社会主义是社会主义而不是其他什么主义，科学社会主义基本原则不能丢，丢了就不是社会主义。"这样论证中国特色社会主义的本质是科学社会主义，具有极大的说服力，令人容易入脑、入心。通过回顾整个世界社会主义思想发展的历史，进一步确立了对中国特色社会主义的自信："历史和现实都告诉我们，只有社会主义才能救中国，只有中国特色社会主义才能发展中国，这是历史的结论、人民的选择。随着中国特色社会主义不断发展，我们的制度必将越来越成熟，我国社会主义制度的优越性必将进一步显现，我们的道路必将越走越宽广。我们就是要有这样的道路自信、理论自信、制度自信，真正做到'千磨万击还坚劲，任尔东西南北风'。"[②] 这样的论证言之有据，雄辩有力。

[①] 《习近平谈治国理政》，外文出版社2014年版，第39—40页。
[②] 《习近平谈治国理政》，外文出版社2014年版，第22页。

　　学习党的历史，除坚持历史思维，树立大历史观外，还要树立正确党史观。树立正确党史观，要求我们在学习党的历史的过程中，要以中共中央关于党的历史问题的三个决议和党中央有关精神为指引和依据。三个决议：一是 1945 年党的六届七中全会通过的《关于若干历史问题的决议》；二是 1981 年党的十一届六中全会通过的《关于建国以来党的若干历史问题的决议》；三是 2021 年党的十九届六中全会通过的《中共中央关于党的百年奋斗重大成就和历史经验的决议》。这三个决议本身就是遵循唯物史观、坚持历史思维，总结党的历史经验的结果。这三个决议把过去、现在和未来连接在一起，为我们准确把握党的历史发展的主题主线、主流本质，正确认识和科学评价党史上的重大事件、重要会议、重要人物，提供了正确的立场、观点和方法。

（三）旗帜鲜明反对历史虚无主义

　　中华民族历来高度重视历史，重视历史的存续与传承。尽管历史记载不可避免地掺杂了史家及后世统治者的主观因素，但没有改变这样一个前提："历史本身是真实的，是客观存在过的事实。"① 习近平总书记指出："历史就是历史，事实就是事实，任何人都不可能改变历史和事实。"② 但是有人大搞历史虚无主义，专门干抹黑、解构历史的勾当，其包藏祸心昭然若揭。清代思想家龚自珍在《定庵续集》中说："欲知大道，必先为史；灭人之国，必先去其史。"要灭亡一个民族或国家，首要方法就是消灭、践踏、解构、荡涤、破坏其历史。

　　一段时期以来，在党史领域，历史虚无主义达到了疯狂的程度。他们通过恶搞狼牙山五壮士、刘胡兰、毛岸英、黄继光、邱少云、雷锋等英雄模范人物，企图全面消解崇高的爱国主义和革命英雄主义。他们通过拨弄

---

① 葛剑雄、周筱赟：《历史学是什么》，北京大学出版社 2015 年版，第 236 页。
② 习近平：《在纪念全民族抗战爆发 77 周年仪式上的讲话》，《人民日报》2014 年 7 月 8 日。

突　破

"细节"，提出别有用心的"质疑"，企图颠覆人民英雄形象的地位，动摇人们对英雄人物的敬仰。对此，习近平总书记明确指出："一个有希望的民族不能没有英雄，一个有前途的国家不能没有先锋。""我们要铭记一切为中华民族和中国人民作出贡献的英雄们，崇尚英雄，捍卫英雄，学习英雄，关爱英雄"。① 党史上的英模人物，都是中华民族的脊梁，他们的事迹和精神都是激励我们前行的强大力量。实现"两个一百年"奋斗目标、实现中华民族伟大复兴的中国梦，需要英雄，需要英雄精神，必须旗帜鲜明捍卫英雄事迹和形象，同形形色色历史虚无主义作斗争。

对于那些以"还历史本来面目""重新评价"为名，歪曲党史的形形色色的历史虚无主义，习近平总书记坚决予以回应，习近平总书记态度鲜明地指出："历史就是历史，历史不能任意选择，一个民族的历史是一个民族安身立命的基础。"② 2010 年在全国党史工作会议上，习近平同志一针见血地指出："历史虚无主义的要害，是从根本上否定马克思主义指导地位和中国走向社会主义的历史必然性，否定中国共产党的领导。"

2013 年 1 月，在新进中央委员会的委员、候补委员学习贯彻党的十八大精神研讨班开班式上的重要讲话中，习近平总书记指出，重大政治问题处理不好，就会产生严重政治后果。古人说："灭人之国，必先去其史。"习近平总书记指出："国内外敌对势力往往就是拿中国革命史、新中国历史来做文章，竭尽攻击、丑化、污蔑之能事，根本目的就是要搞乱人心。苏联为什么解体？苏共为什么垮台？一个重要原因就是意识形态领域的斗争十分激烈，全面否定苏联历史、苏共历史，否定列宁，否定斯大林，搞历史虚无主义，思想搞乱了，各级党组织几乎没任何作用了，军队都不在党的领导之下了。最后，苏联共产党偌大一个党就作鸟兽散了，苏联偌大

---

① 习近平：《在颁发"中国人民抗日战争胜利 70 周年"纪念章仪式上的讲话》，《人民日报》2015 年 9 月 3 日。

② 习近平：《在纪念毛泽东同志诞辰 120 周年座谈会上的讲话》，《人民日报》2013 年 12 月 27 日。

一个社会主义国家就分崩离析了。这是前车之鉴啊！"

苏联亡党亡国的前车之鉴，教训深刻，值得中国共产党好好总结与警醒。敌对势力搞垮社会主义国家的最便捷途径就是丑化党的领袖人物。美国前总统国家安全事务助理布热津斯基在《大失败》一书中赤裸裸地介绍其反共策略，即要搞垮苏共，首先要从斯大林身上打开突破口，把斯大林搞臭，进而搞臭列宁以及苏共。这套反共手法在苏联得逞。对此，习近平总书记有清醒的认识。中国共产党的领袖特别是毛泽东虽然成为历史人物，但正确评价和科学对待毛泽东与毛泽东思想，就是正确评价中国共产党的历史，事关改革开放和中国特色社会主义事业全局和前途命运。党的十一届六中全会作出的《关于建国以来党的若干历史问题的决议》，正确评价了毛泽东同志和毛泽东思想的历史功绩与历史地位。邓小平明确提出："我们搞改革开放，把工作重心放在经济建设上，没有丢马克思，没有丢列宁，也没有丢毛泽东。老祖宗不能丢啊！"① 丢了老祖宗，就是数典忘祖，就是丢了党的历史，丢了旗帜，中国的革命、建设和改革就会失去方向，党就会变质，国家就要变颜色。

2013 年 12 月，习近平总书记在纪念毛泽东同志诞辰 120 周年座谈会上发表重要讲话。讲话以马克思主义唯物史观为指导，全面回顾和高度评价了毛泽东同志为中国新民主主义革命的胜利、社会主义革命的成功、社会主义建设的全面展开，为实现民族独立和振兴、人民解放和幸福所作出的不可磨灭的历史贡献。习近平总书记强调指出："毛泽东思想以独创性理论丰富和发展了马克思列宁主义。毛泽东思想教育了几代中国共产党人，它培养的大批骨干，不仅在新民主主义革命、社会主义革命、社会主义建设时期发挥了重要作用，也为新的历史时期开创和建设中国特色社会主义发挥了重要作用。邓小平说，毛泽东思想这个旗帜丢不得，丢掉了实

---

① 《邓小平文选》第 3 卷，人民出版社 1993 年版，第 369 页。

际上就否定了我们党的光辉历史；任何时候都不能动摇高举毛泽东思想旗帜的原则，我们将永远高举毛泽东思想的旗帜前进。"这是中国共产党对毛泽东和毛泽东思想所持的鲜明而郑重的态度和立场。

旗帜鲜明反对历史虚无主义，必须以马克思主义为根本指引。2016 年 5 月，习近平总书记在哲学社会科学工作座谈会上的讲话中指出："马克思主义关于世界的物质性及其发展规律、人类社会及其发展规律、认识的本质及其发展规律等原理，为我们研究把握哲学社会科学各个学科各个领域提供了基本的世界观、方法论。只有真正弄懂了马克思主义，才能在揭示共产党执政规律、社会主义建设规律、人类社会发展规律上不断有所发现、有所创造，才能更好识别各种唯心主义观点、更好抵御各种历史虚无主义谬论。"[1] 旗帜鲜明反对历史虚无主义，更好正本清源、固本培元，党史工作者责无旁贷。早在 2010 年 7 月全国党史工作会议上，习近平同志就明确指出："坚决反对任何歪曲和丑化党的历史的错误倾向。这是党史工作必须遵循的党性原则，也是每一个党史工作者应该履行的政治责任。"要坚持以中共中央关于党的历史问题的三个决议和党中央有关精神为指引和依据，准确把握党的历史发展的主题主线、主流本质，正确认识和科学评价党史上的重大事件、重要会议、重要人物。要实事求是看待党史上的一些重大问题，既不能因为成就而回避失误和曲折，也不能因为探索中的失误和曲折而否定成就。

四、习近平总书记关于党的历史的重要论述的重大意义

综上所述，习近平总书记关于党的历史的重要论述，高瞻远瞩、内容丰富、价值厚重，体现了深刻的历史思维、深远的历史视野、深厚的历史

---

[1]　习近平：《在哲学社会科学工作座谈会上的讲话》，人民出版社 2016 年版，第 11 页。

智慧和深邃的历史眼光，是习近平新时代中国特色社会主义思想的有机重要组成部分，为党史学习宣传教育提供了理论指引和正确的立场观点方法，彰显着理论价值，蕴含着实践伟力。

第一，习近平总书记关于党的历史的重要论述，是习近平新时代中国特色社会主义思想的重要组成部分，思想深刻、体系严密，犹如"一整块钢"，体现了新一届中央领导集体崇高的历史担当和使命追求，代表着中国共产党人对自身历史认识的新水平，标志着我们党对历史发展规律的认识和把握进入新境界。[①] 与此同时，对我们学好党的历史，增强"四个意识"、坚定"四个自信"、做到"两个维护"，开启全面建设社会主义现代化国家新征程、实现中华民族伟大复兴的中国梦，具有十分重要的指导意义。

第二，习近平总书记关于党的历史的重要论述，为我们学好党史、搞好党史研究、做好党史宣传教育提供了理论指引和正确的立场观点方法。习近平总书记关于党的历史的重要论述，为我们研究、编写、修订党史提供了新的基本遵循，起到了"望远镜""放大镜""显微镜""解剖刀""钥匙"的作用。我们要运用其中的立场观点方法深刻认识学习党的历史的现实意义，深刻认识党的伟大历史贡献和伟大历史使命，深刻认识和正确把握党史上的重大历史事件和重要关节点，深刻认识和正确评价党的领袖人物，旗帜鲜明地反对历史虚无主义。

第三，习近平总书记关于党的历史的重要论述，指引我们把党史学习成果转化为改造主观世界和客观世界的实际行动。习近平总书记指出，要坚持围绕中心、服务大局，通过对党的历史发展规律的揭示，为人们正确认识现实和改造现实提供历史依据和启示，更好地为党的政治路线和政治任务服务。中国共产党历来重视党史学习教育，注重用党的奋斗历程和伟

---

① 中共中央党史研究室：《历史是最好的教科书——学习习近平同志关于党的历史的重要论述》，《中共党史研究》2013 年第 9 期。

突　破

大成就鼓舞斗志、明确方向，用党的光荣传统和优良作风坚定信念、凝聚力量，用党的实践创造和历史经验启迪智慧、砥砺品格。习近平总书记指出："我们党强调理想信念是共产党人精神上的'钙'，强调'革命理想高于天'，就是精神变物质、物质变精神的辩证法。"① 学史贵在明理、学史贵在增信、学史贵在崇德、学史更贵在力行。2021 年，在全党开展的为期一年的党史学习教育，通过学党史、悟思想、办实事、开新局，用党的创新理论把全党武装起来，把党中央决策部署的各项任务落实下去，动员全党全国各族人民坚定信心、勇毅前行，以昂扬姿态奋力开启全面建设社会主义现代化国家新征程，生动昭示了精神变物质、物质变精神的辩证法。

以习近平总书记关于党的历史的重要论述为指引，2024 年 2 月，党中央印发了《党史学习教育工作条例》，以党内法规的形式推动党史学习教育常态化长效化，就是让精神变物质、物质变精神的辩证法在以中国式现代化全面推进强国建设、民族复兴伟业中展现新的巨大威力、取得新的伟大胜利。

---

① 习近平：《辩证唯物主义是中国共产党人的世界观和方法论》，《求是》2019 年第 1 期。

系统把握中国共产党的历史主动

李海青

中共中央党校（国家行政学院）马克思主义学院副院长，教授，博士生导师，中央党校创新工程首席专家，主要从事当代中国改革、中国特色社会主义理论、马克思主义使命型政党研究。主持国家级课题与省部级课题多项，曾4次获中央党校科研优秀成果奖。在《哲学研究》《马克思主义研究》《政治学研究》《人民日报》《光明日报》重要期刊、报纸及其他各类报刊发表文章200余篇，出版《百年大党：马克思主义使命型政党》《中国特色社会主义的价值解读》等专著14部，近年来先后获评中央和国家机关五一劳动奖章、全国五一劳动奖章、中直机关第八届青年岗位能手。

观 点 提 要

★ 作为一个马克思主义使命型政党，中国共产党自诞生起就以自觉认知、明确承担、积极践履历史使命为存在的唯一根据。正是为了更好地实现历史使命，中国共产党才有必要以积极主动的精神不断深化对规律的认识，以主动进取的态度进行改造世界的实践。就此而言，强调历史主动

突　破

是中国共产党作为马克思主义使命型政党的内在要求，是政党完成使命的必然选择。

★ 所谓历史主动，是指中国共产党基于自觉的使命意识，以高度的主体能动性把握历史规律、确立底线思维、提高战略思维、开展有效实践，在准确判断、分析主要矛盾，明确认知、理解时代课题，积极应对、化解风险挑战，主动利用、创造历史机遇中顺应历史大势、引领时代大潮，不断增强工作的系统性、预见性、创造性，从而更好推进自身使命的承担与实现。

★ 在现实中，历史主动具有多维度的呈现方式、多样化的表现形式。使命承担的价值主动、问题导向的意识主动、把握规律的理论主动、谋篇布局的规划主动、贯彻落实的实践主动、自我革命的治党主动这六个环节构成一个逐步递进、环环相扣的有机整体，将中国共产党作为马克思主义使命型政党的历史主动进行了全方位的立体呈现。

党的十八大以来，习近平总书记多次强调把握或掌握历史主动，并对此提出了一系列重要论断。党的二十大报告再一次强调在新征程上全党要"坚定历史自信、增强历史主动"①，"主动识变应变求变，主动防范化解风险，不断夺取全面建设社会主义现代化国家新胜利"②。中国共产党为什么要强调历史主动？何谓历史主动？历史主动有哪些具体表现？针对以上问题，需要按照中国共产党的政党类型，结合党的百余年历程，紧密联系习近平总书记的相关重要论述予以分析理解。

中国共产党之所以重视、强调历史主动，归根结底是由中国共产党作为马克思主义使命型政党的政党类型决定的。当然，对于政党类型，可以

---

① 习近平：《高举中国特色社会主义伟大旗帜　为全面建设社会主义现代化国家而团结奋斗——在中国共产党第二十次全国代表大会上的报告》，人民出版社2022年版，第1—2页。

② 习近平：《高举中国特色社会主义伟大旗帜　为全面建设社会主义现代化国家而团结奋斗——在中国共产党第二十次全国代表大会上的报告》，人民出版社2022年版，第28页。

有不同的划分标准。有的划分标准比较形式化，比如执政党与在野党的划分，地方党与全国党的划分，这种比较形式化的划分方式往往侧重政党的外在表征而非本质特征。然而，有的划分标准则能够较为深刻地揭示出政党的本质特征。比如，从是否承担自觉使命的角度可以把政党划分为使命型政党与掮客型政党。使命型政党由于奉行特定意识形态而有明确、自觉、高远的使命追求。掮客型政党缺乏高远历史使命的追求，只是为了获得选票、赢得选举，而参加选举的往往都是政治掮客。就此而言，使命型政党与掮客型政党的区分具有较为深刻的类型学意义，是肩负使命还是作为掮客很大程度决定着政党的其他方面。当然，使命型政党本身也是一个谱系，不同意识形态、不同主义规定着不同的政党使命。正是在这个意义上，我们才强调中国共产党是一个马克思主义使命型政党，从根本上说，马克思主义规定了中国共产党的性质宗旨与使命追求。

作为一个马克思主义使命型政党，中国共产党自诞生起就以自觉认知、明确承担、积极践履历史使命为存在的唯一根据。党基于使命而存在，党的所有活动与行为都服从并服务于使命的承担与实现，离开了使命的承担与实现，党的存在就丧失了价值和意义。党的百年历程，更是充分证明中国共产党无愧为一个典型的马克思主义使命型政党。作为一个以马克思主义为指导，诞生于近现代以来中国历史进程中，具有天下情怀的政党，迄今为止中国共产党共承担着三重历史使命：推进中国的现代化与中华民族伟大复兴、为人类社会作出更大贡献、实现共产主义。在这三重使命中，推进中国的现代化与中华民族伟大复兴是基础，离开了这一点，就谈不上其他使命的实现。为人类社会作出更大贡献是党的使命在空间上的横向拓展，实现共产主义则是党的使命在时间上的纵向延伸。毋庸赘言，这三重使命的实现并非易事，而是极为艰难艰巨，都需要进行伟大斗争。正是为了更好地实现历史使命，中国共产党才有必要以积极主动的精神不断深化对规律的认识，以主动进取的态度进行改造世界的实践。不求甚

突 破

解、消极懈怠、被动应对、仓促敷衍、懒散惰性、畏难避险、骄傲自满是无法实现使命、完成目标的。挑战越严峻、环境越恶劣、任务越艰巨、使命越崇高，就越需要高度的责任意识和主动性，正所谓越是艰险越向前。着眼于此，历史主动是中国共产党作为马克思主义使命型政党的内在要求，是政党完成使命的必然选择。历史主动对应历史使命，脱离开历史使命这一视角，就无法真正理解对于历史主动的强调。回顾百年历程，也正是由于始终重视发挥历史主动，党才能够克服一个又一个艰难险阻，取得一个又一个伟大胜利，在实现自身使命的道路上不断开拓前进。

既然把握历史主动是中国共产党作为马克思主义使命型政党的重要特质与内在要求，那么，何谓历史主动呢？对此学界尚无统一的权威界定。基于对习近平总书记相关重要论述的研究，笔者认为，所谓历史主动，是指中国共产党基于自觉的使命意识，以高度的主体能动性把握历史规律、确立底线思维、提高战略思维、开展有效实践，在准确判断、分析主要矛盾，明确认知、理解时代课题，积极应对、化解风险挑战，主动利用、创造历史机遇中顺应历史大势、引领时代大潮，不断增强工作的系统性、预见性、创造性，从而更好推进自身使命的承担与实现。

在现实中，历史主动具有多维度的呈现方式、多样化的表现形式。对此，可以从使命承担的价值主动、问题导向的意识主动、把握规律的理论主动、谋篇布局的规划主动、贯彻落实的实践主动、自我革命的治党主动六个方面进行把握。在这六个方面中，使命承担的价值主动具有在先性，这是由马克思主义使命型政党的政党类型与政党特质决定的。没有价值观上的自觉，没有高度的使命意识，所谓历史主动，就丧失了根本的动力与内在的支撑而成为不可能，更谈不上保持其他几个方面的主动了。而要完成使命，在坚定理想信念的前提下，关键是要有效解决党在前进过程中所遇到的各种重大问题挑战，这就尤其需要具有清醒而敏锐的问题意识，以正在做的事情为中心，坚持问题导向。缺乏问题意识、没有问题导向就谈不上真正的主动,只会越来越被动。问题导向的意识主动具有鲜明的现实指向性,要求在破解问题与挑战中深入认识世界,把握问题形成的前因后果、问题解决的原则途径、社会历史的演进规律、时代发展的潮流大势,形成创新理论。马克思主义特别强调把握规律与理论指导,只有把握住了规律、以科学理论为指导才能在现实实践中真正掌握历史主动,生成战略思维,做到登高望远。使命承担的价值主动、问题导向的意识主动只有发展到把握规律的理论主动这个环节,历史主动才由可能性开始逐渐向现实性转变。进一步来讲,按照马克思主义实践认识论,理论源于实践而又指导实践,把握规律的理论主动必须向实践落地与转化,而这种落地与转化首先表现为使命型政党依据对规律的认识统筹全局,进行顶层设计与战略谋划:制定大政方针、明确原则方向,确定相关任务书、时间表与路线图。没有这种积极主动的谋篇布局,规律认识就无法真正起到改造世界的指导作用,认识世界和改造世界就无法有效连接。就此而言,谋篇布局的规划主动实际上发挥了理论与实践之间不可或缺的桥梁与纽带作用。当然,任何规划都要最终落脚到实践活动本身,所以,历史主动必须体现为贯彻落实的实践主动,落实到改造世界的行动上。任何顶层设计与战略谋划,如何不能有效落地,就只能是镜中花、水中月,对于实现使命没有实际意义。中国共产党注重知行合一,深刻理解一步实际行动比一打纲领更重要,始终坚持马克思主义实践观,始终强调贯彻落实,始终致力于积极主动地改造世界。最后,党在有效的自我革命中切实担起了历史使命、强化了问题意识、推进了理论创新、作出了战略规划、开展了深入实践,从而发挥了历史主动,引领了社会革命。在此意义上,使命型政党的历史主动最终落实到自我革命的治党主动上。从以上分析可知,使命承担的价值主动、问题导向的意识主动、把握规律的理论主动、谋篇布局的规划主动、贯彻落实的实践主动、自我革命的治党主动这六个环节构成一个逐步递进、环环相扣的有机整体,将中国共产党作为马克思主义使命型政党的历史主动进行了全方位的立体呈现。以下就着重从这六个方面对党的历史主动作进一步的分析探讨。

一、使命承担的价值主动

对于马克思主义政党而言，正如上述所言，基于自身的先进性承担历史使命是其存在根据。在标志着马克思主义诞生的《共产党宣言》中，马克思恩格斯就明确指出，共产党人"没有任何同整个无产阶级的利益不同的利益"[①]。换言之，共产党所代表的就是无产阶级和广大民众的利益，其使命就是消灭私有制、消灭剥削，实现无产阶级与广大人民群众的解放，实现整个人类的解放，实现每个人的自由全面发展与整个社会关系的和谐优化。中国共产党正是因这一使命而生、因这一使命而在，如果自身使命完成，中国共产党的存在就丧失了历史的必要性和合理性。实际上，按照马克思主义政党学说的深层逻辑，中国共产党是一种具有高度历史自觉意识和历史主体意识的政党，其深刻地认识到自身的历史地位和历史使命，深刻认识到自身的存在就是为了完成历史使命，深刻认识到自身就是人类社会发展和世界历史进步的自觉的工具。可以说，整个人类社会的意识在无产阶级及其先锋队共产党这里达到了一个全新的历史高度，一个超越以阶级社会为基础的以往阶级意识与陈旧观念的历史高度，一个体现公共性价值追求、致力于实现大同境界的历史高度。这种深刻的认识、全新的意识是全体共产党人的集体共识，为共产党人共同具有。进一步来讲，对历史使命的清晰认知、自觉认可、高度认同是中国共产党的一个根本特征。毫无疑问，这种共产党人的内在自觉意识，这种达到全新历史高度的超越意识，将会有效调动广大党员的主观能动性，在思想与实践中发挥巨大的

---

① 《马克思恩格斯文集》第 2 卷，人民出版社 2009 年版，第 22 页。

激励、引领作用。使命越伟大、认识越清楚、意识越自觉、认同越彻底，党员的思想观念与实践活动就会越主动，越积极，越是能够全身心地投入与奉献。正是在这个意义上，我们党强调的历史主动，首先应该是使命承担的价值主动，是以价值认同为基础、为了更好承担与实现使命为目的的主动。没有价值观的高度认同，以及基于价值认同对历史使命的主动承担与积极实现，就谈不上什么历史主动，使命承担的价值主动是历史主动的精神动力源和意识总开关。

对于党的历史使命，以及基于使命承担的价值主动，中国共产党人是有深刻理解体会的。这种深刻的理解体会非常典型地反映在我们党经常使用的两个基本概念，即"立场"和"代表"中。众所周知，我们党一般都是用"立场"这一概念表达使命认知与价值宗旨，以至于多少年来形成了立场与观点、方法并列的对马克思主义核心要义的最通俗表达。当然，作为诞生于民族国家的政党，中国共产党所承担的历史使命不仅仅是传统马克思主义意义上的实现共产主义，必然还会肩负本民族的使命，这也是马克思主义政党使命本土化的必然结果。毛泽东在《在延安文艺座谈会上的讲话》中明确指出："立场问题。我们是站在无产阶级的和人民大众的立场。"① 在《为人民服务》中，毛泽东指出："我们的共产党和共产党所领导的八路军、新四军，是革命的队伍。我们这个队伍完全是为着解放人民的，是彻底地为人民的利益工作的。……要奋斗就会有牺牲，死人的事是经常发生的。但是我们想到人民的利益，想到大多数人民的痛苦，我们为人民而死，就是死得其所。"② 在党的八大所作《关于修改党的章程的报告》中，邓小平提出了著名的"工具论"："同资产阶级的政党相反，工人阶级的政党不是把人民群众当作自己的工具，而是自觉地认定自己是人民

---

① 《毛泽东选集》第 3 卷，人民出版社 1991 年版，第 848 页。
② 《毛泽东选集》第 3 卷，人民出版社 1991 年版，第 1004—1005 页。

突 破

群众在特定的历史时期为完成特定的历史任务的一种工具。"①"彻底"
"奋斗""牺牲""死得其所""自觉地认定""工具",这些说法充分体现
了党的使命自觉与价值主动。特别是刘少奇的《论共产党员的修养》,更
是对之作出了典型阐述。"共产党员应该具有人类最伟大、最高尚的一切
美德,……在我们共产党员看来,为任何个人或少数人的利益而牺牲,是
最不值得、最不应该的。但是,为党、为阶级、为民族解放,为人类解放
和社会的发展,为最大多数人民的最大利益而牺牲,那就是最值得、最应
该的。我们有无数的共产党员就是这样视死如归地、毫无犹豫地牺牲了他
们的一切。'杀身成仁''舍生取义',在必要的时候,对于多数共产党员
来说,是被视为当然的事情。这不是由于他们的个人的革命狂热或沽名钓
誉,而是由于他们对于社会发展的科学的了解和高度自觉。除了这种最伟
大、最崇高的共产主义道德,在阶级社会中没有什么比这更伟大、更崇高
的道德。"② 党的十八大以来,习近平总书记也反复强调党所肩负的历史使
命,强调人民至上的原则立场,强调要补理想信念之"钙"。党的二十大
报告更是明确将"坚持以人民为中心的发展思想"作为全面建设社会主义
现代化国家道路上必须牢牢把握的五个重大原则之一。

极具中国政党政治特色的"代表"概念同样体现了党对于自身使命的
自觉认知与主动承担。《中国共产党章程》开篇即是:"中国共产党是中国
工人阶级的先锋队,同时是中国人民和中华民族的先锋队,是中国特色社
会主义事业的领导核心,代表中国先进生产力的发展要求、代表中国先进
文化的前进方向、代表中国最广大人民的根本利益。党的最高理想和最终
目标是实现共产主义。"③ 必须明确,中国共产党的代表身份并不是民众事
先选举赋予的,而是党基于对历史规律的认识、基于自身的价值判断自我

---

① 《邓小平文选》第 1 卷,人民出版社 1994 年版,第 217—218 页。
② 《刘少奇选集》上卷,人民出版社 1981 年版,第 133—134 页。
③ 《二十大党章修正案学习问答》,党建读物出版社 2022 年版,第 1 页。

选择、自我认定的。这种自我的选择和认定生动凸显了党使命承担的价值主动。在庆祝中国共产党成立 100 周年大会上的讲话中，习近平总书记强调指出："江山就是人民、人民就是江山，打江山、守江山，守的是人民的心。中国共产党根基在人民、血脉在人民、力量在人民。中国共产党始终代表最广大人民根本利益，与人民休戚与共、生死相依，没有任何自己特殊的利益，从来不代表任何利益集团、任何权势团体、任何特权阶层的利益。"① "始终代表""从来不代表"的截然两分更是将党的代表的性质体现得淋漓尽致。

具体而言，中国共产党的代表性有以下几方面的特点。

第一，在代表的产生规则上，属于自我授权。不同于西方的选举式代表，中国共产党的代表角色是自我选择、自我认定、自我授权的。这也是西方代表话语对中国共产党代表性的主要批评之处，即没有经过人民授权，不具有所谓合法性与正当性。这依然是从狭隘选举的角度理解代表，而没有认识到代表的产生规则并不是单一的。正如雷菲尔德所言，代表的产生规则广泛多样，包括投票、任命、神谕、想象、推理、自称、决斗、随机选择等，只要符合相关的决定规则，能够发挥相关功能，特定监察者予以承认即构成代表关系。其一，西方的选举式代表在代议民主的政治体制内运作，当然是公民选举授权在先，而中国共产党诞生之初与革命战争年代都是作为体制外的革命党、反对党存在，政治状况及面临的形势与西方差别极大，根本无法进入体制内作为全国范围的合法政党通过选举获得所谓的公民授权。其二，中国共产党代表中国工人阶级与广大人民群众特别是弱势者的利益，而广大民众特别是弱势的受压迫者在旧制度下是政治上的失声者、社会的沉默者，远离政治中心，缺失利益表达的渠道与话语权，缺乏主动授权能力，无法主动找到自身的利益代表，不可能有明确的

---

① 《习近平谈治国理政》第 4 卷，外文出版社 2022 年版，第 9 页。

授权行为，在这种情况下，中国共产党只能是基于自身先进性首先强调自身代表性。进一步讲，不能用评价正式政治机构中代表的标准来评价中国共产党的代表行为，两者具有不同的运作语境与逻辑，否则会产生标准的不恰当错位。其三，中国共产党以马克思主义为指导，其之所以存在就是要充分发挥先进的代表功能，为人民的解放、发展与幸福而奋斗。换言之，党的存在与党的代表内在相关，不可分离，甚至可以说存在本身就是为了代表，党对此也具有非常明确的自觉认知和实践动力。"始终同人民在一起，为人民利益而奋斗，是马克思主义政党同其他政党的根本区别。"① 这一根本区别也决定了中国共产党有非常强烈的自我授权意识，有其自身的代表决定规则与授权方式，不能简单以西方规则来裁判。

第二，在代表的理论依据上，强调历史规律。西方选举式代表的理论基础是具有自由主义色彩的人民主权论，而中国共产党代表的理论基础是马克思主义的唯物史观。按照唯物史观，生产力是社会发展的最终决定力量，社会基本矛盾运动推动人类历史发展，资本主义由于不可克服的矛盾危机必然会被代表生产力发展方向的无产阶级所推翻，而无产阶级革命是在作为无产阶级先锋队的共产党领导下进行的，共产党是无产阶级组织的最高形式。中国共产党作为先锋队之所以能担负历史重任是因为其是依据历史规律而行动的，顺应了历史潮流而动，体现了历史的必然性，承载着历史的使命。也正是因为中国共产党的产生与存在都是依据历史规律，比一般民众站得更高、看得更远，所以其完全有资格进行自我授权，代表民众而行动。自马克思、恩格斯始，直至新时代的中国共产党人，都一直主张对社会历史发展规律的认知和把握，规律由此也成为马克思主义的经典范畴。"中国共产党人的理想信念，建立在马克思主义科学真理的基础之

---

① 中共中央党史和文献研究院、中央"不忘初心、牢记使命"主题教育领导小组办公室编：《习近平关于"不忘初心、牢记使命"论述摘编》，党建读物出版社、中央文献出版社2019年版，第349页。

上，建立在马克思主义揭示的人类社会发展规律的基础之上，建立在为最广大人民谋利益的崇高价值的基础之上。我们坚定，是因为我们追求的是真理。我们坚定，是因为我们遵循的是规律。我们坚定，是因为我们代表的是最广大人民根本利益。"① 这样一种对历史规律的强调使中国共产党人具有了深沉的历史意识，产生出一种个体生命融入历史永恒、自己事业价值不朽的意义感受，使我们党特别强调经典著作和基本理论的学习以理解规律，强调各阶段各方面的历史传承以尊重规律，强调历史经验教训的分析吸取以总结规律，强调深入基层、深入群众的调查研究以探索规律，强调问题意识与展望未来以运用规律。相比之下，西方选举式代表理论缺乏历史分析思维与历史规律话语，其尽管也会研究代表行为，但其研究方法往往是行为主义的，停留于经验的现象层面，研究的深度与力度存在很大局限。

第三，在代表的功能定位上，凸显初心使命。西方的选举式代表在理论上反映的是选民眼前或现实的利益诉求，实践中反映的往往是强势资本或权力的利益诉求，而中国共产党的自我授权依据历史规律，凸显的是马克思主义者的崇高初心和伟大使命。自诞生以来，中国共产党就肩负三重历史使命：推进中国的现代化与中华民族伟大复兴、为人类社会作出更大贡献、实现共产主义。而这三重使命都贯穿着崇高的人民情怀。初心凝成使命、使命承载初心，正所谓"不忘初心、牢记使命"，中国共产党就是一个具有理想情怀与光荣使命的马克思主义使命型政党。"所谓马克思主义使命型政党是指以马克思主义为指导，以对人类社会发展规律的认知与把握为前提，以人民至上为价值宗旨，以实现自身民族、国家的解放或发展为自觉使命，以推进世界大同、实现共产主义、实现每一个人的自由全

① 中共中央党史和文献研究院、中央"不忘初心、牢记使命"主题教育领导小组办公室编：《习近平关于"不忘初心、牢记使命"论述摘编》，党建读物出版社、中央文献出版社 2019 年版，第 247 页。

突　破

面发展为最终使命，具有强烈的历史主体意识与舍我其谁的责任担当情怀的一种政党类型。这一点，从马克思主义创始人的理论与实践直至今天中国共产党人的理论与实践都可以得到清晰明确、并不困难的验证。"①

第四，在代表的运行机制上，坚持群众路线。西方的选举式代表在实践中有时沦为两个极端，或者民粹流行，或者精英主导，稳定性有效性往往难以保证，选票游戏经常难以避免。而中国共产党的代表机制在设计上恰恰可以避免选举式代表的弊端。尽管，中国共产党的代表是自我授权并以历史规律为遵循，但作为人民利益的代表，在代表行为的具体实现中，中国共产党高度重视与民众的互动，强调通过群众路线知民情、晓民意、听民声、启民思、汇民智，以更好地代表与实现人民利益。这说明，中国共产党的代表不是英雄主义、命令主义，不是对群众事务的包办代替而是扎根于群众中的代表。中国共产党既强调自身在代表行为中的自主性——是由马克思主义政党的先进性和领导作用决定的，由其先锋队的地位与角色决定的；也充分尊重作为被代表者的广大人民群众的主人翁地位——是由马克思主义的群众史观决定的，由党的性质宗旨决定的。也就是说，在代表的具体运行机制上，中国共产党通过与群众虽有区别但不分离的群众路线和被代表者之间达成了一种有效的互动。这种互动的经典表述是毛泽东在《关于领导方法的若干问题》一文中作出的："在我党的一切实际工作中，凡属正确的领导，必须是从群众中来，到群众中去。这就是说，将群众的意见（分散的无系统的意见）集中起来（经过研究，化为集中的系统的意见），又到群众中去做宣传解释，化为群众的意见，使群众坚持下去，见之于行动，并在群众行动中考验这些意见是否正确。然后再从群众中集中起来，再到群众中坚持下去。如此无限循环，一次比一次地更正确、更生动、更丰富。这就是马克思主义的认识论。"② 在这个过程中，需

---

① 李海青：《中国共产党：马克思主义使命型政党》，《江西社会科学》2018 年第 2 期。
② 《毛泽东选集》第 3 卷，人民出版社 1991 年版，第 899 页。

要从群众中来，认真倾听群众意见，也需要一个去粗取精、去伪存真、由此及彼、由表及里的集中环节；需要仔细调查，也需要认真研究。在这一集中研究环节，党员领导干部必须充分运用各种知识尤其是关于社会发展规律的知识，对各种分散多样的意见进行分析整合，排除不合理的主观要求，合理的客观需要或真实利益进行归纳提升。

第五，在代表的监督约束上，发挥党民合力。既然中国共产党的代表最初是一种自我授权、自我承诺，并且在代表实现过程中具有很强的自主性，那么，如何对党的自我授权进行有效监督规范、保证党能够成功兑现自己的承诺就成为一个必须认真对待的问题。如果党本身缺乏相应的领导能力与执政水平，特别是如果党内作风涣散、纪律松弛、贪腐严重、派系林立，官僚主义、命令主义泛滥以致脱离人民群众，党的代表性就会受到严重影响乃至丧失代表资格。应该说在这个问题上，中国共产党始终有着高度的自觉意识和深深的危机感。我们党深刻认识到，党的先进性和代表地位不是一劳永逸、一成不变的，过去先进不等于现在先进，现在先进不等于永远先进；过去拥有不等于现在拥有，现在拥有不等于永远拥有。从毛泽东的"决不当李自成"到习近平的"可能出现'霸王别姬'"，都是在提醒全党要具有忧患意识、居安思危，谦虚谨慎、戒骄戒躁，恪守宗旨、毋失民心。

以上从"立场"与"代表"两个基本概念阐述了党的历史使命。"立场""代表"内在统一：基于立场而代表，通过代表体现立场，两者共同深刻展现了马克思主义使命型政党基于使命承担的价值主动。

二、问题导向的意识主动

中国共产党只有通过现实实践才能承担自己的历史使命、实现自己的价值追求，就这一点来说，价值主动具有强烈的实践取向，内在要求转化

突　破

为面向实践活动的主动。实践活动就是解决问题的活动，主体从事实践活动就是为了解决问题特别是重大现实问题与时代课题，通过对现实世界的改造达成自己的目标，实现自己的理想。在此意义上，中国共产党使命承担的价值主动必然要拓展为问题导向的意识主动，也即以自觉而鲜明的问题意识、忧患意识、危机意识主动地把握、认知、研判相关的重大问题、主要矛盾、严峻挑战、巨大风险。这是历史主动的题中应有之义。也只有自觉地认识到问题、主动地把握了问题，才有可能保证立于不败之地，进而有所突破、有所进取、有所成就。只有落实到问题导向的意识主动，使命承担的价值主动才是真正有意义的，才不会成为凌虚蹈空的虚幻理念、价值玄想与纯粹口号。

马克思主义创始人一直秉持突出的问题意识。在《集权问题》一文中，马克思专门强调了把握时代迫切问题的重要性。马克思写道："一个时代的迫切问题，有着和任何在内容上有根据的因而也是合理的问题共同的命运：主要的困难不是答案，而是问题。因此，真正的批判要分析的不是答案，而是问题。……每个时代的谜语是容易找到的。这些谜语都是该时代的迫切问题，……问题是时代的格言，是表现时代自己内心状态的最实际的呼声。"[1] 马克思终生致力于对人类社会发展问题、人的解放发展问题特别是资本主义内在矛盾问题的研究。他从不满足已经取得的理论成就，而总是在对原有问题的不断追索及新问题的开创性思考中提升自己的研究境界，可以说正是强烈的问题意识驱使着马克思执着探索、锲而不舍、孜孜以求、把握规律。正如恩格斯评价马克思的，"在前人认为已有答案的地方，他却认为只是问题所在"[2]。

中国共产党人忠实传承了马克思主义这种突出的问题意识，并且在中国革命、建设与改革的现实考验语境下将之进一步内化、自觉化了。一部

① 《马克思恩格斯全集》第 1 卷，人民出版社 1995 年版，第 203 页。
② 《马克思恩格斯文集》第 6 卷，人民出版社 2009 年版，第 21 页。

波澜壮阔的百年党史，就是中国共产党不断确定问题、分析问题、解决问题的奋斗史。新民主主义革命阶段，如何科学把握中国革命的对象、领导力量与依靠力量，找到一条适合中国国情的革命道路成为一个现实而亟须解决的重大问题。以毛泽东同志为核心的党的第一代中央领导集体，强调"谁是我们的敌人？谁是我们的朋友？这个问题是革命的首要问题"①；强调马克思主义必须中国化，学习运用马克思主义要"有的放矢"，解决中国问题；强调要通过调查研究了解问题、认知问题；强调要善于区分不同的矛盾，具体问题具体分析；强调要对各种问题与危机保持敏感，特别是要解决好广大民众的切实利益问题；强调党的建设是一项"伟大的工程"，敏锐发现、高度重视、切实解决党内部的问题与隐患。可以说，自觉而深刻的问题意识是毛泽东能够成功开辟以农村包围城市、武装夺取政权之革命道路的极为重要原因。

中国特色社会主义的成功开创同样得益于邓小平充满情怀的忧患意识与反思批判的问题意识。传统社会主义建设模式导致的问题引发了邓小平的深刻反思。1982 年 9 月 18 日，在陪同金日成去四川访问途中，邓小平一连提出六个问题："国家这么大，这么穷，不努力发展生产，日子怎么过？我们人民的生活如此困难，怎么体现出社会主义的优越性？……社会主义必须大力发展生产力，逐步消灭贫穷，不断提高人民的生活水平。否则，社会主义怎么能战胜资本主义？……不努力搞生产，经济如何发展？社会主义、共产主义的优越性如何体现？我们干革命几十年，搞社会主义三十多年，截至一九七八年，工人的月平均工资只有四五十元，农村的大多数地区仍处于贫困状态。这叫什么社会主义优越性？"② 正是基于对"什么是社会主义，怎样建设社会主义"这一基本问题的深入思考，以邓小平同志为核心的党的第二代中央领导集体才得以通过理论创新和实践探索开

---

① 《毛泽东选集》第 1 卷，人民出版社 1991 年版，第 3 页。
② 《邓小平文选》第 3 卷，人民出版社 1993 年版，第 10—11 页。

辟了中国特色社会主义道路。随着改革开放的推进，邓小平也非常关注各种新产生的问题特别是贫富差距问题。邓小平指出，发展起来以后的问题不比不发展时少。我们要不断研究新情况、解决新问题、寻找新办法、制定新制度。可以说，自觉的问题意识作为一个重要推动力，促进了中国特色社会主义的不断发展完善。

中国特色社会主义进入新时代，习近平总书记站在统筹"两个大局"的高度，更是多次强调要不断强化问题意识，积极回答时代课题，把握历史主动。"我们要洞察时代风云，把握时代大势，站在人类发展前沿，积极探索关系人类前途命运的重大问题，为应对当今世界面临的全球性挑战、解决人类面临的共性问题贡献中国智慧、中国方案。……要坚持问题导向，聚焦我国改革开放和社会主义现代化建设面临的重大现实问题、全局性战略问题、人民群众关心关注的热点难点问题，为解决问题提供新理念、新思路、新方法。"① 特别是，习近平总书记深刻指出了新时代中国改革、发展、稳定所面临的内外风险挑战与不确定性，反复告诫全党要具有明确的底线思维、高度的忧患意识与危机意识，要下好先手棋，打好主动仗。习近平新时代中国特色社会主义思想也正是在回答新时代坚持和发展什么样的中国特色社会主义、怎样坚持和发展中国特色社会主义等重大时代课题的过程中才得以创立的。党的二十大报告更是明确将"必须坚持问题导向"作为贯穿习近平新时代中国特色社会主义思想的立场观点方法之一。

三、把握规律的理论主动

问题导向的意识主动使党在实现历史使命的过程中聚焦重大理论与现

---

① 中共中央党史和文献研究院、中央"不忘初心、牢记使命"主题教育领导小组办公室编：《习近平关于"不忘初心、牢记使命"论述摘编》，党建读物出版社、中央文献出版社 2019 年版，第 333 页。

实问题，但关注问题仅仅是解决问题的起步与开始，中国共产党的历史主动还要进一步体现为对问题本身的解答，以及在此基础上对相关规律的认识与把握。换言之，中国共产党应该以高度的主体能动性在解决问题中深化认识、把握规律，并有意识地将把握的规律以理论的形态呈现，以便更好地指导实践，如此方能切实提升战略思维，观大局、察大势、抓大事。致力于探求规律、自觉地推进理论建设，这就是共产党把握规律的理论主动。必须认识到，把握规律的理论主动是共产党历史主动中极为关键而又极具难度的一个环节，是历史主动转化为历史自信不可或缺的决定性支撑要素。从一定程度上说，使先锋队保持高度的使命意识与敏锐的问题意识，做到使命承担的价值主动与问题导向的意识主动固然不容易，要想形成深刻的理论思维，做到把握规律的理论主动，难度相对更大。这是因为，前两者固然受到客观条件的限制，但相对而言更取决于主观意识，更易于为主体本身所决定，而破解难题、认知规律是面向客体的苦苦求索，既受制于问题本身的暴露程度、事物本身的发展程度、前人已有的思想资源，也对主体的综合素质特别是思维能力提出了更高的要求。正是由此，我们可以看到，在马克思主义发展史上，信仰坚定、志向高远者不乏其人，看到问题、指出问题的也不在少数，但真正能够切实解决问题、洞悉规律、创立理论的还是极少数。在此意义上，把握规律的理论主动是一项极为艰巨的伟大事业。

尽管具有极大难度，但马克思主义政党尤为重视把握规律与发挥理论的指导作用，这是由其改造世界、破旧立新的伟大使命决定的，可以视为马克思主义的一个理论基因。众所周知，马克思的两大发现，即唯物史观和剩余价值理论，一个是对人类社会发展根本规律的揭示，另一个是对资本主义运行独特规律的揭示。正是这两大发现支撑起了马克思主义的整个宏大理论体系，并由此催生了马克思主义政党，开启了世界范围内马克思主义波澜壮阔的发展历程，决定了马克思主义对整个人类世界的伟大

突　破

历史意义。恩格斯高度评价马克思主义的科学性和真理性，并且特别强调，"我们党有个很大的优点，就是有一个新的科学的世界观作为理论的基础"①。

中国共产党人继承了马克思主义的这一理论基因，深深懂得一个政党、"一个民族要想站在科学的最高峰，就一刻也不能没有理论思维"②。"回顾党的奋斗历程可以发现，中国共产党之所以能够历经艰难困苦而不断发展壮大，很重要的一个原因就是我们党始终重视思想建党、理论强党，是全党始终保持统一的思想、坚定的意志、协调的行动、强大的战斗力。"③ 毛泽东格外看重对于中国革命与建设规律的把握，强调要通过实践认识论"实践、认识、再实践、再认识"的螺旋式上升，通过群众路线"从群众中来，到群众中去"的辩证性循环，一步步深化对规律的认识与理解；强调研究问题要实事求是，注重把握客观事物的内部联系，即规律性，忌带主观性、片面性和表面性；强调要从辩证法的宇宙观，即矛盾法则的高度去把握规律，正确处理矛盾个性与共性、相对性和绝对性、特殊性与普遍性、同一性和斗争性、主要矛盾和次要矛盾、矛盾主要方面和次要方面的关系，特别是把"具体地分析具体的情况"作为马克思主义的活的灵魂，强调"中国革命斗争的胜利要靠中国同志了解中国情况"④；强调要通过把握规律提高领导的战略思维与预见能力。"什么叫做领导？领导和预见有什么关系？预见就是预先看到前途趋向。"⑤"所谓预见，不是指某种东西已经大量地普遍地在世界上出现了，在眼前出现了，这时才预见；而常常是要求看得更远，就是说在地平线上刚冒出来一点的时候，刚露出一点头的时候，还是小量的不普遍的时候，

① 《马克思恩格斯文集》第 2 卷，人民出版社 2009 年版，第 599 页。
② 《马克思恩格斯文集》第 9 卷，人民出版社 2009 年版，第 437 页。
③ 《习近平谈治国理政》第 3 卷，外文出版社 2020 年版，第 74 页。
④ 《毛泽东选集》第 1 卷，人民出版社 1991 年版，第 115 页。
⑤ 《毛泽东文集》第 3 卷，人民出版社 1996 年版，第 394 页。

就能看见，就能看到它的将来的普遍意义。"① "只有当着还没有出现大量的明显的东西的时候，当桅杆顶刚刚露出的时候，就能看出这是要发展成为大量的普遍的东西，并能掌握住它，这才叫领导。"② 而这种未雨绸缪、见微知著的主动预见能力当然是以对大方向大趋势的规律性认识与把握为基础的。

改革开放的开启及其不断推进也是以中国共产党对规律的认识与把握为基础的。邓小平在党的十二大开幕词中提出的"走自己的路，建设有中国特色的社会主义"其实就意味着对以往经验教训的总结以及在此基础上规律认识的深化。"我们的现代化建设，必须从中国的实际出发。无论是革命还是建设，都要注意学习和借鉴外国经验。但是，照抄照搬别国经验、别国模式，从来不能得到成功。这方面我们有过不少教训。把马克思主义的普遍真理同我国的具体实际结合起来，走自己的道路，建设有中国特色的社会主义，这就是我们总结长期历史经验得出的基本结论。"③ 这一基本结论即对中国社会主义建设最根本规律的揭示。无论是"实事求是"思想路线的重新确立也好，还是"真理标准问题"的大讨论也好，最终指向的都是摆脱教条主义，在实践与理论的有效互动中不断深化对现实规律的认识。自此以后，深化对共产党执政规律、社会主义建设规律、人类社会发展规律的认识逐渐成为中国共产党固定的规律表述话语。特别是，党的十八大以来，我们党勇于进行理论探索和创新，以全新的视野深化对这三大规律的认识，最终创立了习近平新时代中国特色社会主义思想，其"十个明确""十四个坚持"都是推进新时代改革与发展的规律性论断。习近平总书记也多次强调，要正确分析历史大势、把握历史规律、抓住历史机遇，准确识变、科学应变、主动求变，因势而谋、应势而动、顺势而

---

① 《毛泽东文集》第 3 卷，人民出版社 1996 年版，第 395 页。
② 《毛泽东文集》第 3 卷，人民出版社 1996 年版，第 394—395 页。
③ 《邓小平文选》第 3 卷，人民出版社 1993 年版，第 2—3 页。

为，始终掌握党和国家事业发展的历史主动。党的二十大总结历史，也明确指出，"推进马克思主义中国化时代化是一个追求真理、揭示真理、笃行真理的过程"①。在此，真理即是规律！而党的二十大集中阐发的"两个结合"，即马克思主义基本原理同中国具体实际相结合、同中华优秀传统文化相结合，其实就是马克思主义如何实现中国化时代化的规律性机制。

四、谋篇布局的规划主动

把握规律的理论主动虽然已经深入实践、深入问题，规律认识在反复实践基础上也会不断深化，但总体属于从实践环节到理论环节的跃升。按照马克思主义的实践认识论，实践是认识的目的和归宿，理论还是要最终回到实践的，发挥对实践的指导作用。而揭示了规律的创新理论落地到实践，发挥指导作用，是通过党在规律指导下制定大政方针、作出顶层设计、进行谋篇布局，明确事业的任务书、时间表与路线图来实现的。就这一点来说，要想完成使命，党仅停留在揭示规律、创立理论阶段是不行的，还要主动依据规律进行改造世界、推进变革与发展的规划与设计，此即谋篇布局的规划主动。谋篇布局的规划主动构成了从把握规律的理论主动到最终取得实践效果之间的中间环节，其难度一点也不亚于对规律的深刻把握。如果说把握规律更考验一个人的理论素质，一个深刻的理论家就可以有所建树，而要通过谋篇布局运用规律，将之付诸实践，不仅考验一个人的理论素质，更考验一个人综合的实践能力。有的人可以作为优秀的理论家，但无法成为伟大卓越的实践人物，就是因为理论活动更为纯粹、更具个体性，而实践活动必须考虑具体的历史条件与时代因素，相对涉及

---

① 习近平：《高举中国特色社会主义伟大旗帜　为全面建设社会主义现代化国家而团结奋斗——在中国共产党第二十次全国代表大会上的报告》，人民出版社2022年版，第16页。

更多人、物、事，更为复杂，不仅需要理论作为指导，更需要科学的思想方法以统筹谋划，需要有效的工作方法以汇集群智、整合意见、组织协调。此外，把握规律的创新理论在发挥指导作用前，只具有潜在的改变世界的能力，而一旦将之运用于实践，其影响将成为现实，将会关系党的事业的前途命运，关系广大民众的实际利益，在这种情况下，主动谋篇布局的压力与难度无疑会进一步加大，更考验主体的实践智慧。综合以上，可以说成功的谋篇布局需要一种特别的糅合理论与实践的能力。

此外，马克思主义使命型政党使命的特点与面临的形势更加重了有效谋篇布局的难度。一方面，马克思主义使命型政党所要承担的使命高远宏大，非短期内所能实现，尤其需要做好精心的统筹谋划，确定不同阶段的任务目标、制定不同阶段的纲领路线，既不能放弃远大理想、只注重当前，也不能好高骛远、忽视当下。这一方面，社会主义国家的马克思主义政党在历史上普遍犯过严重失误，必须吸取教训、总结经验。另一方面，马克思主义使命型政党不仅任务艰巨，所面临的问题挑战往往也非常严峻，非轻易所能克服，这就更增加了顶层设计、谋篇布局的难度。这种情况下，稍有不慎，就可能会导致事业受到严重挫折甚至出现难以挽回的失误。这在社会主义国家历史上也并非没有经验教训。

要想将把握规律的理论主动转化为谋篇布局的规划主动，掌握科学的思想方法极为重要。科学的思想方法在战略高度运思，将实践中的各种现象、各种问题、各种关系、各种力量进行条理化、系统化、辩证化的分析把握，把谋事和谋势、谋现实和谋长远、谋部分与谋整体、谋具体与谋根本、谋国内和谋国际有机统一，从而有助于科学的顶层设计。在此意义上，只有掌握并运用科学的思想方法才能制定正确的大政方针、战略战术，进行有针对性的总体规划。在我们党的百年历史上，党的领袖都特别强调科学思想方法在谋篇布局中发挥的极端重要作用。毛泽东不仅强调辩证唯物主义和历史唯物主义作为哲学思想方法的根本指导意义，更以《矛

突　破

盾论》《实践论》大大发展了马克思主义哲学的思想方法。毛泽东思想活的灵魂的三个基本方面——实事求是、群众路线、独立自主，其实概括的就是思想的方法论原则。邓小平思考问题也非常讲究科学的思想方法，比如求实、辩证、创新、系统等。也正是通过科学思想方法的中介与对接，我们党才将对规律的认识转化、落实为实践中的顶层设计与谋篇布局，也才能够成功制定新民主主义革命总路线、过渡时期总路线，也才能够在改革开放后成功制定社会主义初级阶段的基本路线，并形成"老三步走"（党的十三大提出）、"新三步走"（党的十五大）及"新两步走"（党的十九大）等一系列既一脉相承又与时俱进的发展战略。特别是党的十八大以后，我们还系统明确了"五位一体"总体布局与"四个全面"战略布局。这次党的二十大对科学的思想方法作集中梳理与总结，并将其整体统摄在"系统观念"名下。"我们要善于通过历史看现实、透过现象看本质，把握好全局和局部、当前和长远、宏观和微观、主要矛盾和次要矛盾、特殊和一般的关系，不断提高战略思维、历史思维、辩证思维、系统思维、创新思维、法治思维、底线思维能力，为前瞻性思考、全局性谋划、整体性推进党和国家各项事业提供科学思想方法。"[①] 这段集中性的阐述表明我们党越来越深刻认识到科学思想方法在主动、有效谋篇布局中的极端必要性。

五、贯彻落实的实践主动

谋篇布局最终是为了更好实现历史使命，所以马克思主义使命型政党必须将大政方针、战略规划以积极的态度有效贯彻落实。正所谓"行百里者半九十"，其他先序环节的主动性再强，如果缺乏这一环，则党的历史

---

① 习近平：《高举中国特色社会主义伟大旗帜 为全面建设社会主义现代化国家而团结奋斗——在中国共产党第二十次全国代表大会上的报告》，人民出版社 2022 年版，第 21 页。

主动也将丧失实质意义而沦为空泛。注重贯彻落实的实践主动既是马克思主义的本质要求，也是中国共产党的优良传统与事业成功的重要保证。马克思主义不是纯书斋中的学问，而是科学性与革命性的统一，具有强烈的行动取向。科学性强调的是知的方面，即对规律、逻辑与真理的认识与把握，革命性强调的则是行的方面，即通过实践改造世界。科学性与革命性的统一也就意味着知与行的合一、认识世界与改造世界的统一，意味着马克思主义者必须将理论有效应用于实践，解决问题、破旧立新，实现理想。中国共产党人忠实继承了马克思主义这一知行合一的特质并将之在马克思主义中国化过程中发扬光大。毛泽东《实践论》的副标题就是"论认识和实践的关系——知和行的关系"。"马克思主义的哲学认为十分重要的问题，不在于懂得了客观世界的规律性，因而能够解释世界，而在于拿了这种对于客观规律性的认识去能动地改造世界。……如果有了正确的理论，只是把它空谈一阵，束之高阁，并不实行，那末，这种理论再好也是没有意义的。"① 贯彻落实的实践主动在此展现得淋漓尽致。

百余年来，中国共产党之所以能够带领人民取得举世瞩目的伟大成就，树立明确的实践思维、秉持鲜明的实践取向是一个极为重要的原因。就思维方式而言，中国共产党的一个突出优点和明显优势就是强烈的实践性思维。这种实践性思维源于马克思主义的实践观，主张理论联系实际，强调实践的重要意义，注重释放人民群众的实践潜能，重视决策部署的有效落实。其一，在认识论上，实践性思维强调一切从实际出发认识问题、制定政策、发展理论，既反对本本主义，又反对经验主义。以马克思主义为指导是我们党的一个巨大优势，但观诸历史，对指导思想的僵化理解也往往导致本本主义，从而给党和人民事业造成巨大损失。基于此，我们党在实践探索中逐步形成了一切从实际出发，理论联系实际，实事求是，在

---

① 《毛泽东选集》第 1 卷，人民出版社 1991 年版，第 292 页。

突　破

实践中检验真理和发展真理的思想路线。尽管恩格斯早就指出，"马克思的整个世界观不是教义，而是方法。它提供的不是现成的教条，而是进一步研究的出发点和供这种研究使用的方法"。但正是在持续而艰难的探索实践中，我们对此的认识才越发深入，体会才越发深刻。其二，在价值观上，实践性思维强调实践标准、确立实践导向、追求实践效果。中国共产党的领导能力与执政水平如何，根本而言要看党创立的理论、制定的路线、提出的方针、形成的政策、确立的制度能否产生良好的实践效果，党的各级组织能否在实践中发挥有效的引领、组织、带动作用。换言之，对中国共产党而言，实践性思维本身要求以事实说话、以实绩服人、以实效证明，要求能够切实推动中国社会的解放进步、中国人民的发展幸福、中华民族的伟大复兴。只有这样，中国共产党的领导才能真正赢得人民的拥护。其三，在群众观上，实践性思维注重发挥人民群众作为实践主体的自主性、能动性和创造性，归根结底，人民群众才是物质生产、社会进步与历史发展的主体。中国共产党的领导的一个重要方面就是有效唤起广大人民群众的无穷智慧和潜能，保障其主体地位，维护其主体权利，发挥其主体能力，使人民群众成为革命、建设和改革实践的更为自觉的主体。人民群众在实践中不仅富于观念的创造性，能够提出很多好的观点、看法与建议，而且也是行动的主体。理论再科学、路线再正确，如果不能被人民群众深刻认识与理解，便不能转化为人民群众自觉的实践行动，是无法有效改造世界的。其四，在方法论上，实践性思维一是强调实践探索，二是强调决策部署的实际落实。实践是主观见之于客观的活动，但是客观环境和条件往往超出主体所能预料与控制的范围，换言之，实践总是充满着不确定性，就这一点来说，主体必须在实践中逐步地探索、总结，不断深化对事物本质与规律的认识。客观世界永远具有未知性，实践永远具有开放性，探索永远具有未完性。在中国共产党历史上，马克思主义与中国具体实际相结合的过程，也就是在实践探索中逐步形成中国化的马克思主义，开辟马克思主义中国化时代化新境界的过程。

为了保障大政方针、战略安排、路线布局的贯彻落实，中国共产党作为马克思主义使命型政党在历史上一贯反对空谈，不断加强以民主集中制为核心的制度建设，强调党中央权威与集中统一领导，强调纪律、命令与服从。毛泽东要求共产党员一定要有认真实干的精神。在《党委会的工作方法》一文中，他把要"抓紧"作为一项重要的工作方法。"党委对主要工作不但一定要'抓'，而且一定要'抓紧'。什么东西只有抓得很紧，毫不放松，才能抓住。抓而不紧，等于不抓。伸着巴掌，当然什么也抓不住。就是把手握起来，但是不握紧，样子像抓，还是抓不住东西。……不抓不行，抓而不紧也不行。"① 邓小平更是典型的实干派，始终不尚空谈，注重落实、务实、实效。

党的十八大以来，在改革发展新的历史起点上，习近平总书记也高度重视改革发展决策部署的有效贯彻落实，反复强调"空谈误国，实干兴邦""关键在于落实"，大力倡导踏石留印、抓铁有痕，指出在贯彻落实上，必须有时不我待的紧迫意识和夙夜在公的责任意识抓实、再抓实，并不断强化党中央集中统一领导。"我们要有钉钉子的精神，钉钉子往往不是一锤子就能钉好的，而是要一锤一锤接着敲，直到把钉子钉实钉牢，钉牢一颗再钉下一颗，不断钉下去，必然大有成效。……很多时候，有没有新面貌，有没有新气象，并不在于制定一打一打的新规划，喊出一个一个的新口号，而在于结合新的实际，用新的思路、新的举措，脚踏实地把既定的科学目标、好的工作蓝图变为现实。"② 党的二十大报告最后也强调要"牢记空谈误国、实干兴邦，坚定信心、同心同德，埋头苦干、奋勇前进"，从而极为鲜明地体现了中国共产党贯彻落实的实践主动。

---

① 《毛泽东选集》第 4 卷，人民出版社 1991 年版，第 1442 页。
② 《习近平谈治国理政》，外文出版社 2014 年版，第 400 页。

突 破

六、自我革命的治党主动

自中国共产党诞生起，党的自我革命实践就已然开始，从未停息。我们党把自身作为革命对象，以自觉的自我革命意识和坚定的自我革命意志，刀刃向内解决自身问题，革除病症进行自我修复，不断实现自我扬弃和自我超越，这正是我们党永葆生命力的制胜法宝，正是我们党发挥历史主动的关键保障。

中国共产党作为一个马克思主义使命型政党，自成立就以实现自身民族、国家的解放或发展为自觉使命，以推进世界大同、实现共产主义为最终使命。从历史使命的特殊性来看，马克思主义所指明的前进方向具有长远性且极富挑战，最终目标具有必然性也极其远大，历史任务具有艰巨性而困难重重，必须经历一个个破旧立新的过程，打破旧世界、建立新秩序，塑造"新人"并致力于实现人的自由全面发展。而要实现从经济基础到上层建筑的一系列深刻社会变革，非靠一个强大有力的政党推动和领导所不能完成。如此特殊而重大的历史使命对政党的性质、地位和组织力量必然有其不同寻常的内在要求。从党的建设发展来看，党的自我革命是我们党进行自省、自强的内在驱动过程，是实现自身成长、完善并充分发挥自身潜能和作用的过程，因而需要贯穿党的建设始终。因此，党的自我革命推进到何种深度和广度，直接影响着党的建设成效和党的发展状况。在百余年的风雨兼程中，我们党历经了中国三千年未有之大变局下对救国救民道路的探求，内外受敌的革命战争环境中对新民主主义革命道路的开创，中国人民当家作主后对社会主义革命和建设道路的探索，和平与发展成为时代主题背景下对中国特色社会主义道路的开辟，以及中国特色社会主义进入新时代对新的使命任务的承担。党的每一次自我革命，都是在时代感召中迈出的坚定步伐，回应的是时代之问，应对的是现实挑战。当前，全球治理体系正面临深刻变革，诸多全球性难题日益突出，各种不确定因素和风险挑战逐步增多；国际体系和国际制度调整持续深入，国际形势正在发生前所未有的大变局，外部环境更加复杂多变，如何积极应对挑战并把握好战略机遇加快发展，是时代交予我们党的棘手问题。从国情来看，我国正处于实现中华民族伟大复兴梦想的关键节点，如何突破进入深水区的改革所面临的诸多瓶颈，是国家发展对我们党提出的难题；就党情而言，"四大考验"和"四种危险"随着新时代到来而更加凸显，具有长期性和尖锐性，如何答好"窑洞之问"，跳出历史周期率是我们党自身必须予以解决的重要课题。鉴于世情国情党情的新变化，我们党亟待以大无畏的自我革命气魄，进一步解放思想、攻坚克难，清除体制机制障碍、整合社会资源、平衡利益关系等，持续将改革推向深入，以彻底的自我革命精神和行动解决影响党长期执政地位的突出问题，清除重大政治隐患及动摇党执政根基的因素，增强全党的拒腐防变能力和抵御风险能力，进一步巩固党的执政基础。

新民主主义革命时期，我们党运用自我革命这一强大武器，以树立和纯洁全党无产阶级思想为主线，向非马克思主义的思想开战，涤荡了党内的错误思想倾向，推动了全党的思想统一。革命初期，我们党就敏锐洞察到党内出现的各种非无产阶级思想对革命的严重危害，及时查找问题根源并提出解决方案，有效克服了各种错误思想，加强了党内的团结统一。随着革命形势的发展与革命队伍的壮大，针对党内开始出现的右倾机会主义、"左"倾冒险主义等问题，我们党适时总结，通过发出文件、通知或召开会议等予以纠偏。自1927年大革命失败以后，我们党以思想为突破口，开始了对自身的全面检视。我们党在1929年古田会议上对党内存在的各种非马克思主义思想的表现和原因进行了深刻剖析，指明了解决办法，并确立了"着重从思想上建设党"的基本原则；在1935年遵义会议上同"左"倾冒险主义、教条主义等错误思想进行了坚决斗争，在生死存亡之

突　破

际做到了自我纠正、自我挽救，保证了革命路线的正确方向和新民主主义革命的最终胜利。为进一步加强全党思想的改造和建设，从 1939 年开始纠正土地革命后期我们党内"左"倾教条主义政治路线错误，于 1942—1945 年开展了整风运动，通过思想检查、思想检讨等提升了全党的思想认识水平，增强了全党战斗力。与此同时，我们党注重总结经验，于 1945 年形成《关于若干历史问题的决议》，成为诊治我们党思想疾病的一剂良药①。党的七大继续采取纠"左"反右的措施。1947—1948 年，我们党开展了"三查三整"为主要内容的整党运动，为克服党内存在的成分不纯、思想不纯和作风不纯问题发挥重要作用②。1949 年，党的七届二中全会对全党提出了"两个务必"的要求，并着力整顿干部作风问题、纠正群众工作中的错误。

党在社会主义革命和建设时期的自我革命的主线，主要是围绕把我们党从领导全国革命的党转变为领导全国建设的党。在这一时期，我们党重点对党的思想、作风和组织等方面进行锻炼和提高，进一步纯洁了党的思想作风、组织作风，为建设一个先进的执政党打下坚实基础。在党的思想建设方面，我们党"坚持以思想革命实现政治革命的思路"③，在强化马列主义教育、提升全党思想觉悟和理论水平方面狠下功夫，坚决抵制和克服封建残余思想、落后思想、修正主义思想等各种不良思想对全党的侵蚀。在党的作风建设方面，1950 年，全党全军开展整风运动，以纯洁党和军队的作风建设。在党的组织建设方面，重点整顿党的基层组织，清除"混入党内的各种坏分子和丧失了党员条件的蜕化变质分子"，对不够党员条件者采取自愿或劝告退党④，提出了共产党员标准的八项条

---

① 《王稼祥选集》，人民出版社 1989 年版，第 360 页。
② 《毛泽东选集》第 4 卷，人民出版社 1991 年版，第 1342—1350 页。
③ 谭献民：《改革开放以来党勇于自我革命的历史特点与基本经验》，《湖湘论坛》2019 年第 1 期。
④ 中央档案馆、中共中央文献研究室编：《中共中央文件选集（1949 年 10 月—1966 年 5 月）》第十五册，人民出版社 2013 年版，第 110—126 页。

件。1951—1954 年，我们党开展整党运动，并把"三反"运动与之相结合，号召党员干部要"彻底揭发官僚主义的错误"①。这些做法都充分展现了我们党自我革命的勇气和魄力，毫不手软地剜掉自身毒瘤，清除肌体腐肉，有力推动了党的思想、组织和作风的纯洁性建设。

进入改革开放和社会主义现代化建设新时期，党的自我革命的深度和广度持续拓展，不仅加强建设和规范党的制度，更围绕社会主义初级阶段基本路线深入强化思想政治教育，把党的思想建设与政治、作风、组织、纪律和制度建设统一起来。我们党首先对"文化大革命"期间产生的教条主义和帮派作风进行大刀阔斧的整改，系统纠正"左"的错误，在党的十一届三中全会上重新树立正确的思想路线，在党的十一届六中全会上作出《关于建国以来党的若干历史问题的决议》，实现了党的指导思想的拨乱反正，并提出了党的制度建设这一重要命题。1983 年，我们党以"绝不能走过场"的坚决态度开始了对党的全面整顿，提出"统一思想，整顿作风，加强纪律，纯洁组织"② 的要求。党的十四大以后，为解决新时期党内思想矛盾，更好地增强和保持党的先进性，我们党通过开展"三讲"教育和"三个代表"重要思想学习教育活动以加强党性党风的纯洁净化。

进入新时代，我们党对自我革命提出了新的任务要求。围绕"加强党的长期执政能力建设、先进性和纯洁性建设"这条主线③，以前所未有的力度继续深入推进自我革命，最为突出的举措就是全面从严治党战略的提出与实施。与提升新时代党的整体质量相结合，我们党对自身建设提出了更高更严要求。把对党员的政治站位和政治要求提到前所未有的高度，在思想上力求正本清源和固本培元，拧紧世界观、人生观、价值观这个"总

---

① 中央档案馆、中共中央文献研究室编：《中共中央文件选集（1949 年 10 月—1966 年 5 月）》第十五册，人民出版社 2013 年版，第 396 页。

② 中共中央文献研究室编：《十二大以来重要文献选编》（中），人民出版社 1986 年版，第 711 页。

③ 习近平：《决胜全面建成小康社会 夺取新时代中国特色社会主义伟大胜利——在中国共产党第十九次全国代表大会上的报告》，人民出版社 2017 年版，第 61—62 页。

突　破

开关"，坚定共产党人的理想信念，锻炼共产党人的坚强党性，突出思想建党和理论强党相统一。在党的作风和纪律上狠下功夫，强化执纪监督，落实问责制度，严肃党内政治生活。特别是在党内腐败问题上，我们党在态度上零容忍、在范围上全覆盖，以高压态势"打虎""拍蝇""猎狐"，严肃惩处腐败行为。牢牢抓住党的制度建设这一党的建设中具有根本性、长远性的问题，把构建党内法规制度体系与健全国家法律法规体系统一起来，把党的各项建设、各个领域、各个环节都纳入法律制度的硬约束之中，将其作为高悬全体党员头顶的"达摩克利斯之剑"，时刻自我警醒、自我约束。

中国共产党作为马克思主义使命型政党始终注重秉持历史主动，因历史主动而取得丰功伟绩，因历史主动而坚定历史自信。全面建设社会主义现代化国家的新征程上，我们极有可能还要经受风高浪急甚至惊涛骇浪的重大考验。面对新挑战新考验，我们党必须以更为自觉的使命意识更好把握历史主动，探索新征程的发展规律、寻求新矛盾的化解机制、研究新问题的解决方法、明确新风险的应对策略。这是因为，即使历史主动本身具有相对稳定的内涵构成，但其面对的阶段、环境与条件毕竟在不断变化，所以其具体实现也仍然具有动态性与历史性，仍然是颇具难度的工作。基于此，我们党必须切实增强忧患意识，坚持底线思维，深入研究、健全完善新征程上历史主动的具体实现机制，而这样一个过程，也必然会进一步深化对历史主动本身的理解。

党的自我革命永远在路上

祝灵君

作者简介

　　中共中央党校（国家行政学院）党建教研部副主任（主持工作），二级教授，博士生导师，全国党建研究会常务理事，中国统一战线研究会理事。主要研究方向为党的领导和党的建设理论与实践，执政党建设研究。主持6项国家社科基金课题，多项省部级课题。在《政治学研究》《马克思主义研究》《国外社会科学》《党建研究》《马克思主义与现实》《当代世界与社会主义》《中共中央党校学报》《人民日报》《光明日报》等报刊上发表科研论文100余篇，20多篇文章被《新华文摘》和人大复印报刊资料全文转载。出版个人专（合）著14部。

观点提要

　　★ 勇于自我革命是中国共产党区别于其他政党的显著标志，也是新时代中国共产党给出跳出治乱兴衰历史周期率的"第二个答案"。党的十八大以来，自我革命成为党百年奋斗的重要历史经验，展示了深刻的话语含义、理论逻辑、文化底蕴、历史经验和最新成功实践。

突　破

★ 起步新征程，中国共产党只有坚持全面从严治党永远在路上、自我革命永远在路上，才能成功回答"建设什么样的长期执政的马克思主义政党、怎样建设长期执政的马克思主义政党"这个重大时代课题。

★ 系统深入研究中国共产党自我革命的话语体系、鲜明品格和行动方向，是推进新时代党的建设基础理论研究的重要任务，是构建中国特色哲学社会科学和中国自主知识体系的一项重要任务，具有重大理论和实践意义。

勇于自我革命是中国共产党区别于其他政党的显著标志，也是新时代中国共产党给出跳出治乱兴衰历史周期率的"第二个答案"。党的十八大以来，自我革命成为党百年奋斗的重要历史经验，展示了深刻的话语含义、理论逻辑、文化底蕴、历史经验和最新成功实践。起步新征程，中国共产党只有坚持全面从严治党永远在路上、自我革命永远在路上，才能成功回答"建设什么样的长期执政的马克思主义政党、怎样建设长期执政的马克思主义政党"这个重大时代课题。系统深入研究中国共产党自我革命的话语体系、鲜明品格和行动方向，是推进新时代党的建设基础理论研究的重要任务，是构建中国特色哲学社会科学中国自主知识体系的一项重要任务，具有重大理论和实践意义。

2015 年 5 月 5 日，习近平总书记在中央全面深化改革领导小组第十二次会议上的讲话中首次提出"自我革命"。2016 年 7 月 1 日，习近平总书记在庆祝中国共产党成立 95 周年大会上强调"全党要以自我革命的政治勇气，着力解决党自身存在的突出问题，不断增强党自我净化、自我完善、自我革新、自我提高能力"。2017 年 10 月 25 日，习近平总书记在十九届中共中央政治局常委同中外记者见面时重申"实践充分证明，中国共产党能够带领人民进行伟大的社会革命，也能够进行伟大的自我革命"。2019 年 6 月 24 日，十九届中央政治局第十五次集体学习专门以"牢记初心使命，推进自我革命"为题，习近平总书记集中阐述了党的自我革命思想成果。2021 年 11 月 11 日，习近平总书记在党的十九届六中全会第二次全体会议上指出：勇于自我革命是中国共产党区别于其他政党的显著标志。2022 年 1 月 18 日，习近平总书记在十九届中纪委六次全会上指出："一百年来，党外靠发展人民民主、接受人民监督，内靠全面从严治党、推进自我革命，勇于坚持真理、修正错误，勇于刀刃向内、刮骨疗毒，保证了党长盛不衰、不断发展壮大。"二十届中央纪委三次全会首次提出并系统阐述了习近平总书记关于党的自我革命的重要思想。党的二十届三中全会提出"保持以自我革命引领社会革命的高度自觉""完善党的自我革命制度规范体系"等重大理论和实践命题。于是，从改革开放后党的建设走"靠改革和制度建设的新路子""以改革的精神把党的建设推向前进"到"以改革创新精神全面推进党的建设新的伟大工程"，再到"自我革命精神是党永葆青春活力的强大支撑"，表明"党的自我革命"已经成为新时代中国共产党党的建设的一个重要基础理论。

在当代中国学术史上，"革命"是自近代以来始终牵动学者注意力的一个重要词语。无论是革命与改良、国民革命和社会革命、无产阶级革命与资产阶级革命之争论，还是对"无产阶级专政条件下继续革命"的"唯革命论"否定，抑或 20 世纪 80 年代一些学者提出的"告别革命"、21 世纪初以来一些学者提出"从革命党走向执政党"的判断，几乎每提出一个涉及"革命"的学术命题都会引发高度关注。一段时间以来，"革命"一词成为敏感词而被许多学者有意识地回避，特别是出现把革命和执政对立起来的趋势，仿佛讲执政就不能讲革命，引发了马克思主义理论研究的混乱。然而，中国共产党毕竟是马克思主义执政党，同时是马克思主义革命党，百年大党已经形成成熟的革命话语体系和理论体系，注定不能回避问题，必须澄清各种理论和实践误区。

一个时期以来，海外学者以"韧性"（Andrew Nathan，2003）、"适应性"（沈大伟，2008）、"自我纠错"（Christian Sorace，2015）等概念来解读中国共产党的能够保持生机活力并长期执政的理由。这些概念部分解释了中国共产党具有生机活力的理由，却无法从本质上阐述中国共产党何以区别于世界上其他政党。党的十九届六中全会通过的历史决议将"坚持自我革命"作为党百年奋斗的重要历史经验，展示了中国共产党区别于其他政党的显著标志，揭示了中国共产党永葆青春活力的密码。针对自我革命的含义，有学者认为"革命"内在包含着主客体之间的对立，而"自我革命"是主体把自身当作革命的客体、对象，实现从对立向统一的转化（甄占民、唐爱军，2020）；有学者认为自我革命是自我警醒、自我否定、自我反思、自我超越的一种积极的、主动的革命性行为（赵绪生，2018）；有学者回归现实意义，指出党的自我革命主要围绕反腐败斗争进行的"破"和"立"，除了对内部关系进行调整，更是对诸多重大关系展开重新构造（郑永年，2018）。针对为什么要进行自我革命，有学者认为自我革命根植于马克思主义所蕴含的革命性和批判性，生成于中国革命、建设和改革进程的艰苦探索（靳小勇、燕连福，2020）；有学者认为自我革命使党经历了从自觉到自信再走向自为的发展过程（何旗，2020）。针对如何进行自我革命，有学者认为自我革命需要特定的动力机制来维系，外生动力显示"刺激—回应"的逻辑，内生动力体现"自觉—回应"的逻辑（赵大朋，2022）；有学者借鉴国外政党兴衰经验，分析自我净化机制失灵使党内弊端积重难返是苏共垮台的致命因素（刘宗洪，2014）；有学者认为，不忘初心、牢记使命是中国共产党自我革命的精神源泉（侯惠勤，2020）。

以上文献对党的自我革命理论和实践进行了深入分析，都有一定的贡献和启发。然而，当前党的自我革命研究依然缺失系统性理论框架，存在诸如对具体细节分析较多而整体把握不足、阐释性研究较多而规律性研究不足、个性研究较多而比较研究不足等难题。本书尝试从整体上把握，阐述党的自我革命的话语含义、理论逻辑、使命和文化依据、历史经验和最新成功实践，并展示其理论和实践意义。

一、党的自我革命的话语含义

东汉经学家、文字学家许慎在《说文解字》一书中指出："革"即"三十年为一世而道更"，即某种事物在一定时期内必然要发生的周期性更替；"命"即"口"下令，即秩序的产生。"革命"的本义是指某种秩序的周期性变化。在中国典籍文化中，"革命"一词大致运用于五种情况：易姓、彻底变革、王朝更替、汤武革命、天地（周期性）变化。在众多"革命"的涵义中，"易姓"或"王朝更替"运用最为普遍。古籍文献《易·革·象辞》中"汤武革命，顺乎天而应乎人"中的"革命"即"易姓""收回天命"，古代中国因为家国同构，所以"易姓"等同于"改朝换代"，这是中国革命话语的1.0版本，形成了中国最古老的"合法性"理论。一些学者研究，"平等"一词在佛教文献中出现过，但"革命"从未出现过。宋代，"革命"一词也很少指涉天道的变化，表明将天理视为寂然不动的无形之理。到了清代，随着汉学的兴起和对宋明理学的批判，革命关于天地变化的思想再次回归，为"天地革命"在近代的兴起奠定了基础。①

隋唐时期，中国许多典籍文化由遣隋使、遣唐使带回日本，其中也包括记载"革命"的文献。由于日本天皇万世一系，不能易姓，故"革命"一词在日本很少使用。明治维新以后，日本人全面向西方学习，"革命"一词复活并对应英文"revolution"，革命话语进入2.0版本，即以英法革命为原型，以争取个人权利、个性自由为目标的国民革命。中日甲午海战以后，大量中国留日学生将国民革命的思想从日本带回国内，助推在中华

---

① 参见金观涛、刘青峰：《观念史研究：中国现代重要政治术语的形成》，法律出版社2009年版。

突　破

大地掀起轰轰烈烈的国民革命运动，中国国民党接受了国民革命的思想。俄国十月革命一声炮响，马克思列宁主义传入中国，带来了社会革命的全新思想，不久后成立的中国共产党坚持以马克思列宁主义为指导，党在一大纲领中就明确提出"党革命的最高目的是实现社会革命"，形成了革命话语的3.0版本。

　　何谓社会革命？马克思在1859年出版的《政治经济学批判》一文中指出："社会的物质生产力发展到一定阶段，便同他们一直在其中运动的现存生产关系或财产关系（这只是生产关系的法律用语）发生矛盾。于是这些关系便由生产力的发展形势变成生产力的桎梏。那时社会革命的时代就到来了。"① 恩格斯也指出："社会革命才是真正的革命，政治的和哲学的革命必定通向社会革命。"② 在《共产党宣言》一文中，马克思、恩格斯还强调："共产主义革命就是同传统的所有制关系实行最彻底的决裂。"③ 马克思、恩格斯发现，人类进入资本主义社会以后，出现了社会化大生产和生产资料私人占有之间的矛盾，这个矛盾在政治上体现为无产阶级和资产阶级的矛盾，在经济领域体现为周期性的经济危机，这两大矛盾，不可能在资本主义社会得到解决，只能由无产阶级政党带领广大无产者通过政治革命打碎旧的国家机器，建立一个劳动人民当家作主的人民共和国。人民共和国运用国家的力量不断解放和发展生产力，最终实现共产主义。因此，社会革命是破解生产力和生产关系、经济基础和上层建筑矛盾运动的革命，是具有终极意义的一场革命。与政治革命相比，社会革命具有长期性和艰巨性，政治革命成功以后，共产党依然行进在社会革命的漫漫征程上。

　　社会革命的长期性决定了共产党领导和执政的长期性，而共产党长期执政取决于党永葆先进性和纯洁性，党要永葆先进性和纯洁性必须坚持自

---

① 《马克思恩格斯全集》第31卷，人民出版社1998年版，第413页。
② 《马克思恩格斯文集》第1卷，人民出版社2009年版，第87页。
③ 《马克思恩格斯选集》第1卷，人民出版社2012年版，第421页。

我革命。长期以来，在党的文献中"自我革命"一词很少见，但与自我革命相近的表述常见。党的十八大以来，"自我革命"一词在党的建设文献中频频出现。研读习近平总书记的重要讲话，涉及"自我革命"的含义主要有四种：第一，全面深化改革是一场自我革命。2015 年，习近平总书记首次提出要勇于自我革命，把全面深化改革这篇大文章做好，这里的"自我革命"对象是指改革者本身。2016 年，习近平总书记多次表达了类似观点。第二，全面从严治党是新时代党的自我革命。2016 年 7 月 1 日，习近平总书记在庆祝中国共产党成立 95 周年大会上的讲话中提出此观点，此后不断丰富发展。第三，党性要求是党的自我革命。比如，2016 年 12 月，中央政治局民主生活会上，习近平总书记要求中央政治局成员要"为全党作表率，做勇于自我革命的战士"。2018 年 3 月 1 日，习近平总书记在纪念周恩来同志诞辰 120 周年座谈会上指出："周恩来同志是自我革命、永远奋斗的杰出楷模。""我们要向周恩来同志学习，更加自觉地坚定党性原则，发扬彻底的自我革命精神。"第四，自我革命是从严治军的基本要求。2019 年 2 月 2 日，习近平总书记在北京卫戍区视察时指出："发扬自我革命精神，推进全面从严治党、全面从严治军。"在四种使用范畴中，全面从严治党是自我革命最普遍使用的含义，即以自我革命精神实现党的革命性锻造和重塑。

由此，党的自我革命的话语含义包括：党的自我革命的内涵是"坚持真理、修正错误，发现问题、纠正偏差"，本质是自我净化、自我完善、自我革新、自我提高，高线目的是永葆党的先进性和纯洁性、永远得到人民拥护和支持、实现长期执政，底线目标是确保党不变质、不变色、不变味，主体是各级党组织和全体党员、干部，革命的对象是损害党的先进性和纯洁性的因素、损害党的健康肌体的病毒，途径是党要管党、全面从严治党，态度是守正创新、正视问题、刀刃向内，保障是党中央集中统一领导和各级党组织的全面领导。党的十八大以来，习近平总书记自信自强、

突 破

守正创新，提出以党的自我革命引领社会革命，以社会革命促进自我革命的原创性论断，坚定了中国共产党既是马克思主义执政党也是马克思主义革命党的认识，澄清了把革命党和执政党对立起来的认识误区，丰富发展了中华文化中的革命话语体系，为新时代党的建设话语体系建设提供了基础概念和基础理论。

二、党的自我革命的理论逻辑

综观当今世界数目众多的各国政党，能够生存下来的百年老党大党仅有 66 个，绝大部分已经退出了历史舞台。即使能够存活下来的百年大党，绝大部分不是靠自我革命赢得了生机活力，而是靠打点滴延续生命，还有一些政党是因为人民没有更好的选择而无可奈何保留，一些政党是由于社会制度和宪法和法律规定而使人民不能放弃。中国共产党百年恰是风华正茂，正是因为具有自我革命的内在自觉，即不断推进马克思主义中国化时代化，让科学理论的思想武器永不褪色；始终坚持社会革命的最高目的不动摇，为党的自我革命提供了不竭动力；始终坚持党要管党、从严治党，找到了自我革命的根本途径。

马克思主义为党的自我革命提供了思想武器。马克思主义是革命的理论，革命的理论武装革命的政党，革命的理论塑造党的革命属性。列宁评价马克思主义理论："这一理论对世界各国社会主义者所具有的不可遏的吸引力，就在于它把严格的和高度的科学性（它是社会科学的最新成就）同革命性结合起来，并且不仅仅是因为学说的创始人兼有学者和革命家的品质而偶然地结合起来，而是把二者内在地和不可分割地结合在这个理论本身中。"[1] 马克思主义的思想武器不仅在于解释世界，更在于改变世界。

---

① 《列宁全集》第 1 卷，人民出版社 2013 年版，第 291—292 页。

马克思主义立场、观点、方法为中国共产党提供了自我革命的内生动力。比如，坚持人民立场。《共产党宣言》指出："过去的一切运动都是少数人的，或者为少数人谋利益的运动。无产阶级的运动是绝大多数人的，为绝大多数人谋利益的独立运动。"一个政党把绝大多数人利益放在首位，必然会在个人利益和多数人利益发生矛盾时敢于放弃个人利益，实现自我超越。《中国共产党章程》在规定党员义务时指出："坚持党和人民利益高于一切，个人利益服从党和人民利益，吃苦在前，享受在后，克己奉公，多做贡献。"比如，运用历史唯物主义和辩证唯物主义世界观，要求中国共产党必须坚持理论和实践相结合、领导和群众相结合、一般和个别相结合，这个结合过程就是消除教条主义、经验主义、主观主义的过程，就是坚持真理、修正错误的过程；比如，运用马克思主义哲学思想，要求中国共产党坚持对立统一原理，敢于拿起批评和自我批评的武器，在"对立"中实现更高质量的"统一"。坚持量变质变原理，为党员、干部提供了"滴水穿石"的革命韧劲，也提供了"温水煮青蛙"的警醒。坚持否定之否定原理，为党实现自我净化、自我完善、自我革新、自我提高提供了内在自觉。

社会革命为党的自我革命提出了客观要求。马克思在《哥达纲领批判》中指出："在资本主义社会和共产主义社会之间，有一个从前者变为后者的革命转变时期。同这个时期相适应的也有一个政治上的过渡时期，这个时期的国家只能是无产阶级的革命专政。"马克思最早提出了共产主义社会两个时期，即政治革命向社会革命过渡的时期、共产主义社会时期。列宁提出"共产主义第一阶段、共产主义高级阶段""社会主义时期、共产主义时期"，毛泽东提出"社会主义革命、社会主义社会"的不同阶段，邓小平提出的"社会主义初级阶段理论"的重大判断，习近平提出社会主义初级阶段中的"新发展阶段"，这些不同阶段的划分都属于社会革命的重要时期。由于推进社会革命的方式不同于政治革命的疾风暴雨，革

突　破

命的主要对象从阶级矛盾转移到体制机制桎梏和生产关系阻力等领域，这注定是一个长期的艰苦的过程。社会革命的长期性对党执政的长期性提出了客观要求，注定革命者必先自我革命。马克思、恩格斯在 1845 年发表的《德意志意识形态》一文中指出："推翻统治阶级的那个阶级，只有在革命中才能抛掉自己身上的一切陈旧的肮脏的东西，才能胜任重建社会的工作。"1922 年 2 月底，列宁在《政论家的评论》一文中指出："不怕承认自己的错误，不怕一次又一次地改正这些错误，这样，我们就会登上山顶。"① 同年，列宁在俄共（布）第十一次代表大会的讲话中指出："先锋队要不怕进行自我教育、自我改造，要不怕公开承认自己修养不够，本领不大。"② 毛泽东指出："房子是应该经常打扫的，不打扫就会积满了灰尘。脸是应该经常洗的，不洗也会灰尘满面。我们同志的思想，我们党的工作，也会发生灰尘的，也应该打扫和洗涤。"③ 邓小平 20 世纪 80 年代也提出"要纯洁党的队伍"。这些论述都从某个角度阐述了共产党坚持自我革命的自觉性。

中国共产党在百年奋斗中找到了一条自我革命的根本途径，即坚持党要管党、从严治党。党的二大通过的党章单列"纪律"一章，制定九项纪律，而且通过《组织问题决议案》再制定七项组织纪律，对比当时的俄国共产党和中国国民党，中国共产党的纪律最为严格。解放战争期间，毛泽东提出"加强纪律性，革命无不胜"。革命、建设、改革不同时期，中国共产党都以严格的纪律管党治党，建立健全民主集中制，坚决清除党内腐化变节分子，保持党的肌体健康。1962 年，组织工作会议召开，首次提出"党要管党"，邓小平在这次大会上指出："党要管党，一管党员，二管干部。"党的十三大报告提出"必须从严治党"，党的十四大把"坚持从严治

---

① 《列宁全集》第 33 卷，人民出版社 1957 年版，第 182 页。
② 《列宁选集》第 4 卷，人民出版社 1995 年版，第 700 页。
③ 中央档案馆、中共中央文献研究室编：《中共中央文件选集（一九四九年十月～一九六五年五月）》（第 16 册），人民出版社 2013 年版，第 30 页。

党"写入党章的总纲部分，党的十六大把"党要管党，从严治党"写入党章。2014 年 12 月 4 日，习近平总书记在江苏考察提出"全面从严治党"并逐步发展完善为"四个全面"战略布局，成为新时代党治国理政的基本方略和战略举措。综观中国共产党百年管党治党历程，自古田会议以来，我们党形成了思想建党、政治建军的优良传统。党的十八大以来，全面从严治党最显著的特征是把党的政治建设摆在首位并发挥统领作用，把党的思想建设摆在基础性建设位置，形成了党的建设中"牛鼻子"的两个孔道，疏通连接了党的建设的其他方面，形成党的建设新布局，为党的建设的动态部署提供了稳定性。加强党的政治建设的成果必然变成正义的力量，加强党的思想建设的成果必然变成真理的武器，通过党的全面领导把正义的力量和真理的武器交给了人民群众，最终汇聚为推动新时代社会革命的不竭源泉。而推动社会革命的结果，必然把真理的武器成功转化为中国共产党人自我革命的武器，把正义的力量成功转化为中国共产党人自我革命的动力，以自我革命引领社会革命，以社会革命促进自我革命，如此循环往复、生生不息、螺旋上升，直至把革命进行到底。

三、党的自我革命的使命和文化依据

习近平总书记指出：勇于自我革命是中国共产党区别于其他政党的显著标志。这表明，勇于自我革命不仅使中国共产党与广大西方国家、发展中国家的政党区别开来，也与世界上其他社会主义国家的执政党区别开来。与资本主义国家执政党区别开来可以从政党的性质宗旨上看，与其他社会主义国家执政党区别开来主要体现在马克思主义与各国具体实际的结合。中国共产党坚持把马克思主义基本原理同中国具体实际相结合、同中华优秀传统文化相结合，使中国共产党与世界上其他社会主义国家执政党区别开来。党的自我革命鲜明品格承载了自近代以来历史和人民赋予的使

命基础，也具有坚实、深厚的中华优秀传统文化根基。

从马克思主义基本原理同中国具体实际相结合看，中国共产党诞生于一个半殖民地半封建社会的旧中国，其产生的独特历史条件注定了党一经成立就必须肩负起推进现代化建设、实现国家统一、实现文化繁荣兴盛、为人类作出新的更大贡献等历史和人民赋予的历史使命，这是自近代以来中国人民和中华民族意愿和要求的最大公约数，也是中国共产党的初心使命。如果说党的初心主要来自马克思主义，如人民立场、共产主义远大理想、社会主义信念、马克思主义信仰等，将永恒不变；党的使命则是党的初心的历史呈现，是具体的、阶段性的。实现中华民族伟大复兴是中国共产党人不变的历史使命，这个使命写进了党的二大宣言，体现为最高纲领和最低纲领；写进了党的十二大报告，即"加紧社会主义现代化建设，争取实现包括台湾在内的祖国统一，反对霸权主义、维护世界和平"的"三大任务"；写进了党的十六大报告，即"推进现代化建设、完成祖国统一、维护世界和平与促进共同发展"的三大历史任务；写进了党的十九大报告，即"为中国人民谋幸福，为中华民族谋复兴"及"为人类作出新的更大贡献"。从历史合力论看，一切能代表并实现这个最大公约数的政治组织都会被历史和人民所选择，一切背离这个最大公约数的政治组织都会被历史和人民所抛弃，历史和人民最终选择了中国共产党。承载为人民谋幸福、为民族谋复兴初心使命的中国共产党，必须把自己的命运与人民、民族的命运紧紧联系起来，必须站得更高，看得更远，察得更深，行动更坚决；必须坚持以人民为中心，随时准备"把官僚主义这个极坏的家伙扔进粪缸里去"，始终保持与人民群众最紧密的联系；必须坚持党性原则，勇于直面问题，敢于刮骨疗毒，始终保持肌体健康。这就是中国共产党能够自我革命的使命依据。

从文化依据看，中国共产党能够和世界上其他任何政党区别开来，勇于自我革命，根本就在于优秀的中华文化的熏陶和驱动。中国有五千多年的文明史，是世界上各种古老文明形态中唯一没有中断的文明。比如，中华文明的"和合"文化、修身修心养德智慧、天人合一理念、大同思想、天下情结、民本传统等代代相传、生生不息。在中华文化土壤中诞生的中国共产党人必然会吸吮优秀传统文化的营养，与时俱进弘扬"朝闻道，夕死可矣"的求真精神、"天下大同"的理想情结、"制天命而用之"的奋进意志、"民无不为本"的民本理念、"先天下之忧而忧，后天下之乐而乐"的使命意识、"舍生取义、杀身成仁"的牺牲品格等，必然要传承和发扬优秀传统文化，从而塑造一个现代政党的鲜明品格。古代中国的"正反合"哲学和修身修心养德的自省文化，而对立统一哲学或"正反合"哲学可以在党内形成两种相反相成的力量共同处于党的团结统一中，实现自我革命。比如，党的十八大以来建立健全的党和国家监督制度，就好比"周伯通的左手与右手互搏，克服自我革命的哥德巴赫猜想"；比如，共产党人要经常坚持党性教育和党性修养，其重要的修养的途径就是修身修心养德。习近平总书记指出，"修身的根本是修心""党性教育是党员干部的心学，要常念这门心经"。通过内省文化的教育可以让党员干部不断提高自身修养，在个人独处无人监督的条件下也不犯错误，不断实现自我超越。

四、党的自我革命的历史经验

党的十九届六中全会通过的历史决议指出："先进的马克思主义政党不是天生的，而是在不断自我革命中淬炼而成的。党历经百年沧桑而更加充满活力，其奥妙就在始终坚持真理、修正错误。"2019年6月24日，在主持十九届中央政治局第十五次集体学习时的讲话中，习近平总书记总结了九项思想成果，在2021年11月11日党的十九届六中全会第二次全体会议上总结了三个方面的自我革命经验等，归纳总结这些历史经验，至少有

突　破

以下几个方面。

正确开展党内思想斗争。纵观国际共产主义运动，一部马克思主义的发展史就是与非马克思主义作坚决思想斗争的历史。中国共产党之所以伟大、光荣、正确，并不是因为不犯错误，而是敢于拿起批评和自我批评这个武器，坚持为了人民的利益而不断察误纠错。大革命失败后，纠正了陈独秀右倾机会主义错误，遵义会议纠正了以王明为代表的"左"倾教条主义错误，社会主义革命和建设时期总结和反思了"大跃进"的教训，党的十一届三中全会总结反思"文化大革命"的沉痛教训，这些都是在党内思想斗争基础上实现的。延安整风时期，针对有人提出开展党内斗争不符合中国习惯，毛泽东指出：必须拿起批评和自我批评的武器。这就包含着很大的斗争。好的保留，坏的整掉，这就是斗争。一个人也如此，去掉坏的思想，保存建设好的思想。[①] 党的十八大以来，习近平总书记多次提出全党要拿起批评和自我批评的武器，提高党解决自身问题的能力，并亲自指导河北省委、河南兰考县委常委班子专题民主生活会，以普通党员身份参加自己所在党支部组织生活会，给全党作示范。

严肃党内政治生活。中国共产党在长期奋斗中形成了以党章为根本遵循的丰富的党内政治生活实践。古田会议首次提出党内生活政治化、科学化的命题，延安整风建立了在全党范围内开展党内政治生活的制度规范。新中国成立以来，全党继承和发展了党内政治生活这个优良传统。改革开放以来，中国共产党从严肃党内政治生活抓起，推进党的建设新的伟大工程，先后出台了两部党内政治生活准则。历史和现实都表明，丢掉了党内政治生活这个"过程"，党的先进性和纯洁性就会丢掉"起点"和"终点"。

坚持民主集中制原则。民主集中制原则是党的根本组织原则和根本领

---

① 转引自中共中央文献研究室编：《任弼时传》，中央文献出版社 2004 年版，第 597 页。

导制度，也是领导班子根本工作制度。没有民主，就没有正确的集中，民主集中制原则是确保党实行集体领导的最根本的制度举措。坚持民主集中制原则，也是坚持党的群众路线在党的生活中的运用，确保一般与个别结合起来、领导和群众结合起来、理论和实践结合起来。长征途中，中国共产党完美地执行民主集中制，防止因为民主不够而犯错误，也防止因为集中不够而丧失统一意志。苟坝会议，是实现党内自我纠错的一次完美探索，形成了发扬民主、善于集中、敢于担责的领导班子工作规则。所谓发扬民主，即"一把手"首先要有民主素养和民主能力；所谓善于集中，就是在党内讨论中如果出现不同意见，一定要在党内充分讨论和反复酝酿；所谓敢于担责，就是对一些重大问题的决策，参与决策表决的领导班子成员应该分别对自己表决情况承担责任，而且实行终身追责。这样，领导班子成员在作出决策时只会在充分调查研究基础上根据分析作出真实判断，党内一旦每一位决策者都坚持真理，就容易修正错误，党犯错误的概率将会大大降低。

加强党性修养。党性修养，是党员本质的改造。习近平总书记指出，党性教育是共产党人修身养性的必修课，也是共产党人的"心学"。中国共产党人从吸取我国古代修身修心养德文化的有益智慧中形成个人"修炼"途径，在党内政治生活中形成集体"修炼"途径，在改造客观世界和主观世界中形成实践途径，共同统一于唯物主义态度。坚持历史唯物主义，就是始终把人民放在首位，坚持辩证唯物主义，就是把实践放在首位，从而使全党同志永远保持谦虚谨慎、戒骄戒躁和脚踏实地、奋力拼搏的精神风貌。长期以来，中国共产党始终把理想信念教育作为思想建设的中心任务，保持全党在政治上的清醒和坚定。比如：不断增强党员、干部马克思主义信仰、共产主义远大理想和中国特色社会主义共同理想；培养党员、干部的人民情怀，始终保持对党和人民忠诚；把信念坚定作为培养和选拔党和人民需要的好干部第一位的标准；党员、干部要带头弘扬社会

突　破

主义核心价值观；等等。

经常性教育和集中性教育相结合。根据马克思主义党建原理，共产党拥有的马克思主义信仰、远大理想、先锋队性质、社会革命纲领等，都贯通于科学社会主义学说，只有用不断发展的科学社会主义武装头脑，始终重视党的理论建设和思想建设，党的红色基因才会一脉相承。中国共产党始终发扬思想建党、理论强党的优良传统，不断探索党内教育新途径。延安时期通过整风摸索出一条党内集中性教育的道路；新中国成立后，经常开展的整党整风运动，让党员接受党内教育的同时也接受人民教育；改革开放以后，党注重以改革和制度的方式，探索出党内经常性教育和集中性教育相结合的制度化新路。党的十八大以来，党中央先后开展了党的群众路线教育实践活动、"三严三实"专题教育、"两学一做"学习教育、"不忘初心、牢记使命"主题教育及在建党一百周年之际开展的党史学习教育，真正体现了把党的思想建设摆在基础性位置，形成了根本性建设和基础性建设相得益彰的党建新格局，塑造了党内正义的力量和真理的武器交相辉映、相互促进的党建新境界。

加强党内监督。长期以来，中国共产党高度重视党内监督理论和实践的探索。在中央苏区，苏区党组织按照反腐败条例枪毙贪污犯谢步升、左祥云、唐达仁。在抗战期间，积极推行党内整风，边区政府引入财政预算制度，纠正错误思想、打击贪污腐败并枪毙腐化分子肖玉碧。新中国成立尤其是改革开放以来，中国共产党不断完善党内监督制度体系，这些经验写进了2003年党内监督条例。党的十八大以来，中国共产党坚持以政治建设为统领，健全党和国家监督体系，形成了纪律监督、监察监督、派驻监督、巡视监督全覆盖的党内监督新格局。

接受人民监督。让人民起来监督，党和政府才不敢懈怠。革命战争年代，中国共产党探索了民主选举、三三制原则、开门整党等方式，让党员、干部不敢懈怠；新中国成立以来，中国共产党推行开门整党、整风，邀请人民来监督，迅速消除了党员干部作风不正和消极腐败等问题。1957 年 3 月召开的宣传工作会议上（主要部署党内整风，毛泽东参加会议），邀请了科学、教育、文艺、新闻、出版各界 160 多名非党人士参加，比例达全体与会者的五分之一。[①] 改革开放以来，我们党坚持用改革和制度的方式建党，大力推进社会主义民主政治建设，把党的领导、人民当家作主和依法治国有机统一起来，深入探索把权力关进制度的笼子的各种有效途径。

五、党在新时代坚持自我革命的成功实践

党的十八大以来，全面从严治党取得了历史性、开创性成就，产生了全方位、深层次影响，必须长期坚持、不断前进。全面从严治党是新时代党的自我革命的伟大实践，开辟了百年大党自我革命的新境界。这些成功实践经验包括以下几个方面。

坚持以党的政治建设为统领，坚守自我革命根本政治方向。中国共产党是以新的政治观武装起来的马克思主义政党，强调"讲政治"，必然高度重视党的政治建设。党的十八大以来，习近平总书记关于党的政治建设有许多深刻论述，归纳起来可以用三个"位"理解：首先是"定位"，党的政治建设是党的根本性建设；其次是"排位"，把党的政治建设放在首位；最后是"方位"，即发挥党的政治建设的统领作用。2019 年 1 月，《中共中央关于加强党的政治建设的意见》提出了党的政治建设的目的，即坚定政治信仰，强化政治领导，提高政治能力，净化政治生态，实现全党团结统一，行动一致。这个表述与党的十四届四中全会报告保持了一致性。党的政治建设的首要任务，是做到"两个维护"。2019 年 7 月 9 日，

---

① 参见逄先知、金冲及主编：《毛泽东传（1949—1976）》，中央文献出版社 2003 年版。

突　破

习近平总书记在中央和国家机关党的建设工作会议上指出，做到"两个维护"，既要有理性认同和有情感认同，又要增强做到"两个维护"的定力和能力。坚决做到"两个维护"、拥护"两个确立"是党的政治建设的首要任务，是维护党的团结、人民团结的首要前提，是坚持民主集中制的重大问题，是成熟的马克思主义政党重大建党原则。

坚持把思想建设作为党的基础性建设，淬炼自我革命锐利思想武器。思想定魂、理论定神、组织定形。理想信念是中国共产党人的精神支柱和政治灵魂，也是保持党的团结统一的思想基础。一要坚定马克思主义信仰。马克思主义是工业文明的理论成果，给中国人民指明了一条现代化道路。我们的目标是建立社会主义现代化强国，依然要用马克思主义中国化最新成果来武装全党全国人民。二要坚定共产主义远大理想。习近平总书记强调："我们不能因为实现共产主义理想是一个漫长的过程，就认为那是虚无缥缈的海市蜃楼，就不去做一个忠诚的共产党员。"① 共产主义不同于宗教信仰，是奋斗、实干的哲学。不干，半点马克思主义没有。三要坚定中国特色社会主义共同理想。改革开放以来，我们既不走封闭僵化的老路，也不走改旗易帜的邪路，坚持走中国特色社会主义这条康庄大道。曾经一段时间，国际上有一种声音，中国搞的是国家资本主义。2013 年 1 月，习近平总书记明确指出："中国特色社会主义是社会主义，不是别的什么主义。"② 四要坚定以人民为中心的政治立场。在党的十八届五中全会上，习近平总书记提出以人民为中心的发展思想，明确了坚持新发展理念背后的政治立场。习近平总书记在多个场合强调，以人民为中心的发展思想不只体现在经济和民生领域，人民立场体现在方方面面，还要落实到经济、政治、文化、社会、生态文明建设等不同领域。

---

① 习近平：《做焦裕禄式的县委书记》，中央文献出版社 2015 年版，第 5 页。
② 中共中央文献研究室编：《十八大以来重要文献选编》（上），中央文献出版社 2014 年版，第 109 页。

坚决落实中央八项规定精神、以严明纪律整饬作风，丰富自我革命有效途径。党的十八大闭幕后，中央政治局于 2012 年 12 月召开会议，讨论中央政治局改进作风、密切联系群众的八项规定。2013 年，全党推行党的群众路线教育实践活动，把八项规定延伸至全党，称为中央八项规定精神，适用于全体共产党员。党的十八大以来，我们党把作风建设抓在了平常，落到了党员、干部的日常生活当中，落实家庭生活教育、劳动生活教育、社区生活教育、业余生活教育等。坚决纠治影响党中央决策部署贯彻落实、漠视侵害群众利益、加重基层负担的形式主义、官僚主义，深入整治损害党的形象、群众反映强烈的享乐主义、奢靡之风，查处不尊重规律、不尊重客观实际和群众需求的乱作为问题，以及推诿扯皮、玩忽职守、不思进取的不作为等问题。党的十八大报告首次出现纪律建设的概念，党的十九大报告把纪律建设纳入党的建设新布局，但纪律建设的实践却长期存在。习近平总书记高度重视纪律建设并提出许多相关论述，例如：加强纪律建设是全面从严治党的治本之策，严明党的纪律，首先就要严格遵循党章；党的纪律和党的规矩是党的各级组织、全体党员必须遵守的行为准则。严明党的纪律，重点在强化政治纪律和组织纪律，带动廉洁纪律、群众纪律、工作纪律、生活纪律严起来；在监督执纪方面，提出"四种形态"；等等。

坚持以雷霆之势反腐惩恶，打好自我革命攻坚战、持久战。党的十八大以来，我们党在反腐败斗争方面建章立制，加大惩处力度，形成了丰富的斗争成果。比如，形成了集成效应：第一，正风肃纪从高位立标杆，形成风向标效应。第二，打老虎，形成高压震慑的传导效应。第三，党内监督盯住"关键少数"，形成了群体效应。第四，三种情况重点审查，形成了聚焦效应。第五，通报曝光，形成了"镁光灯"效应。第六，严格执纪执法，产生震慑的瞬时效应。当前，腐败和反腐败较量还在激烈进行，要主动应对反腐败斗争新形势新挑战，绝不能滋生已经严到位的厌倦情绪，

突　破

以抓铁有痕、踏石留印的坚韧和执着，保持反对和惩治腐败的强大力量常在，坚定不移把反腐败斗争推向纵深。

坚持增强党组织政治功能和组织力凝聚力，锻造敢于善于斗争、勇于自我革命的干部队伍。党的组织路线，是中国共产党开展组织工作必须坚持的根本原则和根本方针，涉及党的组织体系建设、干部人才工作、党的组织制度和组织纪律等方面。一要加强党的组织体系建设。党中央是大脑和中枢，必须定于一尊、一锤定音。四个服从，最关键的一点，就是全党服从中央。党的地方组织要确保党中央决策部署贯彻落实，确保有令即行、有禁即止。党组（党委）要贯彻落实党中央和上级组织的决策部署。党的基层组织，要突出政治功能，提升组织力，成为战斗堡垒。党员在思想上要认同组织，政治上要依靠组织，工作上要服从组织，感情上要信赖组织。由此形成了上下贯通、执行有力的党的组织体系。二是干部人才工作中要贯彻落实五大工作体系，即素质培养体系、知事识人体系、选拔任用体系、从严管理体系和正向激励体系。三是严格执行民主集中制的组织制度。民主集中制是党的根本组织原则和根本领导制度，也是党的根本组织制度，其内涵十分丰富。

坚持构建自我净化、自我完善、自我革新、自我提高的制度规范体系，为推进伟大自我革命提供制度保障。党内法规在推进新时代党的建设新的伟大工程、落实全面从严治党方面发挥着重大作用，是党开展一切活动的行为准则，为自我革命提供重要制度保障。党的十八届四中全会将"形成完善的党内法规体系"纳入全面推进依法治国总目标。中共中央印发的《关于加强党内法规制度建设的意见》明确提出，"到建党100周年时，形成比较完善的党内法规制度体系"。"形成比较完善的党内法规制度体系"阶段性目标实现之后，要朝着"加快形成完善的党内法规制度体系"的更高目标迈进。静态的法规文本要主动适应动态的社会变化，要持续完善党内法规。一方面，党内法规制定主体应根据实践需要查漏补缺并逐步创建科学的规范体系，及时对规范条文的缺陷和滞后性内容进行修订，适时对规范实施过程中的抽象、模糊条款作出具体、科学阐释。另一方面，现行有效的近 4000 部党内法规包括中央和地方法规等多层级，包含实体和程序规范等多方面，涵盖职权、职责、权利、义务、责任等多范畴，只有不断健全各层级、方面和范畴的内容，才能为推进自我革命真正起到支撑作用。

六、党的自我革命永远在路上

2024 年 1 月，二十届中央纪委三次全会首次系统阐述了习近平总书记关于党的自我革命的重要思想，科学回答了我们党为什么要自我革命、为什么能自我革命、怎样推进自我革命等重大问题，提出"九个以"的实践要求，标志着我们党对马克思主义政党建设规律、共产党执政规律特别是长期执政规律的认识达到新高度，找到了坚持和加强党的全面领导、建设长期执政的马克思主义政党的根本途径。

自我革命是马克思主义政党与生俱来的政治和思想基因，但能否将自我革命进行到底不完全取决于基因。从国际共运史来看，第二国际的模范党德国社会民主党丢失了唯物史观，走向了修正主义；第三国际的模范党俄国共产党（苏共）丢失了执政权，走向了亡党亡国的历史悲剧，都成为自我革命的反面教材。中国共产党能够将自我革命进行到底，取决于历史和人民赋予的使命，来自中华优秀传统文化的沁润。习近平总书记立足马克思主义革命理论、立足中国共产党管党治党实践、立足中华优秀传统文化提出党的自我革命，为新时代加强执政党建设提供了基础理论。

坚持自我革命永远在路上，决定了全面从严治党必须以系统思维进行设计、推进。党的自我革命是系统革命，绝非对某个领域的敲敲打打、修修补补，绝非头疼医头、脚痛医脚，其对应的全面从严治党也是如此。

突　破

习近平总书记在十八届中央纪委六次全会上首次阐述了全面从严治党的科学含义，已经具有体系化思维。党的十九大提出新时代党的建设总要求，初步展示全面从严治党体系架构。党的二十大提出健全全面从严治党体系，形成了体系化思维的理论自觉和行动自觉。在二十届中央纪委二次全会上，习近平总书记提出构建全面从严治党体系的"动态系统"（全面从严治党体系是一个内涵丰富、功能完备、科学规范、运行高效的动态系统）、"三个更加"（更加突出党的各方面建设有机衔接、联动集成、协同协调，更加突出体制机制的健全完善和法规制度的科学有效，更加突出运用治理的理念、系统的观念、辩证的思维管党治党建设党）、"四个全"（内容上全涵盖、对象上全覆盖、责任上全链条、制度上全贯通）的要求，极大深化了全面从严治党体系的规律性认识。当前，要继续深化构成全面从严治党体系要素的认识（如党的组织体系、教育体系、监管体系、制度体系、责任体系等）、结构与功能的认识（如党的组织体系和党的政治功能、组织功能、服务功能等）、长期布局（如"5＋2"布局）和动态部署（如党的二十大突出制度建设重要性、突出组织体系建设重要性、坚持纪律和作风建设相融共进等）关系的认识，要铲除腐败可能形成的土壤和条件，如科学界定政府和市场关系、构建亲清政商关系、建立权责平衡一致制度、坚持党性党风党纪一起抓、坚持惩处与教育相结合、坚持发现问题和解决问题相结合等。

坚持自我革命永远在路上，必须实现"第一个答案"和"第二个答案"有机结合。当代西方政治学的文献反复讲述一个道理，那种以实现整体权利为目的的民主观在技术上具有不可行性，最终必然走向反面，故当代西方关注并倡导以个体权利解放为目的的自由民主观。《共产党宣言》也强调，每个人的自由是建立自由人联合体的前提。这表明，劳动人民整体解放是一个最终目标，而个体的解放才是根本前提。列宁为破解这个把整体解放和个体解放有机结合起来的高水平民主难题，创立民主集中制原则，把实现个体权利定位为手段，把实现整体权利或利益作为目标，从而破解了劳动人民当家作主的技术难题和制度难题。

如果把中国共产党看作人民当家作主的一种工具，实现党的自我革命就必然成为手段，实现人民的彻底自由才是目的。习近平总书记提出实现党的自我革命和人民起来监督有机结合，成为新时代中国共产党人推进国家治理体系和治理能力现代化的崭新任务。当前，要把党的自我革命与发展全过程人民民主结合起来，不断完善体制机制，审时度势补齐民主全链条上的短板。同时，要在结合上下功夫，比如利用互联网等方式探索党务公开新渠道，科学设计党务和政务公开新程序，等等。实际上，把"第一个答案"和"第二个答案"成功结合在一起的探索案例并不缺乏，如21世纪初浙江省继续深化探索"枫桥经验"，2018年诞生于北京并发展完善的"接诉即办"，这些成功实践表明把"第一个答案"和"第二个答案"结合起来具有历史必然性。

自我革命是中国共产党的鲜明品格和区别于其他政党的显著标志。习近平总书记立足马克思主义革命理论、立足中国共产党管党治党实践、立足中华优秀传统文化提出坚持党的自我革命，为新时代加强执政党建设提供了基础理论，矫正了一个时期以来在理论界、学术界形成的"从革命党向执政党转变"的不准确认知，表明中国共产党既是马克思主义执政党，也是马克思主义革命党，要推进党的自我革命和社会革命相互作用、螺旋上升，直至把革命进行到底。

跳出治乱兴衰的历史周期率既是中国共产党百年奋斗史上的重大课题，也是当今世界社会主义国家需要思考的重大问题，事关社会主义前途命运。从这个角度讲，坚持党的自我革命永远在路上提供了从大党走向强党建设的根本途径，必然对推进世界社会主义运动具有重大意义。2018年1月5日，习近平总书记指出："我国是世界上最大的社会主义国家，当我国建成社会主义现代化强国、成为世界上第一个不是走资本主义道路而是走社会主义道路成功建成现代化强国时，我们党领导人民在中国进行的伟大社会革命将更加充分地展示出其历史意义。"①

中国共产党坚持自我革命永远在路上，为世界政党类型提供了新范例，为各国政党发展提供了新途径，为政党长期执政提供了新理论。在新范例上，展现了一个始终代表人民意愿和要求"最大公约数"的马克思主义政党，这个党始终代表"绝大多数人"的利益；在新途径上，把依靠党的自我革命和人民监督结合起来，确保党长期执政；在新理论上，政党发展不但可以通过外部力量推动，也可以通过内部矛盾运动实现自我提高。这既回答了苏共为什么失去执政权的老问题，也回答了不断重复出现的资产阶级政党为什么不能长期连续执政的新问题。

---

① 中共中央党史和文献研究院、中央"不忘初心、牢记使命"主题教育领导小组办公室编：《习近平关于"不忘初心、牢记使命"论述摘编》，党建读物出版社、中央文献出版社 2019 年版，第 39 页。

深入推进新时代党的建设新的伟大工程

黄相怀

作者简介

　　中共中央党校（国家行政学院）研究室副主任，研究员，长期专注于党的创新理论研究与解读工作。在《人民日报》《光明日报》《中共中央党校学报》《马克思主义研究》《科学社会主义》等报纸期刊发表文章多篇。出版《大国之兴：使命型政党与中国式现代化》《做一个思想清醒的人：提升党员干部意识形态能力》《做一个政治上的明白人：提升党员干部政治能力》等著作多部。

观点提要

　　★ 从党的建设"伟大的工程"到"党的建设新的伟大工程"，再到"新时代党的建设新的伟大工程"，我们党对于自身建设这项伟大工程的思考和谋划不断发展升级，深刻体现了对于"以伟大自我革命引领伟大社会革命"的强烈自觉和历史担当。正是在这样的发展升级中，直面并解决党的十八大前我们党在党的建设领域面临的诸多情况和问题，坚持和加强党的全面领导，推进全面从严治党，新时代党的建设新的伟大工程开辟了百

突　破

年大党自我革命新境界。

★ 习近平总书记关于党的建设的重要思想，是习近平新时代中国特色社会主义思想的重要组成部分，是党的十八大以来我们党推进自身建设的根本遵循，也是我们党推进自身建设取得的最宝贵的思想财富和精神财富。坚持和加强党的全面领导，坚持以党的自我革命引领社会革命，坚持以党的政治建设统领党的建设各项工作，坚持"江山就是人民，人民就是江山"，坚持思想建党、理论强党，坚持严密党的组织体系，坚持造就忠诚干净担当的高素质干部队伍，坚持聚天下英才而用之，坚持持之以恒正风肃纪，坚持一体推进不敢腐、不能腐、不想腐，坚持完善党和国家监督体系，坚持制度治党、依规治党，坚持落实全面从严治党政治责任，这"十三个坚持"集中概括了习近平总书记关于党的建设的重要思想，指引我们党在新时代新征程上更好地以伟大自我革命引领伟大社会革命。

★ 党的二十大报告要求全党必须牢记"全面从严治党永远在路上，党的自我革命永远在路上"，绝不能有松劲歇脚、疲劳厌战的情绪。党的二十届三中全会要求："保持以党的自我革命引领社会革命的高度自觉，坚持用改革精神和严的标准管党治党，完善党的自我革命制度规范体系，不断推进党的自我净化、自我完善、自我革新、自我提高，确保党始终成为中国特色社会主义事业的坚强领导核心。"要以党的自我革命引领社会革命未有穷期的战略毅力，坚持和加强党中央集中统一领导，坚持不懈用习近平新时代中国特色社会主义思想凝心铸魂，完善党的自我革命制度规范体系，建设堪当民族复兴重任的高素质干部队伍，增强党组织政治功能和组织功能，坚持以严的基调强化正风肃纪，坚决打赢反腐败斗争攻坚战持久战，从而不断增强党的自我净化、自我完善、自我革新、自我提高能力，使我们党始终充满蓬勃生机和旺盛活力，始终成为中国特色社会主义事业的领导核心。

2023 年 6 月 28 日至 2023 年 6 月 29 日，在中国共产党成立 102 周年之际，全国组织工作会议召开。会上传达了习近平总书记对党的建设和组织工作作出的重要指示。习近平总书记的重要指示，有两个重大论断特别值得学习领悟。一是指出："党的十八大以来，党中央坚持和加强党的全面领导，坚持党要管党、全面从严治党，提出并实施一系列新理念新思想新战略，开辟了百年大党自我革命新境界。"这是回顾新时代新气象，对党的十八大以来我们党推进自身建设取得的伟大成就进行的重大总结。二是指出，"要坚持以新时代中国特色社会主义思想为指导，全面贯彻党的二十大精神，深刻领会党中央关于党的建设的重要思想，深入落实新时代党的建设总要求和新时代党的组织路线，深入推进新时代党的建设新的伟大工程"。这是面向新时代新征程，对党的建设和组织工作提出的重大要求。

特别值得注意的是，这次会议也标志着"习近平总书记关于党的建设的重要思想"概念的正式提出。中共中央政治局常委、中央书记处书记蔡奇同志在出席全国组织工作会议的讲话中指出，习近平总书记关于党的建设的重要思想，突出全面从严治党这个主题主线，以一系列原创性成果极大丰富和发展了马克思主义建党学说，标志着我们党对马克思主义执政党建设规律的认识达到了新高度，为深入推进新时代党的建设新的伟大工程、做好新时代组织工作提供了根本遵循，必须长期坚持、全面落实。

那么，党的十八大以来，以习近平同志为核心的党中央在坚持和加强党的全面领导、深入推进全面从严治党等方面，是如何提出并实施一系列新理念新思想新战略，形成习近平总书记关于党的建设的重要思想，开辟百年大党自我革命新境界的，又是如何面向新时代新征程提出一系列新的重大要求，为全面建设社会主义现代化国家、全面实现中华民族伟大复兴提供坚强政治保证的呢？

突　破

一、开辟百年大党自我革命新境界

（一）党的建设"伟大工程"的不断发展提升

从党的建设"伟大的工程"到"党的建设新的伟大工程"，再到"新时代党的建设新的伟大工程"，我们党对于自身建设这项伟大工程的思考和谋划不断发展升级，体现了对于"以伟大自我革命引领伟大社会革命"的强烈自觉和历史担当。

以实现中华民族伟大复兴、实现共产主义为目标追求的中国共产党，在推进伟大社会革命、增进人民福祉中必须有效进行自身建设，这是中国共产党进行自身建设的因由所在。把党自身的建设上升到历史自觉、理论自觉的高度，进行系统化思考和探索，扎实推进并不断发展升级，是中国共产党在推进自身建设上的一个伟大创举。

在新民主主义革命时期，我们党提出党的建设是一项"伟大的工程"，并以此指导新民主主义革命时期、社会主义革命和建设时期的党的建设。1939 年 10 月，毛泽东在《〈共产党人〉发刊词》中，创造性地把党的建设称为一项"伟大的工程"。以这样的思想为指引，在新民主主义革命时期，我们党弘扬伟大建党精神，实施和推进党的建设伟大工程，提出着重从思想上建党的原则，坚持民主集中制，坚持理论联系实际、密切联系群众、批评和自我批评三大优良作风，形成统一战线、武装斗争、党的建设三大法宝，努力建设全国范围的、广大群众性的、思想上政治上组织上完全巩固的马克思主义政党。在新中国成立后，特别是社会主义革命和建设时期，党着重提出执政条件下党的建设的重大课题，从思想上组织上作风上加强党的建设、巩固党的领导；采取一系列重要举措，增强了党的纯洁性和全党的团结，密切了党同人民群众的联系，积累了执政党建设的初步经验。

在改革开放和社会主义现代化建设新时期，我们党提出"党的建设新的伟大工程"，以此指引新时期党自身的建设。1994 年 9 月，党的十四届四中全会通过《中共中央关于加强党的建设几个重大问题的决定》，把新时期党的建设提到"新的伟大工程"的高度。由此，党的建设"新的伟大工程"就成为改革开放和社会主义现代化建设新时期我们党推进自身建设的标志性表达。实际上，党的十一届三中全会以后，以邓小平同志为主要代表的中国共产党人，深刻认识到了在改革开放条件下坚持党要管党、从严治党的极端重要性，把党风问题提升到关系党的生死存亡高度，对改革开放条件下推进党的建设新的伟大工程进行了初步而深刻的探索。党的十三届四中全会以后，以江泽民同志为代表的中国共产党人，面对改革开放和市场经济的考验和挑战，深刻回答了建设什么样的党、怎样建设党等重大问题，在新的时代条件下推进了党的建设新的伟大工程。党的十六大以后，以胡锦涛同志为代表的中国共产党人，着力推进党的执政能力建设和先进性建设，在新的时空方位中进一步深刻推进了党的建设新的伟大工程。改革开放以后，党为加强和改善党的领导进行的持续努力，推进党的建设取得明显成效，为党和国家事业发展提供了根本政治保证。

党的十八大以来，以习近平同志为核心的党中央坚持和加强党的全面领导，坚持党要管党、全面从严治党，提出并实施一系列新理念新思想新战略，开辟了百年大党自我革命新境界。

开辟百年大党自我革命新境界，标志性的一点就是提出"新时代党的建设新的伟大工程"重要论断。2018 年 1 月，习近平总书记在新进中央委员会的委员、候补委员和省部级主要领导干部学习贯彻习近平新时代中国特色社会主义思想和党的十九大精神研讨班上，提出了"新时代党的建设新的伟大工程"这一重要论断。这一重要论断的提出，标志着我们党对于新时代党的建设的理论性、政治性思考上升到了一个新的思想认识高度。

突　破

开辟百年大党自我革命新境界，更重要的在于党的十八大以来党的领导的全面加强。正如习近平总书记在党的二十大报告中指出的："我们全面加强党的领导，明确中国特色社会主义最本质的特征是中国共产党领导，中国特色社会主义制度的最大优势是中国共产党领导，中国共产党是最高政治领导力量，坚持党中央集中统一领导是最高政治原则，系统完善党的领导制度体系，全党增强'四个意识'，自觉在思想上政治上行动上同党中央保持高度一致，不断提高政治判断力、政治领悟力、政治执行力，确保党中央权威和集中统一领导，确保党发挥总揽全局、协调各方的领导核心作用，我们这个拥有九千六百多万名党员的马克思主义政党更加团结统一。"

开辟百年大党自我革命新境界，更重要的还在于全面从严治党的深入推进。亦如习近平总书记在党的二十大报告中指出的：我们深入推进全面从严治党，坚持打铁必须自身硬，从制定和落实中央八项规定开局破题，提出和落实新时代党的建设总要求，以党的政治建设统领党的建设各项工作，坚持思想建党和制度治党同向发力，严肃党内政治生活，持续开展党内集中教育，提出和坚持新时代党的组织路线，突出政治标准选贤任能，加强政治巡视，形成比较完善的党内法规体系，推动全党坚定理想信念、严密组织体系、严明纪律规矩。我们持之以恒正风肃纪，以"钉钉子"精神纠治"四风"，反对特权思想和特权现象，坚决整治群众身边的不正之风和腐败问题，刹住了一些长期没有刹住的歪风，纠治了一些多年未除的顽瘴痼疾。我们开展了史无前例的反腐败斗争，以"得罪千百人、不负十四亿"的使命担当祛疴治乱，不敢腐、不能腐、不想腐一体推进，"打虎""拍蝇""猎狐"多管齐下，反腐败斗争取得压倒性胜利并全面巩固，消除了党、国家、军队内部存在的严重隐患，确保党和人民赋予的权力始终用来为人民谋幸福。经过不懈努力，党找到了自我革命这一跳出治乱兴衰历史周期率的第二个答案，自我净化、自我完善、自我革新、自我提高能力显著增强，管党治党宽松软状况得到根本扭转，风清气正的党内政治生态不断形成和发展，确保党永远不变质、不变色、不变味。

总之，党的十八大以来，我们党健全党的领导制度体系，完善党和国家监督体系，建立健全一体推进不敢腐、不能腐、不想腐体制机制，推动全面从严治党不断向纵深发展，党在革命性锻造中更加坚强。由此，将党的建设作为一项伟大的工程持续加以推进，是中国共产党在推进自身建设上的一项伟大创举，也是百年大党能够永葆蓬勃朝气、青春活力的关键所在。

（二）何以开辟百年大党自我革命新境界

理解新时代党的建设新的伟大工程何以开创百年大党自我革命新境界，必须联系党的十八大前党的建设领域面临的情况和问题。

在党的二十大报告中，分析党的十八大前一段时间党和人民事业面临的情况和问题。一方面，习近平总书记指出，"十年前，我们面对的形势是，改革开放和社会主义现代化建设取得巨大成就，党的建设新的伟大工程取得显著成效，为我们继续前进奠定了坚实基础、创造了良好条件、提供了重要保障"，这主要是从"现代化建设"和"党自身建设"两个方面，对党的十八大前取得的成就及其对新时代的重要意义，进行了肯定性的总结。另一方面，从存在的情况和问题的角度，习近平总书记也指出，"同时一系列长期积累及新出现的突出矛盾和问题亟待解决"。

具体到党的建设领域来说，面临和存在哪些突出的矛盾及问题呢？在党的二十大报告中，习近平总书记指出："党内存在不少对坚持党的领导认识模糊、行动乏力问题，存在不少落实党的领导弱化、虚化、淡化问题，有些党员、干部政治信仰发生动摇，一些地方和部门形式主义、官僚主义、享乐主义和奢靡之风屡禁不止，特权思想和特权现象较为严重，一些贪腐问题触目惊心。"也就是说，落实不力问题、信仰动摇问题、作风不正问题及贪污腐化问题等，构成了严重影响党治国理政和保持自身先进性纯洁性的突出问题。

要更充分地理解党中央关于党的十八大前党的建设领域面临的情况和问题的分析总结，必须结合 2021 年建党百年之际通过的党的十九届六中全会决议。实际上，2021 年下半年，党的二十大召开的前一年，党的十九届六中全会通过的《中共中央关于党的百年奋斗重大成就和历史经验的决议》，是理解党的二十大精神党建篇章，特别是关于党的十八大前党的建设领域面临的情况和问题的分析总结的重要内容。

在"进行改革开放和社会主义现代化建设"部分，党的十九届六中全会决议对改革开放和社会主义现代化建设新时期"开创和推进党的建设新的伟大工程"取得的成就进行了简要总结。其中包括：一是思路方针上，指出"党始终强调，治国必先治党，治党务必从严，聚精会神抓好党的建设，开创和推进党的建设新的伟大工程"。二是重大举措上，指出"党制定关于党内政治生活的若干准则，健全民主集中制，发扬党内民主，实现党内政治生活正常化；有计划有步骤进行整党，着力解决党内思想不纯、作风不纯、组织不纯问题；按照革命化、年轻化、知识化、专业化方针加强干部队伍建设，大力选拔中青年干部，促进干部队伍新老交替"。三是在重大问题和主题教育上，指出"党围绕解决好提高党的领导水平和执政水平、提高拒腐防变和抵御风险能力这两大历史性课题，以执政能力建设和先进性建设为主线，先后就加强党同人民群众联系、加强和改进党的作风建设、加强党的执政能力建设等重大问题作出决定，组织开展'讲学习、讲政治、讲正气'教育、'三个代表'重要思想学习教育活动、保持共产党员先进性教育活动、学习实践科学发展观活动等集中性学习教育"。四是在反腐倡廉上，指出"党把党风廉政建设和反腐败斗争提高到关系党和国家生死存亡的高度，推进惩治和预防腐败体系建设"。

更重要的是，在"开创中国特色社会主义新时代"部分，在分门别类呈现以习近平同志为核心的党中央"推动党和国家事业取得历史性成就、发生历史性变革"的时候，党的十九届六中全会决议在第一部分"在坚持党的全面领导上"和"在全面从严治党上"两个分部分，对改革开放以后、党的十八大前面临和存在的情况和问题，又分别进行了更为细致的描述。"在坚持党的全面领导上"的描述是："党内也存在不少对坚持党的领导认识模糊、行动乏力问题，存在不少落实党的领导弱化、虚化、淡化、边缘化问题，特别是对党中央重大决策部署执行不力，有的搞上有政策、下有对策，甚至口是心非、擅自行事。""在全面从严治党上"的描述是："由于一度出现管党不力、治党不严问题，有些党员、干部政治信仰出现严重危机，一些地方和部门选人用人风气不正，形式主义、官僚主义、享乐主义和奢靡之风盛行，特权思想和特权现象较为普遍存在。特别是搞任人唯亲、排斥异己的有之，搞团团伙伙、拉帮结派的有之，搞匿名诬告、制造谣言的有之，搞收买人心、拉动选票的有之，搞封官许愿、弹冠相庆的有之，搞自行其是、阳奉阴违的有之，搞尾大不掉、妄议中央的也有之，政治问题和经济问题相互交织，贪腐程度触目惊心。这'七个有之'问题严重影响党的形象和威信，严重损害党群干群关系，引起广大党员、干部、群众强烈不满和义愤。"

这些情况和问题的存在，都充分证明了我们党自党的十八大以来坚持和加强党的全面领导、推进全面从严治党的重要性和必要性。这些情况和问题，也构成了党的十八大以来以习近平同志为核心的党中央坚持和加强党的全面领导、推进全面从严治党的重点指向所在。

二、习近平总书记关于党的建设的重要思想的理解阐释

习近平总书记关于党的建设的重要思想，是习近平新时代中国特色社

突　破

会主义思想的重要组成部分，是党的十八大以来我们党推进自身建设的根本遵循，也是我们党推进自身建设取得的最宝贵的思想财富和精神财富，必将指引我们党在新时代新征程上更好地以伟大自我革命引领伟大社会革命。

党的十八大以来，习近平总书记围绕建设什么样的长期执政的马克思主义政党、怎样建设长期执政的马克思主义政党的重大时代课题，突出全面从严治党这个主题主线，提出一系列管党治党、兴党强党的新理念新思想新战略，指引我们党成功开辟了百年大党自我革命新境界。

坚持和加强党的全面领导，坚持以党的自我革命引领社会革命，坚持以党的政治建设统领党的建设各项工作，坚持"江山就是人民，人民就是江山"，坚持思想建党、理论强党，坚持严密党的组织体系，坚持造就忠诚干净担当的高素质干部队伍，坚持聚天下英才而用之，坚持持之以恒正风肃纪，坚持一体推进不敢腐、不能腐、不想腐，坚持完善党和国家监督体系，坚持制度治党、依规治党，坚持落实全面从严治党政治责任，这"十三个坚持"集中概括了习近平总书记关于党的建设的重要思想，深刻阐明了党的建设的根本原则、科学布局、价值追求、重点任务。深入学习领会习近平总书记关于党的建设的重要思想，最重要的就是深刻把握这"十三个坚持"。

（一）坚持和加强党的全面领导

党的领导的问题始终是社会主义现代化进程中的一个重大政治问题。关于"坚持和加强党的全面领导"，习近平总书记论述得十分彻底、透彻，廓清了一段时间以来形成的模糊认识，使党在社会主义现代化布局中的地位得到了更进一步的巩固和加强。关于为什么要坚持和加强党的全面领导，2018 年 1 月 11 日，习近平总书记在十九届中央纪委二次全会上的讲话中深刻指出："坚持和加强党的全面领导，关系党和国家前途命运，我们的全部事业都建立在这个基础之上，都根植于这个最本质特征和最大优势。在这个问题上犯错误往往是灾难性的、颠覆性的。党的十八大以来，我们采取一系列重大措施，纠正了一个时期以来的模糊和错误认识，扭转了一些地方和部门存在的党的领导弱化、党的建设缺失现象，使党的领导得到全面加强。"关于如何从执政规律的角度认识坚持和加强党的全面领导，在党的二十大报告中习近平总书记用四个"最"进行概括："明确中国特色社会主义最本质的特征是中国共产党领导，中国特色社会主义制度的最大优势是中国共产党领导，中国共产党是最高政治领导力量，坚持党中央集中统一领导是最高政治原则。"关于党的十八大以来坚持和加强党的全面领导的成效，2021 年 11 月 11 日，习近平总书记在党的十九届六中全会第二次全体会议上的讲话中指出："党的十八大以来，我们针对有一段时间落实党的领导弱化、虚化、淡化、边缘化问题，把加强党的集中统一领导作为全党共同的政治责任，不断完善党的领导制度体系，使全党思想上更加统一、政治上更加团结、行动上更加一致。"

（二）坚持以党的自我革命引领社会革命

党的十八大以来，中国特色社会主义进入新时代，面对新形势新问题、新环境新任务，围绕解决党长期执政面临的严峻考验和风险挑战，以习近平同志为核心的党中央深刻洞察管党治党的关键问题，从外部因素和内部因素的辩证关系出发，创造性地提出党的自我革命战略思想。在庆祝中国共产党成立 100 周年大会上的讲话中，习近平总书记指出："勇于自我革命是中国共产党区别于其他政党的显著标志。"在党的十九届六中全会第二次全体会议上，习近平总书记深刻指出："我们党历史这么长、规模这么大、执政这么久，如何跳出治乱兴衰的历史周期率？毛泽东在延安的窑洞里给出了第一个答案，这就是'只有让人民来监督政府，政府才不敢松懈'。经过百年奋斗特别是党的十八大以来新的实践，我们党又给出了第二个答案，这就是自我革命。"在此基础上，党的二十大报告进一步指出："经过不懈努力，党找到了自我革命这一跳出治乱兴衰历史周期率的第二个答案，自我净化、自我完善、自我革新、自我提高能力显著增强。"2022年12月6日，习近平总书记主持中央政治局会议研究部署2023年党风廉政建设和反腐败工作时指出："要时刻保持解决大党独有难题的清醒和坚定，时刻保持永远在路上的坚韧和执着，进一步增强坚定不移全面从严治党的政治定力，把严的基调、严的措施、严的氛围长期坚持下去，把新时代党的伟大自我革命进行到底。"中国共产党立志于中华民族千秋伟业，以伟大自我革命引领伟大社会革命，坚定不移全面从严治党，永葆党的先进性和纯洁性，领航中华民族伟大复兴的巍巍巨轮行稳致远，是历史任务对于使命担当者的必然要求。党的二十届三中全会强调"以调动全党抓改革、促发展的积极性、主动性、创造性为着力点，完善党的建设制度机制"，贯彻的也是自我革命要求。新时代关于党的自我革命的重要论述，深刻体现了新时代中国共产党人高度的自觉自信、自警自省、自强自立。

（三）坚持以党的政治建设统领党的建设各项工作

旗帜鲜明讲政治是我们党作为马克思主义政党的鲜明特征和突出优势。习近平总书记强调："讲政治，是我们党补钙壮骨、强身健体的根本保证，是我们党培养自我革命勇气、增强自我净化能力、提高排毒杀菌政治免疫力的根本途径。"从党的十八大以来查出查处的一些大案要案看，干部在政治上出问题，对党的危害不亚于腐败问题，有的甚至比腐败问题更严重。以习近平同志为核心的党中央把党的政治建设作为党的根本建设而提出来，深刻丰富和拓展了党的建设总体布局。习近平总书记提出，"政治问题，任何时候都是根本性的大问题"，要求"增强政治意识，善于从政治上看问题，善于把握政治大局，不断提高政治判断力、政治领悟力、政治执行力"，指明"必须把党的思想政治建设摆在首位，营造风清气正的政治生态"，强调"党的政治建设是党的根本性建设，要把党的政治建设摆在首位，以党的政治建设为统领"等。他还专门解释为什么要把党的政治建设作为党的根本性建设："如果马克思主义政党政治上的先进性丧失了，党的先进性和纯洁性就无从谈起。这就是我们把党的政治建设作为党的根本性建设的道理所在。"

（四）坚持"江山就是人民，人民就是江山"

中国共产党领导人民打江山、守江山，守的是人民的心。坚持"江山就是人民，人民就是江山"，是我们党坚持全心全意为人民服务的宗旨、坚持以人民为中心的发展思想等在党的建设领域的根本性要求。我们党要维护人民根本利益，增进民生福祉，不断实现发展为了人民、发展依靠人民、发展成果由人民共享，让现代化建设成果更多更公平惠及全体人民，就必须把"江山就是人民，人民就是江山"的价值理念贯穿党自身建设的各方面各环节。在努力方向上，要坚持为民造福，坚持在发展中保障和改善民生，鼓励共同奋斗创造美好生活，不断实现人民对美好生活的向往。同时，要从维护政治安全和政党性质的高度看待这个原则性问题，始终与人民在一起。2021 年 7 月 1 日，习近平总书记在庆祝中国共产党成立 100 周年大会上的讲话中指出："中国共产党根基在人民、血脉在人民、力量在人民。中国共产党始终代表最广大人民根本利益，与人民休戚与共、生死相依，没有任何自己特殊的利益，从来不代表任何利益集团、任何权势团体、任何特权阶层的利益。"这是个确保红色江山不变色、红色政党不变质的根本性问题。党的二十届三中全会通过的《中共中央关于进一步全面深化改革 推进中国式现代化的决定》（以下简称《决定》）提出："必须坚持尽力而为、量力而行，完善基本公共服务制度体系，加强普惠性、基础性、兜底性民生建设，解决好人民最关心最直接最现实的利益问题，不断满足人民对美好生活的向往。"

（五）坚持思想建党、理论强党

思想建设是党的基础性建设，理论武装是党不断使自身强大起来的重要保证。回顾党的百年奋斗史，我们党之所以能够在革命、建设、改革各个历史时期取得重大成就，能够领导人民完成中国其他政治力量不可能完成的艰巨任务，根本原因在于掌握了马克思主义科学理论，并不断结合新的实际推进理论创新。马克思主义是我们立党立国的根本指导思想，是我们党的灵魂和旗帜。党的二十大报告指出："中国共产党为什么能，中国特色社会主义为什么好，归根到底是因为马克思主义行，是中国化时代化马克思主义行！"长期以来，中国共产党坚持马克思主义基本原理，坚持实事求是，从中国实际出发，洞察时代大势，把握历史主动，进行艰辛探索，不断推进马克思主义中国化时代化，指导中国人民不断推进伟大社会革命。在中国特色社会主义新时代，在习近平新时代中国特色社会主义思想指导下，我们党在思想理论建设上取得的一个根本性认识就是：坚持把马克思主义基本原理同中国具体实际相结合、同中华优秀传统文化相结合，用马克思主义观察时代、把握时代、引领时代。习近平新时代中国特色社会主义思想就是坚持"两个结合"，用马克思主义观察时代、把握时代、引领时代的典型代表。

（六）坚持严密党的组织体系

党的组织体系，是根据党的纲领和章程，按照民主集中制组织起来的统一整体，有着使命追求的崇高性、组织队伍的先进性、组织覆盖的广泛性、联系群众的紧密性、高度的组织纪律性，包括党的中央组织、地方组织、基层组织。中国共产党的严密的组织体系，是世界上任何其他政党都不具有的强大优势。中共中央组织部统计数据显示，截至2023年底，中国共产党党员总数为 9918.5 万名，比上年净增 114.4 万名。约有基层组织 517.6 万个，比上年净增 11.1 万个。党的十八大以来，我们党深刻认识到，有效应对重大挑战、抵御重大风险、克服重大困难、解决重大矛盾，进行具有许多新的历史特点的伟大斗争，最根本的保证是党的领导，是党依托严密而强有力的组织体系而形成的强大领导力、组织力、动员能力。在新冠疫情防控斗争中，从中央到地方再到基层，都及时建立健全了战时组织体系，全国 330 多万个基层党组织直接参与，3900 多万名党员、干部冲锋在前、顽强拼搏，为打赢疫情防控人民战争、总体战、阻击战作出了突出贡献，充分彰显了党的强大组织优势。

（七）坚持造就忠诚干净担当的高素质干部队伍

为政之要，唯在得人。能不能源源不断培养和造就一批又一批的高素质干部队伍，在相当程度上决定着我们党治国理政的成效。习近平总书记指出："一个政党、一个国家能不能不断培养出优秀领导人才，在很大程度上决定着这个政党、这个国家的兴衰存亡。"党的十八大以来，围绕造就忠诚干净担当的高素质干部队伍，习近平总书记开创性提出新时代党的组织路线，提出信念坚定、为民服务、勤政务实、敢于担当、清正廉洁的新时代好干部标准，纠正一度存在的选人用人偏向，健全干部担当作为的激励和保护机制，坚决纠治选人用人上的不正之风和腐败现象等。党的干部队伍理想信念更加坚定，素质能力更加过硬，斗争精神更加昂扬，纪律作风更加严明，为新时代党和国家事业发展成就的取得，提供了坚强的能力素质保证。造就忠诚干净担当的高素质干部队伍，习近平总书记特别看重政治过硬和本领高强这两条，这也是对我们党在新时代面临的任务要求和风险挑战深刻思考之后而得出的深刻结论。关于政治过硬，强调培养选拔干部必须坚持把政治标准放在首位，把严把紧政治关这个首要之关；关于本领高强，强调干部必须有真才实学、真功夫硬能力。党的二十大报告强调:"全面建设社会主义现代化国家,必须有一支政治过硬、适应新时代要求、具备领导现代化建设能力的干部队伍。"

（八）坚持聚天下英才而用之

功以才成,业由才广。2021年9月,中央人才工作会议召开。这是时隔11年后,党中央召开的又一次人才工作会议,具有里程碑意义。习近平总书记在会上发表重要讲话,科学回答新时代人才工作的一系列重大理论和实践问题,为做好新时代人才工作指明了前进方向。在习近平新时代中国特色社会主义思想指引下,党的十八大以来,党中央作出人才是实现民族振兴、赢得国际竞争主动的战略资源的重大判断,作出全方位培养、引进、使用人才的重大部署。从推动人才管理职能部门简政放权,到分类推进人才评价机制改革,再到深化人才激励机制改革;不同专业特长、不同职业岗位、不同能力水平的各方面人才各得其所、各展其长,新时代人才工作取得历史性成就、发生历史性变革。党对人才工作的领导全面加强,人才队伍快速壮大,人才效能持续增强,人才比较优势稳步增强。面向新时代新征程,党的二十大报告强调要深入实施人才强国战略,强调"培养造就大批德才兼备的高素质人才,是国家和民族长远发展大计",强调要"深化人才发展体制机制改革,真心爱才、悉心育才、倾心引才、精心用才,求贤若渴,不拘一格,把各方面优秀人才集聚到党和人民事业中来"。党的二十届三中全会《决定》提出,要"实施更加积极、更加开放、更加有效的人才政策,完善人才自主培养机制,加快建设国家高水平人才高地和吸引集聚人才平台"。

（九）坚持持之以恒正风肃纪

"正风"是全面从严治党的重要突破口,更是全面从严治党的永恒课题。2012年11月15日,十八届中共中央政治局常委首次亮相,面对

500 多名中外记者，习近平总书记深刻指出："新形势下，我们党面临着许多严峻挑战，党内存在着许多亟待解决的问题。尤其是一些党员干部中发生的贪污腐败、脱离群众、形式主义、官僚主义等问题，必须下大气力解决。全党必须警醒起来。打铁还需自身硬。我们的责任，就是同全党同志一道，坚持党要管党、从严治党，切实解决自身存在的突出问题，切实改进工作作风，密切联系群众，使我们党始终成为中国特色社会主义事业的坚强领导核心。"作风上的问题，以形式主义、官僚主义、享乐主义和奢靡之风"四风"为代表。"四风"问题同我们党的性质宗旨和优良作风格格不入，严重损害党的形象，破坏党与人民群众的血肉联系，是人民的大敌，也是党和国家事业发展的大敌，必须坚决整治。党的十八大以来，以习近平同志为核心的党中央以改进工作作风、密切联系群众的中央八项规定作为重要突破口，率先垂范、身体力行，较真碰硬，善作善成，使清正之风在全党全国蔚然成风。针对"四风"问题所具有的极强顽固性、反复性，习近平总书记强调指出，"党的作风就是党的形象，关系人心向背，关系党的生死存亡。作风问题抓和不抓不一样，小抓大抓也不一样，只有动真格打硬仗，才能扫除顽瘴痼疾，取得人民满意的实效"。

（十）坚持一体推进不敢腐、不能腐、不想腐

对于腐败问题的危害与实质，习近平总书记看得十分明白透彻。在主持十八届中央政治局第一次集体学习时，习近平总书记发表重要讲话指出，近年来一些国家因长期积累的矛盾导致民怨载道、社会动荡、政权垮台，其中贪污腐败就是一个很重要的原因。大量事实告诉我们，腐败问题越演越烈，最终必然会亡党亡国。"反腐败是一场输不起也绝不能输的政治斗争。"在反腐败这样一个重大政治问题和重大政治斗争上，以习近平同志为核心的党中央，从系统化、科学化的角度推进反腐败斗争而形成的基本方针就是一体推进不敢腐、不能腐、不想腐。一体推进不敢腐、不能

突　破

腐、不想腐，就是使三者同时发力、同向发力、综合发力，把不敢腐的强大震慑效能、不能腐的刚性制度约束、不想腐的思想教育优势融于一体；让党员干部因敬畏而"不敢"、因制度而"不能"、因觉悟而"不想"。习近平总书记在主持十九届中央政治局第四十次集体学习时发表重要讲话强调，"要加深对新形势下党风廉政建设和反腐败斗争的认识，提高一体推进不敢腐、不能腐、不想腐能力和水平，全面打赢反腐败斗争攻坚战、持久战"。党的二十届三中全会《决定》也提出，要"完善一体推进不敢腐、不能腐、不想腐工作机制，着力铲除腐败滋生的土壤和条件"。

（十一）坚持完善党和国家监督体系

习近平总书记在二十届中央纪委二次全会上，用"六个如何始终"深入阐述"大党必须解决的独有难题"，告诫全党要时刻保持解决大党独有难题的清醒和坚定，其中之一就是"如何始终能够及时发现和解决自身存在的问题"。在我们党的政治语境中，这其实主要就是一个自我监督的问题。习近平总书记指出，自我监督是世界性难题，是国家治理的"哥德巴赫猜想"。在社会主义社会条件下，解决我们党长期执政面临的被腐蚀风险，外部监督必不可少，但根本的还是要靠内部监督，靠自我监督。只有把自我监督的制度建好，手段用好，才能巩固党的执政地位，跳出历史周期率。党的十八大以来，以习近平同志为核心的党中央在加强自我监督方面，着力从完善党和国家监督体系的角度统筹谋划党的领导和党的建设相关工作，比如，把完善党和国家监督体系作为推进国家治理体系和治理能力现代化的重要组成部分，把完善党和国家监督体系作为推进全面依法治国的重要内容等，初步形成了党和国家监督体系总体框架。在这个总体框架中，党的集中统一领导，强化政治监督，推进监督全覆盖，压实全面从严治党政治责任，推动各类监督相互贯通等，是突出的重点内容所在。

（十二）坚持制度治党、依规治党

着重从制度上、法规上治党，是党的十八大以来以习近平同志为核心的党中央管党治党的一个突出特点。对于制度治党、依规治党的重要性，习近平总书记曾指出，我们党要履行好执政兴国的重大历史使命、赢得具有许多新的历史特点的伟大斗争胜利、实现党和国家的长治久安，必须坚持依法治国与制度治党、依规治党统筹推进、一体建设。正是在这样的思路指导下，党的十八大以来，以习近平同志为核心的党中央坚持制度治党、依规治党，努力构建系统完备、科学规范、运行有效的制度体系，全面从严治党的制度化、法治化水平显著提升。2022 年 1 月 18 日，习近平总书记在十九届中央纪委六次全会上的重要讲话中指出："经过新时代全面从严治党的革命性锻造，我们形成了比较完善的党内法规体系，构建起党统一领导、全面覆盖、权威高效的监督体系，营造了尊崇制度、遵守制度的良好氛围，推动各方面制度更加成熟定型，形成了中国共产党之治、中国之治的独特优势。"党的二十届三中全会《决定》强调，"聚焦提高党的领导水平和长期执政能力，创新和改进领导方式和执政方式，深化党的建设制度改革，健全全面从严治党体系"。

（十三）坚持落实全面从严治党政治责任

习近平总书记强调，"全面从严治党是各级党组织的职责所在。从党风廉政建设主体责任到全面从严治党主体责任，不只是字面上的变化，更是实践的发展、认识的深化"。压紧压实各级党委纪委的管党治党责任，是坚持党要管党，坚持全面从严治党的必然要求。并且，全面从严治党的主体责任和监督责任，也不是一般意义上的责任，而是对党中央、对全党和人民的一种政治责任。这是党的十八大以来我们党在如何推进全面从严治党上形成的十分重要的结论。也正因如此，党的十八大以来，以习近平同志为核心的党中央坚定不移推进全面从严治党，要求各级党组织强化守土有责、守土担责、守土尽责的政治担当，扭住责任制这个"牛鼻子"，推动党委（党组）主体责任、书记第一责任人责任和纪委监委监督责任贯通联动、一体落实，并在实践中不断健全和完善各负其责、统一协调的管党治党责任格局和制度机制，为确保管党治党真正严起来、紧起来、实起来提供了坚强有效的保证。全面从严治党成效的取得，特别是全面从严治党政治成效的取得，与此有着根本性关联。

三、深入推进新时代新征程"新的伟大工程"

党的二十大报告，按照"一总""七分"的结构，擘画了新时代新征程推进党的建设新的伟大工程的总体布局，这是当前和今后一段时间的重要指引和遵循。

其中，"一总"，是指旗帜鲜明郑重宣告"持之以恒推进全面从严治党，深入推进新时代党的建设新的伟大工程，以党的自我革命引领社会革命"，要求全党必须牢记，"全面从严治党永远在路上，党的自我革命永远在路上"，绝不能有松劲歇脚、疲劳厌战的情绪。之所以不能够有疲劳厌战的情绪，之所以要保持永远在路上的清醒，主要是因为：其一，党和人民事业发展没有止境，我们党团结带领人民推进伟大社会革命未有穷期，以党的自我革命引领社会革命当然未有穷期；其二，大国大党治理，向来是一个世界级的难题，因此我们党作为世界上最大的马克思主义执政党，要始终赢得人民拥护、巩固长期执政地位，必须时刻保持解决大党独有难题的清醒和坚定，着力解决世界上其他一些政党不能够解决甚至没有碰到过的许多难题；其三，全面建设社会主义现代化国家、全面推进中华民族伟大复兴，在新时代新征程上，党面临的执政考验、改革开放考验、市场经济考验、外部环境考验将长期存在，精神懈怠危险、能力不足危险、脱离群众危险、消极腐败危险将长期存在，对于"四大考验""四种危险"，任何时候都不能够掉以轻心，否则可能犯下基本的甚至颠覆性的错误。因此，正如党的二十大报告所要求的："我们要落实新时代党的建设总要求，健全全面从严治党体系，全面推进党的自我净化、自我完善、自我革新、自我提高，使我们党坚守初心使命，始终成为中国特色社会主义事业的坚强领导核心。"

"七分"，是指新时代新征程上党的建设的总体性格局。

第一，坚持和加强党中央集中统一领导。新时代新征程，从"党的领导是全面的、系统的、整体的，必须全面、系统、整体加以落实"，我们党对于坚持和加强党中央集中统一领导，主要作了 5 个方面的部署，具体包括：①健全总揽全局、协调各方的党的领导制度体系，完善党中央重大决策部署落实机制。②完善党中央决策议事协调机构，加强党中央对重大工作的集中统一领导。③加强党的政治建设，严明政治纪律和政治规矩。④坚持科学执政、民主执政、依法执政，贯彻民主集中制，创新和改进领导方式。⑤增强党内政治生活政治性、时代性、原则性、战斗性，用好批评和自我批评武器。总的来说，按照这 5 个方面进行贯彻落实，就能够有力确保全党在政治立场、政治方向、政治原则、政治道路上同党中央保持高度一致，确保党的团结统一，能够切实提高各级党组织和党员干部政治判断力、政治领悟力、政治执行力，切实提高党把方向、谋大局、定政策、促改革能力，调动各方面积极性，持续净化党内政治生态。

值得进一步思考的是，结合新时代以来我们党坚持和加强党中央集中统一领导中发现和面临的一些情况，"切实提高各级党组织和党员干部政治判断力、政治领悟力、政治执行力"在很大程度上成为影响和制约"党中央集中统一领导"效能发挥的重要环节。也正是从一些具体事例中，人们发现，不时出现的一些"低级红、高级黑"现象，以及对"国之大者"不上心、不用心现象，实际上背后反映的都是"政治三力"有所欠缺的问题。这个问题应当引起更大的重视。

第二，坚持不懈用习近平新时代中国特色社会主义思想凝心铸魂。拥有马克思主义科学理论指导是我们党鲜明的政治品格和强大的政治优势。离开了科学理论指导，行动就会陷入盲目与危险。科学理论是指导我们的行动脱离自发、走向自觉，脱离自在、走向自为的关键所在。这样的指导作用不是在历史上一次性完成的，而是每时每刻都在影响着我们党和每一名党员干部。实践告诉我们，中国共产党为什么能，中国特色社会主义为什么好，归根结底是马克思主义行，是中国化时代化的马克思主义行。习近平新时代中国特色社会主义思想作为马克思主义中国化时代化的最新成果，在国家政治和社会生活中具有指导地位，对推动新时代党和人民事业发展发挥着指导作用。党的十八大以来，党和国家事业取得的历史性成就、发生的历史性变革，充分证明了中国化时代化的马克思主义行，充分证明了科学的思想理论对实践的巨大推动作用。

党的二十大报告指出，用党的创新理论武装全党是党的思想建设的根本任务。在中国特色社会主义新时代，党的思想建设的根本任务，就是用习近平新时代中国特色社会主义思想武装头脑、指导实践、推动工作。根本要求就是"坚持学思用贯通、知信行统一，把新时代中国特色社会主义思想转化为坚定理想、锤炼党性和指导实践、推动工作的强大力量"。党的二十届三中全会《决定》指出，要"加强党的创新理论武装，建立健全以学铸魂、以学增智、以学正风、以学促干长效机制"。

第三，完善党的自我革命制度规范体系。在全面从严治党体系中，党的自我革命制度规范体系，其实主要是指由管党治党的各项制度和法规所形成的、以自我监督为主要体现的一整套制度规范体系。新时代新征程，进一步完善这套制度规范体系，一个总体性要求，就是要牢牢坚持制度治党、依规治党，以党章为根本，以民主集中制为核心，完善党内法规制度体系，增强党内法规权威性和执行力，形成坚持真理、修正错误，发现问题、纠正偏差的机制。贯彻这样的总体性要求，主要是要做好一项整体性的工作，那就是健全党统一领导、全面覆盖、权威高效的监督体系，完善权力监督制约机制，以党内监督为主导，促进各类监督贯通协调，让权力在阳光下运行。其中，还有 3 个方面的工作重点需要着重考虑：①推进政治监督具体化、精准化、常态化，增强对"一把手"和领导班子监督实效；②发挥政治巡视利剑作用，加强巡视整改和成果运用；③落实全面从严治党政治责任，用好问责利器。

完善党的自我革命制度规范体系，其至高的追求乃是"形成坚持真理、修正错误，发现问题、纠正偏差的机制"，这是党的自我监督功能发挥的理想状态，也是我们孜孜以求的理想目标。实际上，破解大党独有难题，这是一个必须反复强化的重要方面，也是随着全面从严治党深入推进而越来越具有深刻必要性的重要方面。

第四，建设堪当民族复兴重任的高素质干部队伍。我们党深刻认识到，全面建设社会主义现代化国家，必须有一支政治过硬、适应新时代要求、具备领导现代化建设能力的干部队伍。实际上，顺利实现中华民族伟大复兴，必须有一支与实现这个伟大任务相匹配的高素质干部队伍。锻造能够适应党的任务要求的高素质干部队伍，是我们党各个历史胜利经验的重要结论。在新民主主义革命时期如此，在改革开放和社会主义现代化建设新时期如此，在中国特色社会主义新时代更是如此。这是因为，在新时代历史方位上，我们党、我们国家已经是一个具有全球影响力的大党、全球震撼力的大国了，但是我们的干部从能力素质的角度看，并不能说已经具有了与这些影响力和震撼力相匹配的本领与素养。从这个角度看，建设堪当民族复兴重任的高素质干部队伍，是一项重要且急迫的重大战略任务。

特别是聚焦当前和今后一个时期我们党和国家发展，我们党对干部能力本领提出了关键要求，在党的二十大报告中我们党鲜明强调了干部必须

突　破

着力提高的四个方面的本领，可称为"3＋1"。其中，"3"是指3种本领，即推动高质量发展本领、服务群众本领、防范化解风险本领；"1"是指"斗争精神和斗争本领"。这几种本领构成了一个小的系统化要求，体现了我们党对新时代新征程治国理政的实事求是的谋划。面对有可能出现的大风大浪甚至惊涛骇浪，这几种本领就是风雨来袭时我们党赖以应对的重要支撑。党的二十届三中全会《决定》提出了一个新的要求，即"现代化建设能力"，具体的表述是"健全常态化培训特别是基本培训机制，强化专业训练和实践锻炼，全面提高干部现代化建设能力"。

第五，增强党组织政治功能和组织功能。严密的组织性、严明的纪律性和广泛的群众性，是中国共产党作为一个政治组织的突出特性。而在其中，严密的组织体系则是党的优势所在、力量所在。新时代以来，坚持和加强党的全面领导，其中一个重大的举措就是推动了党的组织体系的广覆盖，过去一些没有覆盖或者覆盖得不那么充分的地方，党的组织工作大大强化了。与扩大覆盖面相随而来的，就是强化了覆盖后的功能发挥，也就是说，不仅是组织覆盖，更重要的是将覆盖的功能充分发挥出来，这种功能主要就是政治功能和组织功能。因此党的二十大报告强调"各级党组织要履行党章赋予的各项职责，把党的路线方针政策和党中央决策部署贯彻落实好，把各领域广大群众组织凝聚好"。"把党的路线方针政策和党中央决策部署贯彻落实好"主要是就政治功能而言的，"把各领域广大群众组织凝聚好"主要是就组织功能而言的。

目前来说，就扩大组织覆盖面而言，主要的空白和稀疏之处还在于新经济组织、新社会组织、新就业群体，因此党的二十大报告强调要加强新经济组织、新社会组织、新就业群体党的建设，注重从青年和产业工人、农民、知识分子中发展党员，加强和改进党员特别是流动党员教育管理。党的二十届三中全会《决定》也指出，要"探索加强新经济组织、新社会组织、新就业群体党的建设有效途径。完善党员教育管理、作用发挥机制"。就强化政治功能和组织功能而言，各个领域都还有提升空间。在这其中，城乡社区党的建设的重点，是要把基层党组织建设成为有效实现党的领导的坚强战斗堡垒。机关（包括事业单位）主要是全面提高党建质量问题。在各类企业中，包括公有制的国有企业、金融企业，以及混合所有制企业、非公有制企业，主要还是要进一步加强党的建设的问题。

第六，坚持以严的基调强化正风肃纪。从改革开放以来，深刻思考市场经济条件下党的建设，我们党得出一个深刻的结论，那就是，腐败问题解决不好要亡党亡国，党风问题解决不好，也可能影响党的生死存亡。因此我们党一直强调"党风问题关系执政党的生死存亡"。实际上，从党和人民事业发展整体、从党治国理政的整体来看，党风政风与社风民风也是密切相关的，可以说，党风政风在某种意义上决定着社风民风，有什么样的党风政风，就会有什么样的社风民风。因此，要想求得社风民风的正能量高昂、主旋律升腾，也必须注重锻造好的党风政风。这是中国政治几千年来的一个规律。在党的十八大以来已经取得良好效果的基础上，我们党强调要坚持以严的基调强化正风肃纪，还有一个考虑，那就是已经取得的成果决不能因为措施的反复而发生反弹，否则会出现前功尽弃的情况。

因此，在党的二十大报告中，我们党对于正风肃纪保持了十分明确的态度，并且提出了一些乘势而进的要求。比如，在之前深入学习党史的基础上，提出要继续"弘扬党的光荣传统和优良作风，促进党员干部特别是领导干部带头深入调查研究，扑下身子干实事、谋实招、求实效"。又如，在之前反"四风"取得好的效果但整体不均衡的情况下，提出要"持续深化纠治'四风'，重点纠治形式主义、官僚主义，坚决破除特权思想和特权行为"。再如，在全社会对党风问题认识进一步深化的基础之上，进一步强调要"党性党风党纪一起抓"，并且要"涵养富贵不能淫、贫贱不能移、威武不能屈的浩然正气"。

突　破

第七，坚决打赢反腐败斗争攻坚战持久战。党的十八大以来我们党所进行的反腐败斗争是"史无前例的"。具体支撑这"史无前例"判断的关键数据显示，党的十八大至党的二十大期间，全国纪检监察立案审查553名中管干部，含十八届中央委员、中央候补委员49人，十八届中央纪委委员12人，十九届中央委员、中央候补委员12人，十九届中央纪委委员6人。处分厅局级干部2.5万多人、县处级干部18.2万多人。这个数据，出自2022年10月17日中央纪委国家监委有关负责同志在党的二十大记者招待会上的介绍，具有相当的权威性。然而，全面从严治党永远在路上，党的自我革命永远在路上，新时代新征程，反腐败斗争仍然要继续进行下去。

民心是最大的政治，正义是最强的力量。我们党把反腐败斗争视为输不起也决不能输的政治斗争，就严正表明了在反腐败问题上没有退路这个核心观点。我们党深刻认识到："腐败是危害党的生命力和战斗力的最大毒瘤，反腐败是最彻底的自我革命。"也就是说，如果不能够持续解决腐败问题，那么以党的自我革命引领社会革命就是一句空话。因此，"只要存在腐败问题产生的土壤和条件，反腐败斗争就一刻不能停，必须永远吹冲锋号。"这就表明了一种治本的态度和决心。

腐败问题的危害至为深刻，但不同类型的腐败问题其危害性质也有不同。从党的二十大有关表述看，我们党对于"政治问题和经济问题交织的腐败"警惕性最高，认识到其危害也最大，因此强调要"坚决查处政治问题和经济问题交织的腐败，坚决防止领导干部成为利益集团和权势团体的代言人、代理人，坚决治理政商勾连破坏政治生态和经济发展环境问题，决不姑息"，这实际上是从政治的高度深刻把握腐败问题的发展态势而得出的重大判断。党的二十届三中全会也提出："丰富防治新型腐败和隐性腐败的有效办法。"

习近平总书记指出，强国建设、民族复兴的宏伟目标令人鼓舞、催人奋进，我们这一代共产党人使命光荣、责任重大。因此，我们要深刻认识到，不断增强党的自我净化、自我完善、自我革新、自我提高能力，使我们党始终充满蓬勃生机和旺盛活力，始终成为中国特色社会主义事业的领导核心，事关强国建设、民族复兴宏伟目标实现，一定要把我们党建设好、建设强。

践行总体国家安全观 推进国家
安全体系和能力现代化

中共中央党校（国家行政学院）研究室副主任、国际战略研究院原副院长，教授，博士研究生导师。先后受聘为教育部"国别与区域研究专家委员会"委员、国家民委决策咨询委员会副秘书长、商务部"一带一路"经贸合作专家组专家，长期从事国际战略、中国外交、国家安全等领域研究工作。主持国家社会科学基金重大项目"'一带一路'战略与新疆社会发展"（16ZDA152）。受邀参加马克思主义理论研究和建设重大项目"民族问题若干重大基础理论研究""'一带一路'建设重大问题研究"等。出版著作《国家安全学与总体国家安全观——对若干重点领域的思考》《中国梦与世界软实力竞争》《国际视野中的民族冲突与管理》等。

观点提要

★ 2014年4月15日，习近平总书记在中央国家安全委员会第一次会议上，创造性提出总体国家安全观，为新时代国家安全工作提供了强大思想武器。总体国家安全观是我们党历史上第一个被确立为国家安全工作指导思想的重大战略思想，是习近平新时代中国特色社会主义思想的重要组成部分，是维护和塑造中国国家安全的根本遵循。

★　全面推进中华民族伟大复兴需要分别实现"站起来"、"富起来"及"强起来"三个阶段。站起来阶段的关键任务是解决落后挨打的问题，中心工作是维护安全；富起来阶段的关键任务是解决贫穷挨饿的问题，中心工作是推动发展；强起来阶段的关键任务是全面建成社会主义现代化强国，中心工作是统筹发展与安全。

★　总体国家安全观强调"五大要素"，即以人民安全为宗旨，以政治安全为根本，以经济安全为基础，以军事、科技、文化、社会安全为保障，以促进国际安全为依托。当前，我国发展进入战略机遇和风险挑战并存、不确定难预料因素增多的时期，各种"黑天鹅""灰犀牛"事件随时可能发生，必须以总体国家安全观为指导，务必敢于斗争、善于斗争，以新安全格局保障新发展格局，努力开创国家安全工作新局面。

当前，我国国家安全的内涵和外延比历史上任何时候都要丰富，时空领域比历史上任何时候都要宽广，内外因素比历史上任何时候都要复杂。对此，习近平总书记指出："需要注意的是，各种风险往往不是孤立出现的，很可能是相互交织并形成一个风险综合体。"2014 年 4 月 15 日，习近平总书记在中央国家安全委员会第一次会议上，创造性提出总体国家安全观，为新时代国家安全工作提供了强大思想武器。总体国家安全观是我们党历史上第一个被确立为国家安全工作指导思想的重大战略思想，是习近平新时代中国特色社会主义思想的重要组成部分，是维护和塑造中国国家安全的根本遵循，具有重大的时代意义、理论意义和实践意义。

1982 年，党的十二大报告中有 1 次提到"安全"，即"祖国安全"；

突　破

1987 年，党的十三大报告中没有 1 次提及"安全"或"国家安全"；

1992 年，党的十四大报告中 4 次提到"安全"，"国家安全"首次出现；

1997 年，党的十五大报告中 6 次提到"安全"，其中 3 次为"国家安全"；

2002 年，党的十六大报告中 14 次提到"安全"，其中 3 次为"国家安全"；

2007 年，党的十七大报告中 23 次提到"安全"，其中 5 次为"国家安全"；

2012 年，党的十八大报告中 36 次提到"安全"，其中 4 次为"国家安全"；

2017 年，党的十九大报告中 55 次提到"安全"，其中 18 次为"国家安全"。如图 1 所示。

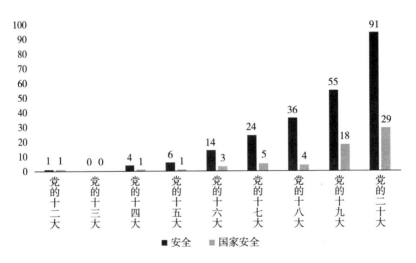

图 1　党的十二大报告到党的二十大报告有关"安全""国家安全"的词频

2022 年，党的二十大报告首次就国家安全工作列专章作战略部署，强调国家安全体系和能力现代化。在 3.26 万字报告中，"安全"一词出现多达 91 次，其中"国家安全"一词出现 29 次；此外，"斗争"一词出现 22次。全面推进中华民族伟大复兴需要分别实现"站起来"、"富起来"及"强起来"三个阶段。站起来阶段的关键任务是解决落后挨打的问题，中心工作是维护安全；富起来阶段的关键任务是解决贫穷挨饿的问题，中心工作是推动发展；强起来阶段的关键任务是全面建成社会主义现代化强国，中心工作是统筹发展与安全。

新形势下我们面临的重大风险越来越复杂，呈现许多新趋势新特点。当前值得我们高度重视的有如下"六大效应"。

"倒灌效应"：随着中国日益走近世界舞台中央，境外输入性风险日益增多，已成为影响中国安全稳定的外生变量。

"合流效应"：各种敌对势力同流合污、勾连聚合，呈现"敌独合流""内外合流""新老合流"的"三个合流"新动向。

"叠加效应"：重点领域群体利益诉求引发的各种社会矛盾交织叠加，现实问题与历史问题、实际利益问题与意识形态问题、政治性问题与非政治性问题交叉感染，极易形成风险综合体。

"联动效应"：各类风险流动性加快、关联性增强，呈现境内外互动、跨区域联动、跨群体聚合的新动向。

"放大效应"：互联网日益成为各类风险的策源地、传导器、放大器，一件小事情都可能形成舆论旋涡，一些谣言传闻经煽动炒作，极易使"茶杯里的风暴"骤变为现实社会的"龙卷风"。

"诱导效应"：一个地区发生的问题容易导致其他地区仿效。一些长期积累的深层次矛盾问题难以在短期内得到完全解决，如果持续发酵，在外部输入性风险的诱导下，就有可能升级放大。

社会主义现代化强国建设，必然充满各种挑战，必然会面临风高浪急甚至惊涛骇浪的重大考验，为此必须坚定不移贯彻总体国家安全观，敢于斗争、善于斗争，把维护国家安全贯穿党和国家工作各方面全过程，确保国家安全和社会稳定。

一、国家安全是民族复兴的根基

保证国家安全是头等大事，是全国各族人民的根本利益所在。"安而不忘危，存而不忘亡，治而不忘乱"的忧患意识是中华民族的一个重要精

突　破

神特质。增强忧患意识，做到居安思危，是我们党治国理政必须始终坚持
的一个重大原则。

（一）什么是国家安全

安全是指客观上没有或很少受威胁、主观上没有或很少恐惧感。《中
华人民共和国国家安全法》第二条指出，国家安全是指国家政权、主权、
统一和领土完整、人民福祉、经济社会可持续发展和国家其他重大利益相
对处于没有危险和不受内外威胁的状态，以及保障持续安全状态的能力。

国家安全与国家利益紧密相关，由于国家利益常常受到多方面的威
胁，所以产生了多方面的安全问题。一般而言，国家利益可分为生存、物
质（财富与发展水平等）与精神（权利、身份等）三个层面。相应地，安
全也可以分为生存安全（如领土完整，维护主权、政权安全以及国民的生
存）、物质安全（资源安全、金融安全、环境安全等）和精神安全（社会
安全，如身份的维持、文化安全、国际权利地位等）。这三个层面的安全
可能同时面临"存在性威胁"（existential threat），也可能是依次或递进式
地面临不同威胁。如果是后者，即依次解决生存、物质、精神等安全问
题，也称"安全阶梯"，其中生存安全主要解决国家与国民的生存问题，
物质安全主要解决国家与国民的发展问题，精神安全主要解决国家与国民
的认同、尊重、话语权等价值观类问题（内部有凝聚力，外部有对其的欣
赏、认同）。如图 2 所示。

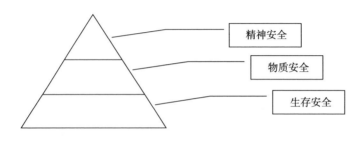

图 2　国家安全层次之"安全阶梯"

新中国成立以来，国家安全观经历四个比较鲜明的阶段（如图 3 所示）。

新中国成立初期	改革开放时期	进入21世纪	进入新时代
政权、军事安全	经济安全	新安全观	总体国家安全观

图3　新中国国家安全观的历史变迁

一是新中国成立初期，维护政权和军事安全。具体表现在积极防御、人民战争，强调通过结盟、建设强大国防、建立国际统一战线等途径维护国家安全。具体案例如《中苏友好同盟互助条约》、"两弹一星"，等等。

二是改革开放时期，重点是维护经济安全。邓小平强调，搞社会主义，一定要使生产力发达，贫穷不是社会主义。1978 年 12 月，召开了党的十一届三中全会，中国开始实行对内改革、对外开放的政策，经济安全在整体国家安全战略中的地位显著上升。邓小平指出，要实现自己的发展目标，必不可少的条件是安定的国内环境与和平的国际环境，强调小康社会就是中国式的现代化。1979 年 1 月 1 日，中美两国正式建立外交关系，中美建交同中国改革开放几乎是同步的。

三是进入 21 世纪，即后冷战时期，倡导"互信、互利、平等、协作"的新安全观。1999 年 3 月 26 日，江泽民在日内瓦裁军谈判会议上发表了题为《推动裁军进程，维护国际安全》的讲话，全面阐述了中国的新安全观：历史告诉我们，以军事联盟为基础、以加强军备为手段的旧安全观，无助于保障国际安全，更不能营造世界的持久和平。新安全观主要针对冷战结束，主要强调国际安全。

四是进入新时代，提出以人民安全为宗旨的总体国家安全观。"总体"是总体国家安全观的最鲜明特征，其核心要义主要有三个：①总体是一种理念，强调的是国家安全的全面性和系统性。②总体是一种状态，强调的是国家安全的相对性和可持续性。安全是相对的。风险因素不可能完全消除，尤其是很多外部风险是不以我们的意志为转移的。没有绝对安全，我们也不追求绝对安全。③总体是一种方法，强调的是国家安全的科学统筹。以往国家安全虽然各方面都在推进，但整体上统筹协调不足，客观上存在各自为战、交叉重叠的突出问题。总体谋求的是构建集各种领域安全于一体的国家安全体系，回应当下错综复杂的各类安全挑战。

（二）总体国家安全观

2014年4月15日，习近平总书记在主持召开中央国家安全委员会第一次会议时，第一次提出总体国家安全观概念，并首次系统明确了"11种安全"，即政治安全、国土安全、军事安全、经济安全、文化安全、社会安全、科技安全、信息安全、生态安全、资源安全、核安全。后来又增加了四个新领域，即海外利益安全、太空安全、深海安全、极地安全。2020年2月14日，习近平总书记在中央全面深化改革委员会第十二次会议上强调："要从保护人民健康、保障国家安全、维护国家长治久安的高度，把生物安全纳入国家安全体系，系统规划国家生物安全风险防控和治理体系建设，全面提高国家生物安全治理能力。"此外，人工智能安全、数据安全、金融安全、粮食安全等也不断得到强化、重视。迄今，我国国家安全至少已经包括20个重点领域。

2020年12月，中共中央政治局第二十六次集体学习对总体国家安全观作出"十个坚持"的全面概括：一是"坚持党对国家安全工作的绝对领导"，彰显中国国家安全工作的领导体制与本质特征。二是"坚持中国特色国家安全道路"，彰显在国家安全上的道路自信。三是"坚持以人民安全为宗旨"，这与中国共产党全心全意为人民服务的根本宗旨一脉相承。人民安全主要指人民的生命与财产安全，体现在国家安全工作的各方面。四是"坚持统筹发展和安全"，发展和安全是对党治国理政纷繁复杂工作的高度概括，统筹发展和安全则是确保民族复兴行稳致远的关键。五是

"坚持把政治安全放在首要位置"，这是以政治安全为根本的体现。六是"坚持统筹推进各领域安全"，统筹应对传统安全和非传统安全。各领域安全是总体安全的有机组成部分，有助于对国家安全进行科学分工和有的放矢开展工作。七是"坚持把防范化解国家安全风险摆在突出位置"，彰显底线思维、忧患意识和战略主动性。八是"坚持推进国际共同安全"，推动树立共同、综合、合作、可持续的全球安全观。展现了中国对全球安全的负责担当。九是"坚持推进国家安全体系和能力现代化"，这是管长远和抓要害的制度与能力建设。十是"坚持加强国家安全干部队伍建设"，这是组织保障，强调政治属性和专业素养。

2021年11月18日，中共中央政治局召开会议，审议《国家安全战略（2021—2025年）》，全面部署未来五年国家安全工作。会议强调，必须坚持把政治安全放在首要位置，统筹做好政治安全、经济安全、社会安全、科技安全、新兴领域安全等重点领域、重点地区、重点方向国家安全工作。要坚定维护国家政权安全、制度安全、意识形态安全，严密防范和坚决打击各种渗透颠覆破坏活动。要增强产业韧性和抗冲击能力，筑牢防范系统性金融风险安全底线，确保粮食安全、能源矿产安全、重要基础设施安全，加强海外利益安全保护。要强化科技自立自强作为国家安全和发展的战略支撑作用。要积极维护社会安全稳定，从源头上预防和减少社会矛盾，防范遏制重特大安全生产事故，提高食品药品等关系人民健康产品和服务的安全保障水平。要持续做好新冠疫情防控，加快提升生物安全、网络安全、数据安全、人工智能安全等领域的治理能力。要积极营造良好外部环境，坚持独立自主，在国家核心利益、民族尊严问题上决不退让，坚决维护国家主权、安全、发展利益；树立共同、综合、合作、可持续的全球安全观，加强安全领域合作，维护全球战略稳定，携手应对全球性挑战，推动构建人类命运共同体。要全面提升国家安全能力，更加注重协同高效，更加注重法治思维，更加注重科技赋能，更加注重基层基础。要坚

突　破

持以政治建设为统领，打造坚强的国家安全干部队伍。要加强国家安全意识教育，自觉推进发展和安全深度融合。

二、坚持统筹发展和安全

总体国家安全观关键在"总体"，强调的是做好国家安全工作的系统思维和方法。全面贯彻落实总体国家安全观，要求我们坚持统筹发展和安全，发展是安全的基础、安全是发展的条件，既要善于运用发展成果夯实国家安全的实力基础，又要善于塑造有利于经济社会发展的安全环境；坚持人民安全、政治安全、国家利益至上的有机统一，实现人民安居乐业、党的长期执政、国家长治久安；坚持立足于防，又有效处置风险；坚持维护和塑造国家安全，塑造是更高层次更具前瞻性的维护，要发挥负责任大国作用，同世界各国一道，推动构建人类命运共同体；坚持科学统筹，始终把国家安全置于中国特色社会主义事业全局中来把握，充分调动各方面积极性，形成维护国家安全合力。

总体国家安全观强调"五大要素"，即以人民安全为宗旨，以政治安全为根本，以经济安全为基础，以军事、科技、文化、社会安全为保障，以促进国际安全为依托。

（一）以人民安全为宗旨

国泰民安是人民群众最基本、最普遍的愿望。随着我国经济社会发展和对外开放不断扩大，人民对国家安全有了更多更高的期待。人民希望国家更加强大，更有力地维护国家统一和民族团结，更坚定地捍卫国家利益，为实现国家长治久安提供可靠支撑。人民希望党和政府更加主动作为，更有效地保护他们的生命财产安全，为他们营造安居乐业的社会环境。人民希望尽快解决空气、水、土壤污染，以及农产品、食品药品安全等突出问题。人民对美好生活的向往，就是我们党的奋斗目标。总体国家安全观强调以人民安全为宗旨，坚持国家安全一切为了人民、一切依靠人民，不断提高人民的获得感、幸福感、安全感。

随着社会的快速发展，形成了不少特殊群体，其中有些群体相对边缘，但非常重要，需要我们持续关注和研究、需要真诚关心和关怀。例如，在中国有2100多万卡车司机，基本特征是"自雇体制"＋"虚拟团结"。卡车司机以男性为主（男性占95.8%），平均年龄为36.6岁，农村户籍居多（占79.1%）；受教育程度较低，初中教育程度占57.7%，高中、职高和技校占32.6%。卡车司机工作强度较大，每天驾车平均时间在8—12小时的占42.1%，12小时以上的占9.2%。长期、繁重的劳动，加上不规则的进餐和休息，使卡车司机往往罹患各种疾病。他们工作繁重，但社会地位较低，容易情绪激动。同卡车司机相近的还有640万保安群体，1700多万外卖骑手、快递小哥，630多万网约车驾驶员，他们均处于相对边缘的状态。

当前，我国正处在老龄化加速阶段，第七次全国人口普查数据显示，2020年中国60岁及以上人口为2.64亿人，预计2025年将突破3亿人。全国老龄办数据统计，2020年空巢老人达到1.18亿人，预计至2030年空巢老人将超过2亿人。

2022年4月29日，国家统计局发布2021年农民工监测调查报告，中国有2.98亿农民工，农民工平均年龄继续提高，2021年为41.7岁，50岁以上占比由过去的15.1%（2012年）上升到目前的27.3%，可见农民工的年龄结构发生很大变化，说明现在的年轻人越来越不愿意从事繁重劳动。此外，在农村，有留守儿童4177万人。全国有残疾人8500万人，有9000多万名抑郁症患者，等等。

针对上述一个个鲜活的群体，要做到以人民安全为宗旨，就要求党员干部对各个群体多了解、多关心。要健全社会心理服务体系和危机干预机

突　破

制。真正和人民群众在一起，党员干部作决策才能接地气、有底气，始终铭记"为了谁、依靠谁、我是谁"，党员干部也是人民群众，不能把"优越感"建立在职位和身份上，要清醒地认识到："得一官不荣，失一官不辱，勿道一官无用，地方全靠一官；吃百姓之饭，穿百姓之衣，莫道百姓可欺，自己也是百姓。"

"江山就是人民，人民就是江山。"中国共产党领导人民打江山、守江山，守的是人民的心。要牢记群众是真正的英雄，任何时候都不能忘记为了谁、依靠谁、我是谁，真正同人民结合起来。

（二）以政治安全为根本

政治安全在国家安全体系中居于核心地位和最高层次，就是要坚持党的领导和中国特色社会主义制度不动摇，把政权安全、制度安全、意识形态安全放在首要位置，为国家安全提供根本政治保证。

政治安全主要威胁源既来自内部，也来自外部。内部"精神懈怠危险、能力不足危险、脱离群众危险、消极腐败危险"都关系到政治安全。外部威胁源主要是西方国家始终没有放弃对中国进行西化、分化的图谋。从国际共运史看，社会主义苏联先后粉碎了 14 个帝国主义国家的武装干涉，经历了严酷的卫国战争，取得了社会主义革命和建设的辉煌胜利，却败在意识形态战场。党的十八大之后不久，习近平总书记在新进中央委员会的委员、候补委员学习贯彻党的十八大精神专题研讨班开班式上的讲话中提出一个发人深省的问题：苏联为什么解体？苏共为什么垮台？一个重要原因就是意识形态领域的斗争十分激烈，全面否定苏联历史、苏共历史，否定列宁，否定斯大林，搞历史虚无主义，思想搞乱了，各级党组织几乎没任何作用了，军队都不在党的领导之下了。最后，苏联共产党偌大一个党就作鸟兽散了，苏联偌大一个社会主义国家就分崩离析了。

马克思指出，"如果从观念上来考察，那么一定的意识形式的解体足以使整个时代覆灭"。[①] 2013 年 8 月 19 日，习近平总书记在全国宣传思想工作会议上强调，经济建设是党的中心工作，意识形态工作是党的一项极端重要的工作。

很长一段时期以来，包括历史虚无主义在内的各种错误思潮大行其道、暗流涌动，所要抢占的正是意识形态话语权，所要冲击的正是马克思主义指导地位，这已经给一些党员、干部和群众的思想造成了严重不良影响。对此，习近平总书记有着高度警觉。2013 年 6 月 28 日，习近平总书记在全国组织工作会议上的讲话中指出，"我一直在想，如果哪天在我们眼前发生'颜色革命'那样的复杂局面，我们的干部是不是都能毅然决然站出来捍卫党的领导、捍卫社会主义制度"？

在内部，马克思主义意识形态一直面临两方面的挑战：一是来自右的方面，有些人试图用西方的民主社会主义取代科学社会主义。二是来自"左"的方面，有些人忽视社会主义初级阶段这个基本国情，强调社会主义与资本主义竞争的一面，而漠视发展中国家需要向发达国家学习、借鉴的一面。为此，"既不走封闭僵化的老路，也不走改旗易帜的邪路"。

在外部，美国实施"推进民主"战略和推广"普世价值"战略，在亚洲试图构建"民主国家联盟"，在新疆、西藏、香港、台湾等问题上干涉中国内政，支持海外的各种反共、反华势力。

在国际传播领域，中国综合国力和国际地位不断提升，国际社会对我国的关注前所未有，但中国在世界上的形象很大程度上仍是"他塑"而非"自塑"，我们在国际上有时还处于有理说不出、说了传不开的境地，存在信息流进流出的"逆差"、中国真实形象和西方主观印象的"反差"、软实

[①] 《马克思恩格斯文集》第 8 卷，人民出版社 2009 年版，第 170 页。

力和硬实力的"落差"。从世界史来看，大国竞争的胜负不仅取决于军队、科技能力，也取决于其世界叙事能力。

（三）以经济安全为基础

以经济安全为基础，坚持社会主义基本经济制度不动摇，不断完善社会主义市场经济体制，坚持发展是硬道理，把发展作为最大的安全，不断提高国家的经济整体实力、竞争力和抵御内外各种冲击与威胁的能力。

当前，我国经济形势总体是好的，但经济发展面临的国际环境和国内条件都在发生深刻而复杂的变化。中国的体制优势使国家具备较强的抗风险能力。以经济安全为基础，就是要确保国家经济发展不受侵害，促进经济持续健康发展，增强国家经济实力，为国家安全提供坚实物质基础。以经济安全为基础，就要保障我国自身的产业安全、金融安全、能源资源安全、粮食安全等不受恶意侵害，不断提高综合国力与国际竞争力，构建新发展格局，增强发展的安全性和主动权，加快实现从经济大国向经济强国的转变。

维护经济安全要正确处理产业安全、资源安全（初级产品供给安全）、金融安全、网络安全等问题。产业安全，是在国际竞争中保持独立的产业地位和产业竞争优势，产业安全的核心是制造业，关键是创新驱动以及高水平的自立自强。如表1所示。

表1　中国制造业安全性评估①

类型	具体产业
世界领先产业有5类	通信设备、先进轨道交通装备、输变电装备、纺织、家电
世界先进产业有6类	航天装备、新能源汽车、发电装备、钢铁、石化、建材

---

① 《工程院：中国8类产业对外依赖度极高，部分关键技术受制于人》，半导体行业观察网，2019年10月17日，http://www.semiinsights.com/s/electronic_ components/23/37875. shtml。

类型	具体产业
与世界差距大的产业有 10 类	飞机、航空机载设备及系统、高档数控机床与基础制造装备、机器人、高技术船舶与海洋工程装备、节能汽车、高性能医疗器械、新材料、生物医药、食品
与世界差距巨大的产业 5 类	集成电路及专用设备、操作系统与工业软件、智能制造核心信息设备、航空发动机、农业装备

资源安全是一个国家或地区可以持续、稳定、及时、足量和经济地获取所需自然资源（水资源、能源资源、土地资源、矿产资源等）的状态。

金融是现代经济的核心，金融安全最根本的是要确保不发生系统性金融风险。金融最大的风险是脱实向虚，金融要服务于实体经济，因此需要将金融安全与产业安全两者相结合。2022 年 4 月 29 日，中共中央政治局就依法规范和引导我国资本健康发展进行第三十八次集体学习，习近平总书记强调，"要规范和引导资本发展。要设立'红绿灯'，健全资本发展的法律制度，形成框架完整、逻辑清晰、制度完备的规则体系。要以保护产权、维护契约、统一市场、平等交换、公平竞争、有效监管为导向，针对存在的突出问题，做好相关法律法规的立改废释。要严把资本市场入口关，完善市场准入制度，提升市场准入清单的科学性和精准性。要完善资本行为制度规则。要加强反垄断和反不正当竞争监管执法，依法打击滥用市场支配地位等垄断和不正当竞争行为"，"要精准把握可能带来系统性风险的重点领域和重点对象，增强治理的预见性和敏捷度，发现风险早处置、早化解"。

网络安全是指网络系统的硬件、软件及其系统中的数据受到保护，不因偶然的或者恶意的原因而遭受到破坏、更改、泄露，系统连续可靠正常地运行，网络服务不中断。没有网络安全就没有国家安全；过不了互联网这一关，就过不了长期执政这一关。2014 年 2 月 27 日，中央网络安全和信息化领导小组成立。该领导小组着眼国家安全和长远发展，统筹协调涉

突 破

及经济、政治、文化、社会及军事等各个领域的网络安全和信息化重大问题，研究制定网络安全和信息化发展战略、宏观规划和重大政策，推动国家网络安全和信息化法治建设，不断增强安全保障能力。2018年3月，根据中共中央印发的《深化党和国家机构改革方案》，将中央网络安全和信息化领导小组改为中央网络安全和信息化委员会。2017年6月1日，我国首部网络安全基本法《中华人民共和国网络安全法》正式实施。党的二十届三中全会强调，要加强网络安全体制建设，建立人工智能安全监管制度。

要处理好自立自强同对外开放的关系。开放带来进步，封闭必然落后。中国开放的大门不会关闭，只会越开越大。在实践中，要以"一带一路"建设为重点，中国企业应更为积极地"走出去""走进去""走上去"。2021年11月19日，习近平总书记在出席第三次"一带一路"建设座谈会并发表重要讲话时强调，把基础设施"硬联通"作为重要方向，把规则标准"软联通"作为重要支撑，把同共建国家人民"心联通"作为重要基础。

（四）以军事、科技、文化、社会安全为保障

注重把握军事、科技、文化、社会等领域出现的大量新情况新问题，遵循不同领域的特点规律，建立完善强基固本、化险为夷的各项对策措施，为维护国家安全提供强有力保障。

在军事领域，强国必须强军，军强才能国安。坚持和发展中国特色社会主义，实现中华民族伟大复兴，必须统筹发展和安全、富国和强军，确保国防和军队现代化进程同国家现代化进程相适应，军事能力同国家战略需求相适应。军事安全涉及国家的存亡。做好军事安全工作，要求国防和军队现代化建设有一个大的发展。在世界新军事革命的大潮中，谁思想保守、故步自封，谁就会错失宝贵机遇，陷于战略被动。军事上的落后一旦

形成，对国家安全的影响将是致命的。习近平总书记指出，国防和军队改革进入了攻坚期和深水区，要解决的大多是长期积累的体制性障碍、结构性矛盾、政策性问题，推进起来确实不容易。越是难度大，越要坚定意志、勇往直前，绝不能瞻前顾后、畏首畏尾。

维护科技安全，要强化国家战略科技力量建设，加快科技安全预警监测体系建设。科技是国之利器，要围绕国家重大战略需求，着力突破关键核心技术，抢占事关长远和全局的科技战略制高点。习近平总书记强调，"实践反复告诉我们，关键核心技术是要不来、买不来、讨不来的。只有把关键核心技术掌握在自己手中，才能从根本上保障国家经济安全、国防安全和其他安全。要增强'四个自信'，以关键共性技术、前沿引领技术、现代工程技术、颠覆性技术创新为突破口，敢于走前人没走过的路"。①

文化安全越来越成为没有硝烟的"战场"：文化看似阳春白雪，但更是刀光剑影。在历史上，要彻底消灭一个国家无非两种方法，第一种是肉体上消灭，第二种是文化上同化。文化是一个国家、一个民族的灵魂。文化兴国运兴，文化强民族强。当今世界正处在大发展大变革大调整时期，各种思想文化交流交融交锋更加频繁，维护国家文化安全任务更加艰巨。核心价值体系是文化安全的核心。为此，要推动中华优秀传统文化创造性转化、创新性发展，继承革命文化，发展社会主义先进文化，不忘本来、吸收外来、面向未来，更好构筑中国精神、中国价值、中国力量，为人民幸福提供精神指引，为民族复兴夯实精神力量。

文化霸权是西方维持其国际秩序的文化和价值观基础。西方国家通过广播、出版、影视文学、教育等多种途径"润物无声"地推行其意识形态。文化是有"穿透力"的。美国的价值观、意识形态已经社会科学化了（变成了教材、经典著作），同时已经产业产品化了。有一种观点：美国最

---

① 习近平：《在中国科学院第十九次院士大会、中国工程院第十四次院士大会上的讲话》，人民出版社 2018 年版，第 11 页。

突　破

强的不是军舰导弹与能源资源，而是"三片"——"薯片"、"芯片"和"影片"。

第一片是"薯片"。薯片的背后是星巴克、必胜客、赛百味、COSTA、肯德基、麦当劳、哈根达斯、DQ等西方快餐全球落地，美国强调其所推出的不是快餐，而是快餐文化，改变的不是人们的味觉，而是年轻人的生活方式、交友方式、工作方式，甚至是思维方式。

第二片是"芯片"。党的十八大之前，经济安全主要强调全球能源供给，如"马六甲困局"等，但今天这一现象在悄然发生变化：芯片已经成为中国进口所花费用最多的产品，超过了原油。2019年，中国用2400多亿美元买原油，却用3000多亿美元进口芯片。2021年，中国进口集成电路6355亿个，同比增长16.9%，而进口集成电路的金额约4400亿美元，同比增长25.6%左右。2021年，我国原油进口金额2500亿美元。国家安全还不只是花多少钱的问题，芯片本身是工业粮食，芯片是先进制造业与智能制造业的核心部件，如果在芯片中植入病毒和代码，中国的工业发展就如同"在沙漠上建造房子"。

我们常用的电脑核心芯片，高端手机核心芯片，存储设备、视频系统中显示驱动芯片，数字信号处理设备芯片，以及可编程逻辑设备核心芯片等，都是目前中国自己造不出来的高端芯片，几乎完全依赖进口。在这些产品中，中国自产芯片在全球的市场占有率连1%都不到，甚至绝大部分低于0.5%。

第三片是"影片"。美国的好莱坞、奈飞（Netflix）等，不仅是在向全世界宣扬美国的强大，更重要的是持续输出美国的价值观，推广西方的文化、制度甚至是宗教信仰。上映于1994年并且豪取六项奥斯卡大奖的《阿甘正传》风靡全球，被视为美国利用电影进行意识形态输出的成功典范。以漫威公司为代表的超级英雄电影同样如此。

可见，在美国"三片"的背后，是其强势的西方文化霸权。在消费西方文化产品的同时，青年人潜移默化地在学习、欣赏，甚至认同西方文化产品背后的价值观。对于中国而言，激活文化资源、讲好中国故事、增强人民精神力量，就是在维护国家安全。

2014年，国家主席习近平在巴黎联合国教科文组织总部发表重要演讲，强调"让收藏在博物馆里的文物、陈列在广阔大地上的遗产、书写在古籍里的文字都活起来，让中华文明同世界各国人民创造的丰富多彩的文明一道，为人类提供正确的精神指引和强大的精神动力"。其中，"活起来"这三个字非常精准，点到了中国文化安全的"痛处"，即中华民族有五千多年丰厚的文化资源，但海量的文化资源基本都沉睡在那，缺乏文化竞争优势。今天的中国，不仅面临一个强大的西方世界，还面临一个强大的"被西方化"的世界，要努力让中国的文化资源在国际社会有越来越强的穿透力。

社会安全涉及打击犯罪、维护稳定、社会治理、公共服务等各个方面，与人民群众切身利益息息相关。社会安全是人民群众安全感的"晴雨表"，是社会安定的风向标。维护社会安全，就要协调社会利益关系、化解社会矛盾、促进各阶层成员和谐共处，最终实现人民安居乐业、社会文明进步。

目前，各种人民内部矛盾和社会矛盾已经成为影响社会稳定很突出、处理起来很棘手的问题，而其中大量问题是由利益问题引发的。这就要求我们处理好维稳与维权的关系。既要解决合理合法诉求、维护群众利益，也要引导群众依法表达诉求、维护社会秩序。

（五）以国际安全为依托

以促进国际安全为依托，始终不渝坚持走和平发展道路，积极倡导共同、综合、合作、可持续的安全观，通过促进国际安全来增强自身安全，走出一条中国特色国家安全道路。

突　破

2021 年 9 月 29 日，商务部等部门联合发布《2020 年度中国对外直接投资统计公报》，截至 2020 年底，中国 2.8 万家境内投资者在国（境）外共设立对外直接投资企业 4.5 万家，分布在全球 189 个国家（地区），年末境外企业资产总额 7.9 万亿美元，对外直接投资累计净额 25806.6 亿美元。除海外资产、项目外，海外人员也需要保护，因此需要加强海外安全保障能力建设，维护中国公民、法人在海外合法权益。

当前，世界大变局加速深刻演变，全球动荡源和风险点增多，我国外部环境复杂严峻。我们要统筹国内国际两个大局、发展安全两件大事，既聚焦重点，又统揽全局，有效防范各类风险连锁联动。要加强海外利益保护，确保海外重大项目和人员机构安全。要探索建立境外项目风险的全天候预警评估综合服务平台，及时预警、定期评估。要加强海外利益保护、国际反恐、安全保障等机制的协同协作。要加快形成系统完备的反腐败涉外法律法规体系，加大跨境腐败治理力度。

三、推进国家安全体系和能力现代化

习近平总书记所作的党的二十大报告从党和国家事业发展战略全局出发，对推进国家安全体系和能力现代化作出战略部署，为我们做好维护国家安全和社会稳定工作指明了前进方向、提供了根本遵循。

2024 年 7 月，党的二十届三中全会通过《中共中央关于进一步全面深化改革 推进中国式现代化的决定》，明确了进一步全面深化改革的总目标，其中包括聚焦建设更高水平平安中国，健全国家安全体系，强化一体化国家战略体系，增强维护国家安全能力，创新社会治理体制机制和手段，有效构建新安全格局。

（一）健全国家安全体系

强化国家安全工作协调机制，完善国家安全法治体系、战略体系、政策体系、风险监测预警体系、国家应急管理体系，完善重点领域安全保障体系和重要专项协调指挥体系（七大体系），强化经济、重大基础设施、金融、网络、数据、生物、资源、核、太空、海洋等安全保障体系建设。

中国特色国家安全战略体系坚持党的绝对领导，建立了集中统一、高效权威的国家安全工作领导体制。2014 年 1 月 24 日，中央国家安全委员会正式成立，习近平任中央国家安全委员会主席。2015 年 1 月 23 日，中共中央政治局召开会议，审议通过《国家安全战略纲要》。2021 年 11 月 18 日，中共中央政治局召开会议，审议通过《国家安全战略（2021—2025 年）》，全面部署未来五年国家安全工作。

1. 国家安全法治体系

国家安全法治建设是推进全面依法治国、建设中国特色社会主义法治体系的重要构成，是贯彻落实总体国家安全观、有效维护和塑造国家安全的法治保障。如表 2 所示。

表 2　有关国家安全的主要法律

名称	通过时间	施行时间
《中华人民共和国反间谍法》	2014 年 11 月 1 日，由第十二届全国人民代表大会常务委员会第十一次会议通过	自公布之日起施行
《中华人民共和国国家安全法》①	2015 年 7 月 1 日，由第十二届全国人民代表大会常务委员会第十五次会议通过	自公布之日起施行
《中华人民共和国反恐怖主义法》	2015 年 12 月 27 日，由第十二届全国人民代表大会常务委员会第十八次会议通过	自 2016 年 1 月 1 日起施行
《中华人民共和国反家庭暴力法》	2015 年 12 月 27 日，由第十二届全国人民代表大会常务委员会第十八次会议通过	自 2016 年 3 月 1 日起施行

① 1993 年 2 月 22 日，第七届全国人民代表大会常务委员会第三十次会议通过，中华人民共和国主席令第 68 号公布，施行过一部国家安全法，主要是规定国家安全机关履行的职责特别是反间谍工作方面的职责。但随着国家安全形势的发展变化，这部法律已难以适应全面维护各领域国家安全的需要。2014 年 11 月 1 日，第十二届全国人大常委会第十一次会议审议通过了《中华人民共和国反间谍法》，相应废止了 1993 年 2 月 22 日通过的国家安全法。

突　破

名称	通过时间	施行时间
《中华人民共和国境外非政府组织境内活动管理法》	2016 年 4 月 28 日，由第十二届全国人民代表大会常务委员会第二十次会议通过	自 2017 年 1 月 1 日起施行
《中华人民共和国国防交通法》	2016 年 9 月 3 日，由第十二届全国人民代表大会常务委员会第二十二次会议通过	自 2017 年 1 月 1 日起施行
《中华人民共和国网络安全法》	2016 年 11 月 7 日，由第十二届全国人民代表大会常务委员会第二十四次会议通过	自 2017 年 6 月 1 日起施行
《中华人民共和国国家情报法》	2017 年 6 月 27 日，由第十二届全国人民代表大会常务委员会第二十八次会议通过	自 2017 年 6 月 28 日起施行
《中华人民共和国核安全法》	2017 年 9 月 1 日，由第十二届全国人民代表大会常务委员会第二十九次会议通过	自 2018 年 1 月 1 日起施行
《中华人民共和国国际刑事司法协助法》	2018 年 10 月 26 日，由第十三届全国人民代表大会常务委员会第六次会议通过	自公布之日起施行
《中华人民共和国外商投资法》	2019 年 3 月 15 日，由第十三届全国人民代表大会第二次会议通过	自 2020 年 1 月 1 日起施行
《中华人民共和国密码法》	2019 年 10 月 26 日，由第十三届全国人民代表大会常务委员会第十四次会议通过	自 2020 年 1 月 1 日起施行
《中华人民共和国香港特别行政区维护国家安全法》	2020 年 6 月 30 日，由第十三届全国人民代表大会常务委员会第二十次会议通过	自公布之日起施行
《中华人民共和国生物安全法》	2020 年 10 月 17 日，由第十三届全国人民代表大会常务委员会第二十二次会议通过	自 2021 年 4 月 15 日起施行
《中华人民共和国出口管制法》	2020 年 10 月 17 日，由第十三届全国人民代表大会常务委员会第二十二次会议通过	自 2020 年 12 月 1 日起施行
《中华人民共和国退役军人保障法》	2020 年 11 月 11 日，由第十三届全国人民代表大会常务委员会第二十三次会议通过	自 2021 年 1 月 1 日起施行
《中华人民共和国海警法》	2021 年 1 月 22 日，由第十三届全国人民代表大会常务委员会第二十五次会议通过	自 2021 年 2 月 1 日起施行

名称	通过时间	施行时间
《中华人民共和国军人地位和权益保障法》	2021 年 6 月 10 日，由第十三届全国人民代表大会常务委员会第二十九次会议通过	自 2021 年 8 月 1 日起施行
《中华人民共和国数据安全法》	2021 年 6 月 10 日，由第十三届全国人民代表大会常务委员会第二十九次会议通过	自 2021 年 9 月 1 日起施行
《中华人民共和国反外国制裁法》	2021 年 6 月 10 日，由第十三届全国人民代表大会常务委员会第二十九次会议通过	自公布之日起施行
《中华人民共和国个人信息保护法》	2021 年 8 月 20 日，由第十三届全国人民代表大会常务委员会第三十次会议通过	自 2021 年 11 月 1 日起施行
《中华人民共和国陆地国界法》	2021 年 10 月 23 日，由第十三届全国人民代表大会常务委员会第三十一次会议通过	自 2022 年 1 月 1 日起施行
《中华人民共和国反有组织犯罪法》	2021 年 12 月 24 日，由第十三届全国人民代表大会常务委员会第三十二次会议通过	自 2022 年 5 月 1 日起施行
《中华人民共和国反电信网络诈骗法》	2022 年 9 月 2 日，由第十三届全国人民代表大会常务委员会第三十六次会议通过	自 2022 年 12 月 1 日起施行
《中华人民共和国预备役人员法》	2022 年 12 月 30 日，由第十三届全国人民代表大会常务委员会第三十八次会议通过	自 2023 年 3 月 1 日起施行

2. 健全反制裁、反干涉、反"长臂管辖"机制

一个国家崛起的张力越大，面临的压力和阻力自然也会越大，"我国正处在船到中流浪更急、人到半山路更陡的关键阶段"。2021 年 6 月 10 日，第十三届全国人民代表大会常务委员会第二十九次会议表决通过《中华人民共和国反外国制裁法》。该法是我国为了反对西方霸权主义和强权政治而制定的一部专门的反外国制裁法，为我国依法反制外国歧视性措施提供有力的法治支撑和保障。

根据《中华人民共和国反外国制裁法》第三条第二款的规定，采取反制措施的情形是，外国国家违反国际法和国际关系基本准则，以各种借口

突　破

或者依据其本国法律对我国进行遏制、打压，对我国公民、组织采取歧视性限制措施，干涉我国内政的，我国有权采取相应反制措施。

《中华人民共和国反外国制裁法》第六条明确列举了三类反制措施：一是不予签发签证、不准入境、注销签证或者驱逐出境；二是查封、扣押、冻结在我国境内的动产、不动产和其他各类财产；三是禁止或者限制我国境内的组织、个人与其进行有关交易、合作等活动。同时，还作了一个兜底性规定，即"其他必要措施"。

1949年，美国国会通过出口管制法案（the Export Control Act），从国家安全和外交政策层面进行出口管制。2020年10月17日，第十三届全国人民代表大会常务委员会第二十二次会议通过《中华人民共和国出口管制法》，标志着中国出口管制领域有了第一部专门法律。该法是维护我国国家安全和利益不可或缺的"国之重器"。

3. 完善国家安全力量布局，构建全域联动、立体高效的国家安全防护体系

习近平总书记强调，"当前，世界百年未有之大变局加速演进，中华民族伟大复兴进入关键时期，我们面临的风险挑战明显增多，总想过太平日子、不想斗争是不切实际的"。要深刻认识到，中华民族伟大复兴，绝不是轻轻松松、敲锣打鼓就能实现的，实现伟大梦想必须进行伟大斗争。在前进道路上，我们面临的风险考验只会越来越复杂，甚至会遇到难以想象的惊涛骇浪。我们面临的各种斗争不是短期的而是长期的，至少要伴随我们实现第二个百年奋斗目标全过程。要充分认识这场伟大斗争的长期性、复杂性、艰巨性，坚定斗争意志，发扬斗争精神，增强斗争本领，骨头要硬，敢于出击，敢战能胜。

构建全域联动、立体高效的国家安全防护体系，首先要充实并用好国家安全政策工具箱。美国国家安全政策的工具箱有很多霸权利器，对此要知己知彼，百战不殆。如表3、表4所示。

表3　美国国家安全政策的工具箱

领域	具体工具
军事	北约、军事基地、航母战斗群、核武器
经济	创新、跨国公司、贸易战、"长臂管辖"
外交	价值观外交、盟友体系、国际组织
金融	美元、SWIFT、CHIPS
政治	安理会常任理事国、三权分立、非政府组织
文化、意识形态	"普世价值"、宗教、颜色革命

表4　中国国家安全政策的工具箱

领域	具体工具
军事	现代化的人民军队、联合国维和、核武器
经济	庞大的市场、人口最多的中等收入群体、"一带一路"
外交	独立自主、全球伙伴关系
金融	人民币国际化、CIPS
政治	安理会常任理事国、党的领导与全过程人民民主、基层治理
文化、意识形态	中华文化、中国精神、马克思主义

（二）增强维护国家安全能力

党的二十大报告强调，确保粮食、能源资源、重要产业链供应链安全。对于中国这样一个大国来说，保障好初级产品供给是一个重大的战略性问题。必须加强战略谋划，及早作出各项预案，确保供给安全。

1. 加强初级产品供给安全

中国作为最大的发展中国家，作为世界第二大经济体，对初级产品具有大量需求。初级产品的基本特征是总量有限、不可再生、难以替代，同时总量紧平衡与结构不平衡并存。除自然灾害造成的客观风险外，全球初级产品供给政治化、武器化趋势明显，人为限供断供风险上升。

中国是全球初级产品最大单一买家。中国进口粮食占全球1/4，继2017年超越美国成为全球最大原油进口国之后，2018年，中国超越日本成为全球最大天然气进口国，中国为大部分矿种的最大单一进口国。2021
年，中国大豆的对外依存度为 85.5%，全球的平均依存度为 43.6%；玉米
的对外依存度 9.39%，全球的平均依存度为 16.9%；原油的对外依存度为
72%，全球的平均依存度为 79.9%；天然气的对外依存度为 44.9%，全球
的平均依存度为 24.6%；铁矿石的对外依存度为 76.2%，全球的平均依存
度为 68.4%；铜精矿的对外依存度为 74.4%，全球的平均依存度为
43.7%。如图 4 所示。

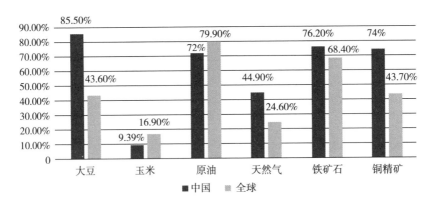

图 4　2021 年中国和全球部分初级产品依存度

总体看，我国初级产业供给存在进口来源集中、运输线路单一、支付
结算风险高企、价格波动传导风险较大等问题。

（1）进口来源集中。大部分初级产品进口来源高度集中于少数几个国
家，一些品种随着国际供应格局演变还有进一步集中的趋势。2021 年，中
国粮食进口量 16454 万吨，同比增长 18.1%，作为全球最大粮食进口国，
中国粮食进口量接近国内产量的 1/4。美国和巴西自 2002 年以来一直是中
国排名前两位的粮食进口来源国，在粮食进口总量占比中长期保持在 72%
以上。其中，中国玉米进口 70% 来自美国、29% 来自乌克兰，大豆进口
60% 来自巴西、33% 来自美国。能源主要进口自沙特、澳大利亚、俄罗
斯、美国等国，从四国进口煤炭 25%、原油 33%、天然气 57%。矿产进
口中，澳大利亚集中度最高，铁矿石占 61.65%、铝土矿占 31.73%。大宗

初级产品中玉米、铁矿石、煤炭、大豆、铝土矿单一来源国比重超过50%，玉米美国占70%，铁矿石澳大利亚占61.65%，煤炭印度尼西亚占60.45%，大豆巴西占60.2%，铝土矿几内亚占51.05%。这些国家，有些是外交关系较为敏感的国家，如美国、澳大利亚等，有些是本身国家安全局势不稳的国家，如几内亚等，还有些是资源民族主义越来越浓的国家，如印度尼西亚等。

（2）运输路线单一。中国初级产品进口方式主要依赖长距离海洋运输，海运路线相对固定和单一，主要运输通道有两条，一条是美洲—北太平洋，另一条是好望角/苏伊士—印度洋—南海。80%以上进口矿产，70%以上粮食和大部分石油、液化天然气经过两条通道运输。上述两条海运线路长，途经多个战略要道，沿线地缘政治风险和航运意外风险大，极端情况下沿线战略要道有被封锁风险。

（3）支付结算风险高企。中国初级产品进口量大，但人民币计价结算金额较低，绝大部分使用美元支付。2020年，中国粮食、能源和金属矿三类初级产品进口金额约4.52万亿元，使用人民币支付金额仅为2526亿元，比重不到6%。采用美元结算就必须经过SWIFT系统传输金融信息，一旦中国金融机构使用SWIFT系统受限，初级产品进口贸易将受到影响。

（4）价格波动传导风险较大。中国虽然是全球初级产品最大消费国和最大进口国，但缺乏定价权，往往成为价格的被动接受方，吃"价格亏"的案例屡屡发生。有专家概括，在国际初级产品市场上，有两种现象十分耐人寻味：一是"中国买什么，什么就涨价"，二是"中国企业总是选择在价格高位买进来"。同2020年平均价格相比，2021年国际大豆价格上涨增加中国进口成本820亿元，铁矿石价格上涨增加进口成本4036亿元。国际初级产品价格大幅上涨还容易传导到国内，带来输入性通货膨胀风险，扰动国民经济平稳运行。

2. 全面加强国家安全教育

全面加强国家安全教育，提高各级领导干部统筹发展和安全能力，增强全民国家安全意识和素养，筑牢国家安全人民防线。2018 年 4 月 17 日，十九届中央国家安全委员会第一次会议审议通过《党委（党组）国家安全责任制规定》，夯实了各地区、各部门维护国家安全的主体责任，形成了"全国一盘棋"的强大合力。明确各级党委（党组）维护国家安全的主体责任，守土有责、守土尽责。要排好兵、布好阵，加强对各种风险的调查研判，推进风险防控工作科学化、精细化，对症下药、综合施策、久久为功。

全民国家安全教育日是为了增强全民国家安全意识，维护国家安全而设立的节日。2015 年 7 月 1 日，全国人大常委会通过的《中华人民共和国国家安全法》第十四条规定，每年 4 月 15 日为全民国家安全教育日。

（三）提高公共安全治理水平

我国社会大局保持长期稳定，成为世界上最有安全感的国家之一。党的十九届四中全会将新中国成立 70 年来的伟大成就概括为"两大奇迹"，即"世所罕见的经济快速发展奇迹和社会长期稳定奇迹"。

1. 预防为主，推动公共安全治理模式向事前预防转型

坚持安全第一、预防为主，建立大安全大应急框架，完善公共安全体系，推动公共安全治理模式向事前预防转型。公共安全一头连着经济社会发展，一头连着千家万户，必须既立足当前、着力解决突出问题，又立足长远、不断完善制度机制，提高公共安全保障能力，切实维护人民群众生命财产安全。要强化事前预防。牢固树立安全发展理念，从最突出的问题防起，从最基础的环节抓起，从最明显的短板补起，加强信息化源头管控、精准化监测预警、动态化风险评估、智能化威慑打击等方面的制度机制建设，织密全方位立体化的公共安全网。

2. 安全生产与应急力量建设

推进安全生产风险专项整治，加强重点行业、重点领域安全监管。《中华人民共和国安全生产法》（2021 修订版）已由第十三届全国人民代表大会常务委员会第二十九次会议于 2021 年 6 月 10 日通过，自 2021 年 9 月 1 日起施行。新修订后的《中华人民共和国安全生产法》新增了平台经济等新兴行业、领域的安全生产问题，总体上进一步加大对生产经营单位及其负责人安全生产违法行为的处罚力度。

提高防灾减灾救灾和重大突发公共事件处置保障能力，加强国家区域应急力量建设。中国是世界上自然灾害最为严重的国家之一。中国 70% 以上的城市、50% 以上的人口分布在气象、地震、地质、海洋等灾害的高风险区。21 世纪以来，中国平均每年因自然灾害造成的直接经济损失超过 3000 亿元。因自然灾害每年大约有 3 亿人次受灾。2018 年，在深化党和国家机构改革中，党中央决定组建应急管理部和国家综合性消防救援队伍，对我国应急管理体制进行系统性、整体性重构，推动我国应急管理事业取得历史性成就、发生历史性变革。

加强个人信息保护。2021 年 8 月 20 日，《中华人民共和国个人信息保护法》于第十三届全国人民代表大会常务委员会第三十次会议通过。其中，第十条规定：任何组织、个人不得非法收集、使用、加工、传输他人个人信息，不得非法买卖、提供或者公开他人个人信息；不得从事危害国家安全、公共利益的个人信息处理活动。

（四）完善社会治理体系

要夯实国家安全和社会稳定的基层基础，建设更高水平的平安中国。

1. 提升社会治理效能

健全共建共治共享的社会治理制度，提升社会治理效能。完善党委领导、政府负责、民主协商、社会协同、公众参与、法治保障、科技支撑的

突　破

社会治理体系。从理论上讲，衡量社会安全、社会治理效能的具体指数，有法治类指标，如盖洛普全球法律与秩序指数，八类严重暴力犯罪案件发生率、破案率。

2021 年 11 月 16 日，美国权威民调机构盖洛普发布了一年一度的全球法律和秩序指数排名，基于 2020 年度在各地区的调查，中国以 93 分名列第二，显示出中国民众具有很高的安全感。在榜单中，挪威以 94 分高分名列第一。阿拉伯联合酋长国、中国、瑞士三国得分均为 93 分，并列第二。值得一提的是，中国是唯一进入前十的世界大国。

有经济类指标，如痛苦指数、基尼系数。痛苦指数（Misery Index）是由美国经济学家阿瑟·奥肯（Arthur Okun）提出的，痛苦指数 = 失业率 + 通胀率。一般而言，较高的失业率和糟糕的通货膨胀水平都将导致一个国家的经济和社会不稳。

有精神类指标，如精神病发病率、抑郁症患病率、自杀率、离婚率，等等。

2. 把矛盾纠纷化解在基层、化解在萌芽状态

在社会基层坚持和发展新时代"枫桥经验"，完善正确处理新形势下人民内部矛盾机制，加强和改进人民信访工作，畅通和规范群众诉求表达、利益协调、权益保障通道，完善网格化管理、精细化服务、信息化支撑的基层治理平台，健全城乡社区治理体系，及时把矛盾纠纷化解在基层、化解在萌芽状态。

此外，"浦江经验"开创了"省级领导下访接访"的先河。2003 年 9 月 18 日，时任浙江省委书记的习近平同志把浦江作为领导干部下访接访的第一站，率领省直 15 个有关部门负责人和市、县党政主要领导，在浦江中学接待来访群众。一天时间里，共接访 436 批 667 人次，当场解决 91 个问题。习近平同志亲自接待了 9 批 20 余名来访群众，解决了一批久拖不决的难题。此后，习近平同志带头坚持每年下访。

"后陈经验"的核心是源头治理，体现在权力受到约束、村务全面公开、群众有效监督、自我能够纠偏，从源头上预防和减少社会矛盾。2004 年 6 月 18 日，后陈村的村民代表聚集在村委会会议室，选出了全国第一个村务监督委员会。2005 年 6 月 17 日，时任浙江省委书记的习近平同志来到后陈考察调研，肯定了后陈首创村监委的做法。他指出，这是农村基层民主的有益探索，是积极的、有意义的，符合基层民主管理的大方向。

"龙山经验"发源于浙江省永康市龙山镇，是根植于基层社会的一整套行之有效的诉源治理方法，是在党的领导下、依靠群众力量、充分发挥法庭功能而构建的以"调解先行、诉讼断后、分层过滤"为特征的诉源治理机制。

加快推进市域社会治理现代化，提高市域社会治理能力。充分发挥党的领导政治优势，统筹政府、社会、市场各方力量，完善市域社会治理的组织架构和组织方式，提高市域社会治理能力，努力把重大风险防范化解在市域。中央政法委研究制定了《全国市域社会治理现代化试点工作实施方案》《全国市域社会治理现代化试点工作指引》，既为开展试点工作提供了基本遵循，又为试点城乡评估提供了衡量标准。

3. 强化社会治安整体防控，推进扫黑除恶常态化

强化社会治安整体防控，推进扫黑除恶常态化，依法严惩群众反映强烈的各类违法犯罪活动。把完善社会治安整体防控体系作为基础性工程来抓。要坚持打防管控建并举，加快推进立体化信息化社会治安防控体系建设，保护人民群众人身权、财产权、人格权。深入实施反有组织犯罪法，推进扫黑除恶常态化，以"破案攻坚"开路、以"打伞破网"断根、以"打财断血"绝后、以"问题整改"提质，坚决把黑恶势力扫荡干净。加强对治安动态的分析预测，推动社会治安重心下移，努力实现"发案少、秩序好、社会稳、群众满意"。

4. 建设人人有责、人人尽责、人人享有的社会治理共同体

发展壮大群防群治力量，营造见义勇为社会氛围，建设人人有责、人人尽责、人人享有的社会治理共同体。进一步加强见义勇为工作，扬正气、鼓士气，营造见义勇为社会氛围。完善群众参与平安建设的组织形式和制度化渠道，创新互联网时代群众工作机制，更好地广纳民智、广聚民力。

坚持群众路线，是我们党从胜利走向胜利所依凭的优良传统。在维护国家安全方面，专门工作与群众路线相结合的路径需要长期坚持。放手发动群众、依靠人民力量，方能筑牢坚如磐石的社会堤坝，使危害国家安全者无处藏身，危害国家安全的行为无以遁形。

除上述工作外，要完善涉外国家安全机制。建立健全周边安全工作协调机制。强化海外利益和投资风险预警、防控、保护体制机制，深化安全领域国际执法合作。健全维护海洋权益机制。完善参与全球安全治理机制。

当前，世界百年未有之大变局加速演进，世界之变、时代之变、历史之变的特征更加明显。中国发展进入战略机遇和风险挑战并存、不确定难预料因素增多的时期，各种"黑天鹅""灰犀牛"事件随时可能发生。我们必须增强忧患意识，坚持底线思维，做到居安思危、未雨绸缪，以总体国家安全观为指导，务必敢于斗争、善于斗争，以新安全格局保障新发展格局，努力开创国家安全工作新局面。

推动构建人类命运共同体

高祖贵

中共中央党校（国家行政学院）副教育长、国际战略研究院原院长，主讲教授，博士研究生导师、博士后合作导师。兼任中国联合国协会常务理事等。长期从事国际战略与安全、中国对外战略、美国与伊斯兰世界关系、中东问题等方面研究。参与过有关中国和平发展道路、习近平新时代中国特色社会主义思想基本问题、习近平外交思想、习近平总书记关于总体国家安全观的重要论述等重大课题研究。在《求是》《国际问题研究》等杂志上发表论文百余篇，著有《变局与布局：新时代中国国际战略》、《全球大变局下的中东与美国》、《美国与伊斯兰世界》、《世界经济霸权：1500—1990》（译著）等多部著作。

观点提要

★ 构建人类命运共同体是习近平外交思想的核心理念。习近平总书记坚持胸怀天下，把马克思主义解放全人类的价值追求与中华优秀传统文化中的天下观相结合，从统筹把握中华民族伟大复兴战略全局和世界百年未

突　破

有之大变局的战略高度，创造性地提出并不断丰富发展构建人类命运共同体的重要思想，为人类社会实现共同发展、长治久安、文明互鉴指明了方向、绘制了蓝图。

★　作为新时代中国特色大国外交的崇高目标，构建人类命运共同体以推动共商共建共享的全球治理为实现路径，以践行全人类共同价值为普遍遵循，以推动构建新型国际关系为基本支撑，以落实全球发展倡议、全球安全倡议、全球文明倡议为战略引领，以高质量共建"一带一路"为实践平台，推动各国携手应对挑战、实现共同繁荣，推动世界走向和平、安全、繁荣、进步的光明前景。在此进程中，还要发扬斗争精神、增强斗争本领，敢于斗争、善于斗争、敢于胜利。

进入新时代，对外工作在党和国家事业全局中的地位变得越来越重要。习近平总书记深刻把握人类社会历史经验和发展规律，充分汲取中华优秀传统文化的思想智慧，从统筹把握中华民族伟大复兴战略全局和世界百年未有之大变局的战略高度，创造性地提出并不断丰富发展构建人类命运共同体的重要思想，为人类社会实现共同发展、长治久安、文明互鉴指明了方向、绘制了蓝图。党的二十大为新时代新征程党和国家事业发展、实现第二个百年奋斗目标指明了前进方向，确立了行动指南，系统擘画了全面建设社会主义现代化国家的战略安排，制定了相应的中国特色大国外交战略及其实践要求。党的二十大报告指出："中国始终坚持维护世界和平、促进共同发展的外交政策宗旨，致力于推动构建人类命运共同体。"①在实现中华民族伟大复兴的历史进程中，中国将始终高举构建人类命运共同体旗帜，不断为人类文明进步作出新的贡献。

---

① 《党的二十大报告辅导读本》编写组编著：《党的二十大报告辅导读本》，人民出版社2022年版，第54页。

一、对建设一个什么样的世界、怎样建设这个世界给出的中国方案

近年来，世界百年未有之大变局加速演进，世界之变、时代之变、历史之变正以前所未有的方式展开，远远超越一时一事、一域一国之变，变局范围之宏阔、程度之深刻、影响之久远十分突出。

所谓"世界之变"，主要表现在大变局席卷世界每个角落，全球范围都在发生不同以往的深刻变化。发达国家的政治、经济、社会、文化等矛盾日益加剧，民族主义和民粹主义思潮普遍攀升，极右翼或极左翼政治力量的影响不断扩大。政治极化和社会分裂加重，公平正义问题凸显，强调理性、讲求平衡的政治理念和政策实践的空间被严重压缩，短期激烈冲突甚至局部暴乱时有发生。这使发达国家面临既不能保持现状又无法在短时间内找到出路的困难处境，使资本主义制度服务于资本和偏重效率而忽略人民并缺少公平的制度性弊端变得越来越突出。在国内问题短期内找不到较好解决办法而得不到妥善处理的情况下，发达国家尤其是美国对全球和地区事务的掌控力下降，甚至把国内矛盾向外转移，对全球和地区治理造成更大障碍和破坏。这给全球和地区局势造成更多的不稳定性甚至风险。

广大新兴经济体和发展中国家的发展同样面临多方面的困难，进一步提升发展水平遭遇越来越多的障碍。这一大批国家由于当年殖民者埋藏的祸根和遗留的各种问题，自身政治、经济、社会、文化等方面发展和转型过程中存在的问题没有得到较好的解决，科技进步条件和发展资源受限，加上全球和地区环境的消极影响，特别是全球经济增长乏力、发达国家提供的援助减少、地区争端难以根本解决、外部大国政治介入操弄等，诸多原因交织叠加致使发展难题增多和加重。与此同时，面对发达国家尤其是

突　破

美国对全球和地区事务的积极作用下降和负面冲击上升，广大新兴经济体和发展中国家主动或被动地增强战略自主，加强对所在地区事务的掌控，提升对全球事务的影响。这在短期内增添了地区局势的变数，从长期看则可能推动世界格局的演进。

这两类国家各自不同的发展态势导致全球范围内的力量对比，一方面依然保持"西（发达国家）强东（新兴经济体和广大发展中国家）弱"态势；另一方面，从大历史观和总体发展趋势看，继续呈现"东升西降"趋向。根据国际货币基金组织的数据，从 2001 年至 2021 年，发达国家国内生产总值所占世界经济总量比重从 78.85% 下降至 59.08%；新兴市场和发展中国家国内生产总值所占世界经济总量比重从 21.15% 上升到 40.92%，对世界经济增长的贡献率已经达到 80%，成为全球经济增长的主要动力。[①] 经济实力的消长伴随政治、科技、文化、军事等综合力量的变化，加上这两类国家特别是其中主要国家内外战略和政策的调整，势必带动地区乃至全球范围内战略力量的重构、战略关系的重组、战略局势的重塑。比如，围绕"全球南方"的话语界定及其在世界格局中的地位界定、相关国家对"全球南方"的战略谋划和政策实施等，就是这种错综复杂的系列联动的一种投射。

所谓"时代之变"，主要指决定和标识当今时代重要特征的世界大势正在发生显著变化，这些变化已经并将继续深刻影响世界政治、经济、社会、文化、军事、国家间互动、冲突乃至战争等方面的形态。

经济全球化是近代以来影响世界发展的最重要趋势。自 15 世纪大航海时代开启至今，经济全球化大致经历了殖民扩张和世界市场形成阶段、两个平行世界市场阶段、经济全球化快速发展阶段。在第三阶段，经济全球化释放和提高了人类社会的生产力，促成了商品大流通、贸易大繁荣、投

---

① 《党的二十大报告辅导读本》编写组编著：《党的二十大报告辅导读本》，人民出版社 2022 年版，第 232 页。

资大便利、资本大流动、技术大发展，形成了包括越来越多国家的全球产业链价值链供应链。世界各国和各地区的资源优势得到更合理的配置和更充分的发挥，发展中国家与发达国家通过生产要素的流动和产业链、价值链、供应链的构建实现了联动发展，各个地区内部的一体化程度和世界作为一个整体的发展水平都得到显著提高，全人类的福祉整体明显提升。以这种物质条件的发展为基础，人类交往的世界性比过去任何时候都更深入、更广泛，各国相互联系和彼此依存比过去任何时候都更频繁、更紧密，环环相扣、利害关联，一荣俱荣、一损俱损的整体感和共同体感不断增强，你中有我、我中有你的相互依存、共同演化的时代大潮流日益突出，求和平、谋合作、促发展的主流持续壮大。与此同时，经济全球化第三阶段造成的负面效应在长期累积后，持续增大。世界经济社会的分散化和碎片化趋势不断上升，全球层面的人口发展失衡、地球生态环境失衡、财富分配失衡、数字鸿沟、南北差距等变得越来越突出。地区之间、国家之间、国家内部不同群体之间的分化、失衡甚至断裂变得越来越严重，全球层面的气候变化、大规模传染性疾病、极端主义和恐怖主义等挑战不断凸显加重了世界和平赤字、发展赤字、安全赤字、治理赤字，国家内部对经济全球化进程参与程度较深、获益较多的少数"成功者"与关联度小、受损较大的多数"经济全球化进程中的失败者"分化加剧、对立加重，多个层面的文明、制度、种族、发展水平等方面的差异隔阂甚至鸿沟、分歧矛盾甚至冲突变得越来越突出。在此趋势的作用下，发达资本主义国家尤其是美国，在不能通过自身内部利益分配制度改革来解决国内社会两极分化问题，以及不能通过增加全球公共产品来帮助解决全球性挑战的情况下，转而企图推动构建有利于它们的全球经济新秩序，这就给全球化进程增添了干扰、阻碍、曲折，加剧了世界分化，增大了各国合作应对人类生存发展面临的全球性挑战的难度。

科学技术的重大突破和相关产业的发展壮大是推动人类社会生产力实

突　破

现大解放，从根本上改变世界历史发展轨迹、基本面貌、基本格局的重要动力。进入 21 世纪，人类社会进入又一个前所未有的创新活跃期，新一轮科技革命和产业变革蓄势待发，信息化和智能化等趋势快速发展、影响尤为广泛，多种重大颠覆性技术不断涌现、交叉融合、集群突破，科技成果转化速度明显加快，产业组织形式和产业链条更具垄断性，对全球创新版图、全球经济格局、全球产业链供应链价值链等方面的重塑作用变得越来越突出。各主要国家纷纷推出新的创新战略，加大投入，围绕量子信息、人工智能、生物科技、新能源技术等方面的竞争，尤其是对人才、专利、标准等战略性创新资源的争夺空前加剧。西方尤其是美国甚至不惜动用政治、法律、金融等手段来打压竞争对手，极力维护自身在以芯片为代表的高技术领域的科技竞争优势及其相关产业链供应链价值链高端位置。其他大国及创新能力突出的中小国家也纷纷发挥各自优势、加强竞争。这种竞争既是人类对重大科技革命和产业变革历史性突破的积极探求，将为人类开创前所未有的美好憧憬，同时蕴含着越来越大的潜在挑战风险，可能给世界造成更大的分化和冲突，深刻改变人的思想、民族种族认同、宗教文化伦理，深刻重塑各国经济形态、政治生态、社会结构、政府治理模式等，对世界发展面貌、国际格局、全球架构、人类福祉产生深远影响，导致生产力和生产关系、经济基础和上层建筑都发生全方位再造。

所谓"历史之变"，最主要的体现就是资本主义和社会主义这两种理论学说、两种意识形态、两种社会制度将在全球范围内并存互鉴，而且资本主义面临的问题将再度增多、社会主义的影响将重新增大。

从资本主义的演化看，20 世纪 90 年代大行其道的新自由主义随着 2008 年美国金融危机和欧洲债务危机的延宕并冲击全球，资本主义制度下的寡头政治和民主衰退加重、贫富分化加剧和中产阶级萎缩、移民问题凸显和族群矛盾上升、民族主义抬头和民粹主义泛滥等一系列问题凸显。这一系列矛盾不仅对美国、英国、法国、德国、意大利等老牌发达国家造成政治挑战、经济安全风险等，更影响中东欧的波兰、匈牙利等"转型国家"的政治生态和内外政策调整。资本主义国家为了解决各种难题而寻求"再工业化""再现代化"，甚至要搞"新型资本主义"，以调解社会矛盾、增强经济韧性和安全韧性。这些变化使人们对资本主义内在矛盾的认识进一步深化，发达国家年轻人对相关政治理念和经济诉求等的看法发生明显变化。

社会主义思想起源于 16 世纪初期西欧的"乌托邦社会主义"，经过马克思主义的创立，从空想变成了科学；又经过列宁领导的"十月革命"胜利，从理论变为现实，打破了资本主义一统天下的世界格局。第二次世界大战后，一大批社会主义国家诞生，特别是中华人民共和国成立，极大地壮大了世界社会主义国家的力量。东欧剧变和苏联解体，世界社会主义陷入低潮，社会主义国家屈指可数，资本主义一统天下和"历史终结"的论调一时甚嚣尘上。如今，中国共产党经过 100 多年的奋斗、牺牲、创造，使社会主义主张在世界上人口最多的国家成功开辟出具有高度现实性和可行性的正确道路；使中国这个世界上最大的发展中国家在短短几十年里摆脱贫困并跃升为世界第二大经济体，创造了人类社会发展史上惊天动地的发展奇迹。党的十八大以来，中国特色社会主义进入新时代，意味着近代以来久经磨难的中华民族迎来实现伟大复兴的光明前景；意味着科学社会主义在 21 世纪的中国焕发出强大生机活力，在世界上高高举起了中国特色社会主义伟大旗帜；意味着中国特色社会主义道路、理论、制度、文化不断发展，拓展了发展中国家走向现代化的途径，给世界上那些既希望加快发展又希望保持自身独立性的国家和民族提供了全新选择。中国共产党坚持以习近平新时代中国特色社会主义思想为指导，带领全国各族人民创造中国式现代化新道路和人类文明新形态，21 世纪中国的马克思主义展现出更强大、更有说服力的真理力量。与此同时，墨西哥、智利、哥伦比亚、秘鲁、洪都拉斯、巴西等国的左翼政治力量纷纷上台执政，加上之前的古巴和委内瑞拉，使"拉美进步轴心"进一步扩展，越南、老挝、朝鲜等社会主义国家积极探索符合本国国情的发展道路。此外，一些资本主义国家在解决自身弊端的过程中也不同程度地借鉴社会主义的因素，这都从不同侧面展示了社会主义在当今世界的强大生命力和光明发展前景。

正是由于上述重大变化，世界进入新的动荡变革期，和平、发展、合作、共赢的历史潮流不可阻挡，人心所向、大势所趋决定了人类前途终归光明；但与此同时，和平赤字、发展赤字、安全赤字、治理赤字加重，人类社会面临前所未有的挑战，有的甚至是危及人类生存的重大挑战。世界又一次站在历史的十字路口，"世界怎么了、我们怎么办"，团结还是分裂？和平还是冲突？合作还是对抗？各国人民都需要作出重要抉择。中国认为，"构建人类命运共同体是世界各国人民前途所在。万物并育而不相害，道并行而不相悖。只有各国行天下之大道，和睦相处、合作共赢，繁荣才能持久，安全才有保障"①。

二、以推动构建人类命运共同体为新时代中国特色大国外交总目标

中国共产党始终以世界眼光关注人类前途命运，把为中国人民谋幸福、为中华民族谋复兴、为人类谋进步、为世界谋大同作为初心使命，从人类发展大潮流、世界变化大格局、中国发展大历史正确认识和处理同外部世界的关系，站在历史正确的一边，站在人类文明进步的一边，同世界上一切进步力量携手，推动历史车轮向着光明的前途前进。新征程上，面

---

① 习近平：《高举中国特色社会主义伟大旗帜　为全面建设社会主义现代化国家而团结奋斗——在中国共产党第二十次全国代表大会上的报告》，人民出版社 2022 年版，第 62 页。

对改革开放 40 多年来中国与世界全方位深层次相互联动的新现实、中华民族伟大复兴战略全局与世界百年未有之大变局交织激荡的复杂局面，中国共产党更加自觉地把握和运用习近平新时代中国特色社会主义思想的世界观和方法论，尤其是坚持问题导向、坚持系统观念、坚持胸怀天下，更加明确地把为中国人民谋幸福、为中华民族谋复兴、为人类谋进步、为世界谋大同作为初心使命，不断拓展世界眼光，深刻洞察人类发展进步潮流，把马克思主义解放全人类的价值追求与中华优秀传统文化所孕育的宇宙观和天下观结合起来，把中华民族的前途命运与人类社会的未来发展统一起来，把实现中华民族伟大复兴这一千秋伟业和致力于人类和平与发展这一崇高事业统一到新时代中国特色社会主义事业中。我们既回答中国之问和人民之问，又回答世界之问和时代之问，积极回应各国人民普遍关切，为解决人类面临的共同问题作出贡献，以海纳百川的宽阔胸襟借鉴吸收人类一切优秀文明成果，强调中国始终坚持维护世界和平、促进共同发展的外交政策宗旨，致力于推动构建人类命运共同体。这既是中国式现代化本质要求之一，又是新时代中国特色大国外交的总目标，体现了中国共产党人的世界观、秩序观、价值观。这一理念根植于亲仁善邻、讲信修睦、协和万邦的中华优秀传统文化，彰显中国外交自信自立、坚持正义、扶弱扬善的精神风骨，体现中国共产党人为人类作出新的更大贡献的世界情怀。这一理念立足于国与国命运交织、休戚与共的客观现实，树立了平等和共生的新典范；顺应和平、发展、合作、共赢的时代潮流，开辟了和平和进步的新境界；着眼世界多极化和经济全球化的历史大势，丰富了发展和安全的新实践。①

早在 2013 年 3 月，习近平主席在莫斯科国际关系学院发表演讲时，就明确提出"你中有我、我中有你的命运共同体"思想。2015 年 9 月，

---

① 习近平：《弘扬和平共处五项原则 携手构建人类命运共同体——在和平共处五项原则发表 70 周年纪念大会上的讲话》，《人民日报》2024 年 6 月 29 日。

突　破

习近平主席在出席第 70 届联合国大会一般性辩论时对"人类命运共同体"思想第一次作了全面系统的阐述。2017 年 1 月，在联合国日内瓦总部的演讲中，习近平主席再次加以深刻阐释，指出"人类命运共同体，顾名思义，就是每个民族、每个国家的前途命运都紧紧联系在一起，应该风雨同舟，荣辱与共，努力把我们生于斯、长于斯的这个星球建成一个和睦的大家庭，把世界各国人民对美好生活的向往变成现实"①。推动构建人类命运共同体的思想内涵极其丰富深刻，其核心就是党的二十大报告所指出的："坚持对话协商，推动建设一个持久和平的世界；坚持共建共享，推动建设一个普遍安全的世界；坚持合作共赢，推动建设一个共同繁荣的世界；坚持交流互鉴，推动建设一个开放包容的世界；坚持绿色低碳，推动建设一个清洁美丽的世界。"② 党的二十大把这一点写进了新修订的党章。③ 推动构建人类命运共同体这个对外工作的总目标，已经并将继续在双边合作、区域合作和跨区域合作、跨领域合作和多边合作等不同层面和不同方面分解、扩展、深化。

习近平总书记在二十届中共中央政治局常委同中外记者见面时强调，我们历来主张，人类的前途命运应该由世界各国人民来把握和决定。只要共行天下大道，各国就能够和睦相处、合作共赢，携手创造世界的美好未来。新征程上，我们将同各国人民一道，维护世界和平、促进世界发展，持续推动构建人类命运共同体。但是，"推动构建人类命运共同体，不是以一种制度代替另一种制度，不是以一种文明代替另一种文明，而是不同社会制度、不同意识形态、不同历史文化、不同发展水平的国家在国际事务中利益共生、权利共享、责任共担，形成共建美好世界的最大公约

---

① 习近平：《论坚持推动构建人类命运共同体》，中央文献出版社 2018 年版，第 510 页。
② 习近平：《高举中国特色社会主义伟大旗帜　为全面建设社会主义现代化国家而团结奋斗——在中国共产党第二十次全国代表大会上的报告》，人民出版社 2022 年版，第 62—63 页。
③ 《中国共产党章程》，人民出版社 2022 年版，第 17 页。

数"①。这一点尤其需要予以明确。

三、推动构建人类命运共同体必须坚持走和平发展道路

自 2004 年胡锦涛在博鳌亚洲论坛年会开幕式上首次正式宣告"中国坚持和平发展的道路"以来，我国已经连续发表 3 个白皮书，即 2005 年的《中国的和平发展道路》、2011 年的《中国的和平发展》、2019 年的《新时代的中国与世界》，向世界郑重宣告矢志不渝走和平发展道路。这是中国外交长期坚持的基本原则。

特别是党的十八大以来，习近平总书记在多个重要场合强调，"走和平发展道路，是中国共产党根据时代发展潮流和中国根本利益作出的战略抉择"②。中国是有着悠久文明的国家，是经历了深重苦难的国家，是实行中国特色社会主义的国家，是世界上最大的发展中国家，是正在发生深刻变革的国家。"中国人民对战争带来的苦难有着刻骨铭心的记忆，对和平有着孜孜不倦的追求，十分珍惜和平安定的生活。中国人民怕的就是动荡，求的就是稳定，盼的就是天下太平。"③ 中国特色社会主义制度、历史文化传统、基本国情、时代潮流和国家根本利益等，都决定了中国只能走和平发展道路。这条道路来之不易，是新中国成立以来特别是改革开放 40 多年来，中国共产党经过艰辛探索和不断实践逐步形成的。随着国际上对中国会走"国强必霸"路子的担心上升，习近平总书记在不同场合进一步指出，"国强必霸"不是历史定律，中华民族的血液中没有侵略他人、称霸世界的基因，中国人民愿意同世界各国人民和睦相处、和谐发展，共谋和平、共护和平、共享和平。中国的发展绝不以牺牲别

---

① 《习近平谈治国理政》第 4 卷，外文出版社 2022 年版，第 475 页。

② 《习近平谈治国理政》第 1 卷，外文出版社 2018 年版，第 247 页。

③ 习近平：《论坚持推动构建人类命运共同体》，中央文献出版社 2018 年版，第 2 页。

国利益为代价，绝不做损人利己、以邻为壑的事情。无论国际形势如何变化，中国都永远做维护世界和平的坚定力量，永不称霸、永不扩张、不参加任何军备竞赛和军事集团，永不谋求势力范围。而且强调，中国的和平发展道路要走通走顺，需要世界其他国家也走和平发展道路，呼吁和推动其他国家并肩而行、相向而行。① 党的二十大报告再次郑重宣示，中国奉行防御性的国防政策，中国的发展是世界和平力量的增长，无论发展到什么程度，中国永远不称霸、永远不搞扩张②；并且把这个思想内化到中国式现代化之中，强调"中国式现代化是走和平发展道路的现代化"，明确指出"我国不走一些国家通过战争、殖民、掠夺等方式实现现代化的老路，那种损人利己、充满血腥罪恶的老路给广大发展中国家人民带来深重苦难，……在坚定维护世界和平与发展中谋求自身发展，又以自身发展更好维护世界和平与发展"③。我国始终根据事情本身的是非曲直决定立场政策，维护国际关系基本准则和国际公平正义，尊重各国主权和领土完整，坚持国家不分大小、强弱、贫富一律平等，尊重各国人民自主选择的发展道路和社会制度，坚决反对一切形式的霸权主义和强权政治，反对冷战思维，反对干涉别国内政，反对搞双重标准。中国式现代化的本质要求包括推动构建人类命运共同体和创造人类文明新形态，我们要以中国式现代化全面推进中华民族伟大复兴。这意味着，人类命运共同体能否构建、人类文明新形态能否开创、中国式现代化和中华民族伟大复兴能否全面实现，在相当程度上都取决于能否坚持走和平发展道路。

---

①　中共中央党校（国家行政学院）：《习近平新时代中国特色社会主义思想基本问题》，人民出版社、中共中央党校出版社 2020 年版，第 367—368 页。

②　《党的二十大报告辅导读本》编写组编著：《党的二十大报告辅导读本》，人民出版社 2022 年版，第 54 页。

③　习近平：《高举中国特色社会主义伟大旗帜 为全面建设社会主义现代化国家而团结奋斗——在中国共产党第二十次全国代表大会上的报告》，人民出版社 2022 年版，第 23 页。

四、推动构建人类命运共同体要贯通独立自主和平外交、新型国际关系、全球伙伴关系于一体

坚定奉行独立自主和平外交政策，这是新中国成立之后确立并长期坚持和不断发展的基本政策。新中国成立之初，中国共产党就制定了"另起炉灶""打扫干净屋子再请客"的方针，提出和平共处五项原则即互相尊重主权和领土完整、互不侵犯、互不干涉内政、平等互利、和平共处，鲜明地把保障民族独立和维护世界和平作为外交政策的主旨，在自力更生基础上建立和发展壮大外交事业。在改革开放和社会主义现代化建设新时期，中国共产党提出和平与发展是时代主题、推动建立国际政治经济新秩序、坚持走和平发展道路、建设和谐世界等重要理念主张。进入新时代，习近平总书记明确指出，中国必须有自己特色的大国外交，要在总结实践经验的基础上，把外交优良传统同时代特征相结合，丰富和发展对外工作理念，使我国对外工作具有鲜明的中国特色、中国风格、中国气派。

早在 2013 年 3 月莫斯科国际关系学院的演讲中，习近平主席就明确指出，面对世界各国同舟共济的客观要求，要跟上时代前进步伐，不能身体已进入 21 世纪，而脑袋还停留在过去，停留在殖民扩张的旧时代里，停留在冷战思维、零和博弈老框框内；各国应该共同推动建立以合作共赢为核心的新型国际关系，各国人民应该一起来维护世界和平、促进共同发展。[1]为此，既需要超越传统国际关系中那些不适应时代潮流而且也应该被摒弃的思想和原则，诸如丛林法则、弱肉强食、你死我活、你输我赢、零和博弈等；也需要很好地继承近代以来国际关系演变积累的一系列公认的原则和精神，包括《威斯特伐利亚和约》确立的平等和主权原则、日内瓦公约

---

① 习近平：《论坚持推动构建人类命运共同体》，中央文献出版社 2018 年版，第 6 页。

突　破

确立的国际人道主义精神、联合国宪章明确的四大宗旨和七项原则，以及和平共处五项原则等。2015 年 9 月在出席第 70 届联合国大会一般性辩论时，习近平主席指出："协商是民主的重要形式，也应该成为现代国际治理的重要方式，要倡导以对话解决争端、以协商化分歧。我们要在国际和区域层面建设全球伙伴关系，走出一条'对话而不对抗，结伴而不结盟'的国与国交往新路。大国之间相处，要不冲突、不对抗、相互尊重、合作共赢。大国与小国相处，要平等相待，践行正确义利观，义利相兼，义重于利。"① 党的十九大报告明确要求，坚定不移在和平共处五项原则基础上发展同各国的友好合作，推动建设相互尊重、公平正义、合作共赢的新型国际关系。其中，相互尊重是前提，公平正义是准则，合作共赢是目标。

党的二十大报告进一步强调，推动构建新型国际关系，要深化拓展平等、开放、合作的全球伙伴关系，致力于扩大同各国利益的汇合点。要不断完善外交布局，促进大国协调和良性互动，推动构建和平共处、总体稳定、均衡发展的大国关系格局；坚持亲诚惠容和与邻为善、以邻为伴周边外交方针，深化同周边国家友好互信和利益融合；秉持真实亲诚理念和正确义利观加强同发展中国家团结合作，维护发展中国家共同利益。② 牢牢把握党的对外工作是党的一条重要战线、国家总体外交的重要组成部分、中国特色大国外交的重要体现的定位，在独立自主、完全平等、互相尊重、互不干涉内部事务原则基础上加强同各国政党和政治组织交流合作，以建立新型政党关系助力构建新型国际关系，以夯实全球政党伙伴关系网络助力完善全球伙伴关系网络。积极推进人大、政协、军队、地方、民间等各方面对外交往，不断发展和完善大协同外交格局。

---

① 《习近平外交演讲集》第 1 卷，中央文献出版社 2022 年版，第 287 页。
② 《党的二十大报告辅导读本》编写组编著：《党的二十大报告辅导读本》，人民出版社 2022 年版，第 55 页。

五、推动构建人类命运共同体要不断丰富完善外交布局

中国的外交布局一直在依据对外工作根本任务、方针政策的调整而不断完善。早在 2003 年 8 月我国驻外使节小型座谈会上，胡锦涛就指出，"大国是关键，周边是首要，发展中国家是基础的外交布局，是我们从长期外交实践中总结出来的。这三者互为依存、相辅相成、缺一不可。其中也包含着正确处理大国和小国、周边和全局、富国和穷国、强国和弱国等诸方面的关系。坚持这个外交布局，有利于我们全方位加强对外关系，走活整个外交工作这盘棋"①。后来，这个布局进一步发展为"大国是关键、周边是首要、发展中国家是基础、多边是重要舞台"的外交总体布局。从党的十九大到党的二十大，我国外交布局从对外工作的大国、周边、发展中国家、政党等主要对象，逐步向经济、全球治理、全球发展和全球安全、价值观和文明间关系等主要领域深化，朝着全方位、多层次、立体化方向发展。

"政治外交和经济外交是相辅相成、相互促进的。政治外交是经济外交的重要保证，良好政治关系可以为加强经贸合作提供有利条件，良好经贸合作有利于巩固政治关系。我们既要善于运用政治外交来维护我国发展利益和经济安全，促进我国同各国的经贸合作，又要善于运用经济外交来维护我国政治利益和政治安全，发展我国同各国的政治关系，以利从政治经济两个方面提高国际地位和国际影响力。"② 新征程上，中国将坚持对外开放的基本国策，坚定奉行互利共赢的开放战略，不断以中国新发展为世界提供新机遇，推动建设开放型世界经济。坚持经济全球化正确方向，依托国内超大规模市场优势，以国内大循环吸引全球资源要素，增强国内国

---

① 《胡锦涛文选》第 2 卷，人民出版社 2016 年版，第 95—96 页。
② 《胡锦涛文选》第 2 卷，人民出版社 2016 年版，第 222 页。

突　破

际两个市场两种资源的联动效应，提升贸易投资合作质量和水平，推动形成陆海内外联动、东西双向互济的全方位、高水平的对外开放新格局，打造国际经济合作和竞争新优势。推动共建"一带一路"高质量发展，强化多种形式的互利合作机制建设，推进双边、区域和多边合作，促进国际宏观经济政策协调，共同营造有利于发展的国际环境，共同培育全球发展新动能，反对保护主义，反对"筑墙设垒""脱钩断链"，反对单边制裁、极限施压。深度参与全球产业分工和合作，推动构建公平合理、合作共赢的国际经贸投资性规则，维护多元稳定的国际经济格局和经贸关系。

推动全球治理朝着更加公正合理的方向发展，是完善全球治理、增进世界各国人民福祉的客观要求，也是构建人类命运共同体的内在要求，更是新时代中国特色大国外交的重要增长点和亮点。党的十八大以来，习近平总书记高度重视全球治理问题，先后在2015年10月和2016年9月两次主持中央政治局集体学习这个主题。提出秉持共商共建共享的全球治理观，以中国智慧、中国主张、中国方案，引领全球治理理念和实践创新发展。明确中国作为世界和平的建设者、全球发展的贡献者、国际秩序的维护者、公共产品的提供者、热点问题的斡旋者，将继续坚持从国情出发，按照责任、权利、能力相一致的原则，展现负责任大国担当。呼吁各国应该有以天下为己任的担当精神，积极做行动派、不做观望者，共同努力把人类前途命运掌握在自己手中；坚持真正的多边主义，推进国际关系民主化、法治化，坚定维护以联合国为核心的国际体系、以国际法为基础的国际秩序、以联合国宪章宗旨和原则为基础的国际关系基本准则，反对一切形式的单边主义，反对搞针对特定国家的阵营化和排他性小圈子。推动世界贸易组织、亚太经合组织等多边机制更好发挥作用，扩大金砖国家、上海合作组织等合作机制的影响力，增强新兴市场国家和发展中国家在全球事务中的代表性和发言权。

把统筹并重发展和安全的思想从国家治理层面扩展运用到全球治理层

面，提出并落实全球发展倡议和全球安全倡议，为推动构建人类命运共同体提供坚实基础。关于全球发展，主张坚持发展优先，以人民之心为心、以天下之利为利，构建团结、平等、均衡、普惠的全球发展伙伴关系，推动全球发展迈向新时代，造福各国人民；深度参与全球产业分工和合作，推动构建公平合理、合作共赢的国际经贸投资性规则，维护多元稳定的国际经济格局和经贸关系。呼吁各国围绕落实联合国 2030 年可持续发展议程，推动实现更加强劲、绿色、健康的全球发展，共创普惠平衡、协调包容、合作共赢、共同繁荣的发展格局，构建全球发展共同体；坚持普惠包容，着力解决国家间和各国内部发展不平衡、不充分问题；坚持创新驱动，促进创新要素全球流动，帮助发展中国家加快数字经济发展和绿色转型，携手实现跨越发展；等等。① 关于全球安全，倡导各国坚持共同、综合、合作、可持续的安全观，推动构建不可分割的全球安全共同体，走出一条对话而不对抗、结伴而不结盟、共赢而非零和的新型安全之路，反对单边主义、集团政治、阵营对抗、泛意识形态化；重视各国合理安全关切，秉持安全不可分割原则，构建均衡、有效、可持续的安全架构，反对把本国安全建立在他国不安全的基础之上；坚持通过对话协商以和平方式解决国家间的分歧和争端，支持一切有利于和平解决危机的努力，反对滥用单边制裁和"长臂管辖"。②

有共同价值追求，才有共同意志、共同选择、共同行动，才能求同存异、增同减异，携手构建人类命运共同体。2023 年 3 月 15 日，在中国共产党与世界政党高层对话会上，习近平总书记提出全球文明倡议，呼吁国际社会一道努力开创世界各国人文交流、文化交融、民心相通新局面，让世界文明百花园姹紫嫣红、生机盎然。该倡议包括共同倡导尊重世界文明多样性，坚持文明平等、互鉴、对话、包容，以文明交流超越文明隔阂、

---

① 《习近平谈治国理政》第 4 卷，外文出版社 2022 年版，第 468—469 页。
② 《习近平谈治国理政》第 4 卷，外文出版社 2022 年版，第 451 页。

文明互鉴超越文明冲突、文明包容超越文明优越；共同倡导弘扬全人类共同价值，和平、发展、公平、正义、民主、自由是各国人民的共同追求，要以宽广胸怀理解不同文明对价值内涵的认识，不将自己的价值观和模式强加于人，不搞意识形态对抗；共同倡导重视文明传承和创新，充分挖掘各国历史文化的时代价值，推动各国优秀传统文化在现代化进程中实现创造性转化、创新性发展；共同倡导加强国际人文交流合作，探讨构建全球文明对话合作网络，丰富交流内容，拓宽合作渠道，促进各国人民相知相亲，共同推动人类文明发展进步。全球文明新倡议不仅承认人类在价值领域的普遍性、相通性、共享性，又尊重价值观的历史性、时代性、民族性，历史性地超越了西方"普世价值"观和文明冲突论，为世界各国和各个文明在价值观和意识形态领域超越差异分歧、实现和平共处和互鉴融通提供了思想理论支撑和沟通桥梁，为推动构建人类命运共同体提供了强大价值指引和文明思想基础支撑。

六、推动构建人类命运共同体要敢于斗争、善于斗争

在党的二十大报告开篇，习近平总书记就强调，务必敢于斗争、善于斗争。新时代十年，面对国际局势急剧变化，特别是面对外部讹诈、遏制、封锁、极限施压，我们坚持国家利益为重、国内政治优先，保持战略定力，发扬斗争精神、增强斗争本领，展示不畏强权的坚定意志，在斗争中维护国家尊严和核心利益，牢牢掌握了我国发展和安全主动权。新征程上，我国改革发展稳定面临不少深层次矛盾躲不开、绕不过，党的建设特别是党风廉政建设和反腐败斗争面临不少顽固性、多发性问题，来自外部的打压遏制随时可能升级。我国发展进入战略机遇和风险挑战并存、不确定难预料因素增多的时期，各种"黑天鹅""灰犀牛"事件随时可能发生。特别是把握好坚持走和平发展道路与坚决维护国家主权、安全、发展利益

关系面临的挑战增多，美国加大塑造国际秩序和地区环境力度以扰乱甚至迟滞我国发展所造成的困难增大。我国面临的国家安全问题的复杂程度、艰巨程度明显加大。我们必须增强忧患意识，坚持底线思维和极限思维，做到居安思危、未雨绸缪，准备经受风高浪急甚至惊涛骇浪的重大考验，以正确的战略策略应变局、育新机、开新局。最根本的是坚持把国家和民族发展放在自己力量的基点上，把我们自己的事情做好，把中国发展进步的命运牢牢掌握在自己手中。这是推进中华民族伟大复兴战略全局、促进人类发展进步、推动构建人类命运共同体的重要前提和根本保证。

总的来说，构建人类命运共同体，以建设持久和平、普遍安全、共同繁荣、开放包容、清洁美丽的世界为努力目标，以推动共商共建共享的全球治理为实现路径，以践行全人类共同价值为普遍遵循，以推动构建新型国际关系为基本支撑，以落实全球发展倡议、全球安全倡议、全球文明倡议为战略引领，以高质量共建"一带一路"为实践平台，从中国倡议扩大为国际共识、从美好愿景转化为丰富实践、从理念主张发展为科学体系，成为引领时代前进的光辉旗帜，推动各国携手应对挑战、实现共同繁荣，推动世界走向和平、安全、繁荣、进步的光明前景。